영상전통 가로지르기

편집 김준호(경북대)
저자 조준호(동국대), 김준호(경북대), 池田 將則(중앙민족대), 차상엽(경북대),
방정란(경상대), 심준보(한국외대), 박영길(경북대)

경북대학교 동서사상연구소 학술총서 6
명상전통 가로지르기

2025년 7월 10일 초판 1쇄 인쇄
2025년 7월 21일 초판 1쇄 발행

편 집 김준호
저 자 조준호, 김준호, 池田 將則, 차상엽, 방정란, 심준보, 박영길
펴낸이 정창진
펴낸곳 다르샤나
출판등록 제2025-000063호
주소 서울시 마포구 잔다리로 7길 12, 1층(서교동)
전화번호 (02)871-0213
전송 0504-170-3297

ISBN 979-11-983586-9-1 93200
Email yoerai@naver.com
blog naver.com/yoerai

값은 뒤표지에 있습니다.

※ 이 저서는 2020년 대한민국 교육부와 한국연구재단의 지원을 받아 수행된 연구임
(NRF-2020S1A5C2A02093108)

경북대학교 동서사상연구소 학술총서 6

명상전통 가로지르기

편집: 김준호
저자: 조준호, 김준호, 池田 將則, 차상엽, 방정란, 심준보, 박영길

다르샤나

간행사

명상은 인간의 내면을 탐색하고 존재의 본질을 묻는 여정입니다. 시대와 지역, 전통과 언어를 넘어 다양한 모습으로 펼쳐진 명상의 가르침은 그 자체로 인류 정신사의 위대한 유산이자, 현재를 살아가는 우리 자신의 삶을 성찰하게 해주는 소중한 지침이 됩니다. 이 책 『명상전통 가로지르기』는 이와 같은 명상의 전통을 깊이 있는 시선으로 다시 읽고, 비교하고, 해석한 일곱 편의 연구 성과를 담고 있습니다.

이번 총서는 경북대학교 동서사상연구소가 2020년부터 수행해 온 한국연구재단의 인문사회연구소 지원사업 "요가와 명상: 텍스트와 트랜스-텍스트(Trans-text)"의 두 번째 결실입니다. 각기 다른 언어와 문화, 사상적 배경에서 등장한 명상전통을 '텍스트와 트랜스-텍스트'라는 관점으로 재조명한 것입니다. 불교의 교리와 수행을 담고 있는 텍스트와, 그 텍스트를 넘어 펼쳐진 인도, 티벳, 남아시아, 동아시아 등의 문화적 전승을 명상이라는 주제로 일곱 명의 시선을 통해 조명하고 있습니다. 각각의 시선은 다른 출발점에서 시작하였지만 결국 인간 내면의 정화와 해탈, 혹은 궁극의 진리에 대한 탐색이라는 동일한 지향점으로 수렴되고 있습니다.

이 책은 한편으로는 동양 고전문헌에 대한 정밀한 문헌학적 분석이며, 다른 한편으로는 명상이라는 실천적 전통을 오늘의 언어로 되살리려는 사유의 여정입니다. 특히 불교라는 종교의 특정한 수행법을 소개하는 데 그치는 것이 아니고, 다양한 시대와 문화에서 등장한 명상의 텍스트들이 어떻게 서로 영향을 주고받으며 진화해왔는지를 살펴보는 인문학적 시도라 할 수 있습니다. 이를 통해 독자들은 명상이라는 주제를 인문학적 관점에서 비판적으로 조망해보는 기회를 얻게 되리라 생각합니다.

이 귀중한 학술적 작업에 적극적으로 동참해주신 필자 여러분께 감사드립니다. 또한 이번 연구의 기획 단계에서부터 마무리 작업까지 물심양면으로 도움을 주신 지구가족생명살림운동본부의 혜진스님, 총서 발간의 기획과 편집을 맡아 고심해주신 김준호 선생님께도 깊은 경의와 고마움을 느낍니다. 본 총서가 요가와 명상 연구의 저변을 넓히는 기회가 되고, 앞으로의 연구자들에게 하나의 이정표가 될 수 있기를 바랍니다.

2025년 6월

경북대학교 동서사상연구소장 **임승택** 합장

축하와 감사의 말씀

훌륭한 연구성과물이 있기까지 수고하신 분들께 축하와 감사의 경의를 표합니다. 특히 본 연구를 위하여 1년 동안 5차에 걸친 기획회의를 준비하신 동서사상연구소 임승택 소장님과 연구원 분들, 그리고 티벳고전연구회에도 감사와 치사의 말씀을 드립니다. 이번 국제학술회의, 명상전통가로지르기(Yoga and Meditation in India, East Asia, and Tibet) 학술회의를 인연하여 이루어진 성과물들이 우리시대에 불교교학과 수행에 새로운 나침판과 이정표를 제시하는 계기가 되리라 확신합니다. 나아가 오늘날 생태위기·기후위기·생명위기, 인간위기·인류위기·문명위기 등 이러한 미증유의 위기를 맞이하여, 시대의 요청에 응답하는 불교지성의 장으로 발전되기를 바라마지 않습니다.

근현대의 자본주의·과학주의 등의 유물론적 경향과 유일신교에 토대한 초월적 사상과 생태적 차원에서 인간이기주의를 조장하는 인본주의(人本主義)가 이제는 모두 문명사적 생태적 한계를 노정하고 있다고 하겠습니다. 특히 양자역학적 세계관은 정신과 물질에 대한 기존의 인식틀을 과감하게 혁신할 것을 요청합니다. 미시세계에서 드러나는 시간과 공간을 초월한 온전한 정보소통, 즉 순수정신성의 발현은 영성과 불성, 영지(靈知)의 불교를 강력하게 요청하고 있습니다. 불교의 입장에서 불교사상의 오래된 미래가치를 현창하여, 시대요청에 응답하여 새로운 변화를 선도해가야 할 때입니다.

또한 우리는 초지능이라는 강력한 인공지능(A.I.)의 출현을 목도하고 있습니다. 인간이 예상할 수 없는 변화의 단계인 특이점에 도달한 인공지능이 인류에 대한 위험·위기를 야기할 수 있다는 것을 A.I. 전문가들도 경고하지만, 기술우위를 선점하기 위하여 국가 간 기업 간 묻지 마 식 치열한 경쟁에 몰두하고 있습니다. 맹목적인 무지와 탐욕에 압도되고 있는 우리의 참담한 자화상이라 하겠습니다. 이 전대미문의 인류문명위기의 시대에 우리 불교는 어떤 응답, Solution을 제시할 수 있을까요?

초기불교교단, 승가 등 불교공동체의 이념은 철제농기구의 보급과 더불어 빈부격차가 확대되고, 마을공동체가 붕괴되며, 국가 간 정복전쟁이 치열해지는 등, 기존 사회질서가 무너지는 극심한 사회적 혼란 속에 탄생한 가르침이라 하겠습니다. 불교의 승가적 이념은 부족공동체의 이상과 이념에 토대한, 오늘날의 현대민주공화주의 이상과 이념에 비추어 보아도 탁월한 민주공화사상이라고 파악됩니다.

그러나 세계적으로 전통 불교는 2천 년 이상 왕조시대와 귀족사회를 거치면서 절대주의·권위주의에 물든, 변질된 모습으로 고착되어 있는 측면도 있으며, 화엄사상이나 유식사상과 같이 사회적 국가적 통치 이데올로기 측면이 강하게 반영된 왕조시대의 불교사상·공동체문화 등은 그대로 현대의 개인수행에 적용되기에는 무리함과 한계가 있을 수 있다고 하겠습니다.

그럼에도 초기불교·설일체유부·경량부와 반야부·여래장—불성사상·유식사상, 화엄사상과 선불교 등의 불교사상과 불교운동은 시대적 요청과 시대정신에 대한 응답으로 출현했다고 하겠습니다. 특히 『발지론』, 『대비바사론』, 『구사론』으로 대표되는 설일체유부는 법의 실체화 경향이라는 과(過)도 있지만, B.C. 4~A.D. 4세기에 걸친 약 700년 동안 동서사상이 융합되어 탄생된 헬레니즘과 그레코 부디즘의 결정체라 하겠습니다. 알렉산드대왕의 인도원정(B.C.327) 이후 서양의 플라톤, 아리스토텔레스 등의 그리스 철학사상과 동양의 인도불교가 만나, 그리스왕조 박트리아왕조(B.C.250~A.D.125, 메난드로스왕으로 대표되는)에서 출현한 것으로 보이는 B.C. 2세기의 『발지론』, 그리고 그리스어와 그리스철학정신을 근간으로 통치한, 중앙아시아 민족(월지 쿠샨족)이 주도한 쿠샨왕조(A.D.30~320)에서 불교의 거의 모든 논의가 집대성된 불교대백과사전이라 할 A.D. 2세기의 『대비바사론』과 그리고 용수의 공사상을 반영한 인도인 왕조인 굽타왕조(A.D.320~550)의 『구사론』까지 포함하는 다양한 스펙트럼을 포함하고 있습니다. 설일체유부는 그 보편적 논리로, 동서양 사상의 융합으로 불교 세계화와 인류지성의 향상에 지대한 공헌을 하였다. 비록 후대에는 그리스철학의 이데아적 사유와 초월적 개념적 법의 파악인 법의 실체화 경향으로 비판을 받기도 하지만, 이는 문명의 격변기에 출현한 위대한 인류 지성이요, 신문명운동이었다고 하겠습니다.

붓다께서는 스스로를 "나는 괴로움과 괴로움의 소멸을 설하는 사문이다"고 정의하셨습니다. 괴로움은 생명있는 것이 느낍니다. 불교는 생명을 위한 가르침이라 하겠습니다. 불살생과 자비사랑에서도 생명에 대한 존중과 사랑이 여실하게 드러납니다. 우리시대 기후위기·생태위기·생명위기, 인간위기·인류위기·문명위기는 인간에 의한 위기이며, 인간들의 제어되지 못한 탐·진·치에 기인한다고 하겠습니다. 이러한 시대에 우리는 인간중심의 사유인 인본주의(人本主義) 또한 인간이기주의 측면이라는 현실적 한계를 직시해야 할 것입니다. 그리하여 인본주의의 한계를 극복하고 생태와 생명의 소중함을 인식한 불성과 영성, 영지를 담지한 주인공이라는 자각을 갖고 생명, 생명중심의 사유인 생본주의(生本主義)를 주창하고 창도해가야 할 때라고 판단됩니다.

불교의 근본정신은 – 탐진치가 소멸된 공적과 공적한 속에 온전하게 드러나는 소소영영의 영지가 분명하여 – 공적영지가 체득되는 것이며, 조건·인과를 통달하여 자비와 지혜가 쌍운되고, 해탈지견의 알고봄이라는 영지가 분명해지는 것이라 하겠습니다. 불성, 그리고 존재계를 꿰뚫는 영지는 A.I.의 시대에 생명의 존귀함을 입증하는 분명한 근거가 된다고 하겠습니다.

또한 세계적 한류유행의 시대에 한국불교에도 한국적 정체성이 매우 중요해지는 시점입니다. 한국을 대표하는 수행법으로서 선불교의 수행법은 백장청규의 공동작무인 보청(普請)에서 보듯이 노동선이고, 일상선과 생활선의 수행이며, 노동과 일상의 가치를 매우 중요하게 생각하는 수행법으로 그 독자성은 불교수행법 중에서도 독보적인 영역을 가지고 있다하겠다. 이러한 선풍은 현대인을 위한 생활불교를 펼쳐나가는 데도 큰 시사점을 주고 있다. 이러한 선풍의 개척자라 할 마조선사가 신라왕자 출신 정중무상조사의 제자라는 사실이 드러났으며, 우리 선불교의 근간인 구산선문의 대부분이 정중무상-마조의 선맥을 계승하고 있다는 사실이 보다 분명해지고 있습니다. 이러한 시기에 정중무상조사를 다시 현창하여 한국 선불교의 독자성과 정체성을 음미하는 것도 의미있는 작업이 될 것입니다.

특히 초기불교, 남방불교가 새롭게 조명되는 이 시기에 이러한 정중무상의 수행가풍이 태국의 숲속 수행 전통에까지 많은 영향을 주었다고 판단되는 자료와 연구들은, 선불교 수행의 보편성과 확장성과 더불어 초기불교의 수용가능성을 확인해볼 수 있는 좋은 연구가 되리라고 생각합니다. 이러한 관점에서 조준호 발표자의 「정중무상과 태국 숲속 전통의 친화성」 연구는 남종선과 남방불교 특히 태국 숲속 전통과의 깊은 친연성을 발견하여, 새로운 불교연구의 장을 열고, 선불교수행의 새로운 지평을 펼쳐가는 일대 쾌거라고 높이 평가하고 싶습니다.

그리고 김준호 발표자의 「선경에 나타난 무념(無念)의 네 가지 의미」 또한 무분별, 무심을 강조하여 자칫 지성, 영지의 소멸을 지상목표로 하는 듯한 무념(無念) 이해의 일부 전통선풍에 대비하여, 끊임없이 일어나는 번뇌와 자아의식, 분별의식을 대면하여 대치(對治)해가는, 즉 일어나는 그때그때 '망념을 없애가는(無念)' 역동적 수행법으로서 무념의 수행법을 파악하는 것은 의미있는 작업이라 하겠으며, 이께다 마사노리 발표자의 「성실론장」 연구에서 '공성을 깨닫는 것을 계기로 비로소 연기를 바르게 보게 되고, 이타(利他)의 [바라밀]수행으로 나아갈 수 있다'는 대승의 입장 등도 의미있는 방향성을 제시한 연구라고 생각합니다.

차상엽 발표자의 까말라실라의 「명상수행의 점진적 단계」 사본연구에서 연민(悲)명상에서 '자신과 중생에 대한 평등성'이라는 구문이 티벳과 한문 번역문에서 '마음의 평등성'이라는 구문으로 대체되는 사실을 통해, '자신과 중생을 평등하게 바라보기'라는 초기의 실천적 실존적 수행이 '마음을 평등하게 유지하기'라는 마음내면의 수행으로 번역되었다는 것을 제시하였다. 여기에서 불교수행의 역사적 수용과정에 대한 새로운 이해와 접근을 할 수 있고, 현대적 수용의 새로운 시사점을 보게 되며, 방정란 발표자의 '신체의 근원적 에너지인 쿤단리니를 상승시켜 정수리에 이르게 되면 해탈의 경지를 체험하게 된다'는 쿤달리니에 대한 문헌학적 관련 연구도 명상수행의 중요한 측면을 부각시켜주고 있다.

심준보 발표자의 불이론 수행연구는 '[인식된] 대상은 의식의 자기현현이고 의식과 다르지 않다'는 불이(不二)와 관련된 연구이다. 『대승기신론』의 진여문과 생멸문, 『선가귀감』의 '같다(卽)는 것도 떠나서(離), 같지 않다(非)는 것도 떠나서(離)…' 등 이러한 불이론적 수행은 이원론적이고 인위적인 수행을 거부하고 돈오를 강조했다는 내용도 많은 시사점을 주며, 박영길 발표자의 「좌우 코를 이용한 호흡법 연구」는 하타요가의 호흡법에 관한 연구로 명상수행에 유용한 호흡법을 제시하고 있다 하겠습니다.

이런 훌륭한 성과물이 있기까지 수고하신 모든 발표자 분들께 감사와 깊은 치사의 뜻을 전합니다. 그리고 관심과 후원으로 항상 격려해주시고 있는 조계종 제10교구본사 은해사 조실 법타 큰스님과 전국선원수좌회 상임대표 불산 대선사님 등 모든 후원자 분들께도 깊이 감사드립니다.

부디 정법이 오래오래 머무르기를!

GF화합통일위원회 회장

지구가족생명살림 운동본부 **대청혜진** 근서

서문

이 책에서는 명상의 전통을 깊이 있게 이해할 수 있도록 도와주는 일곱 가지 시선이 담겨 있습니다. 시대에 따라 지역에 따라 다양한 차이를 조건으로 이루어진 갖가지 명상에 관한 텍스트와 명상에 대한 사유를 담은 것입니다. 요가와 명상 관련 텍스트를 단순한 시선으로 읽지 않고 '트랜스(Trans)–텍스트'라는 분석의 틀, 즉 텍스트를 넘어 맥락을 탐구하는 작업으로 구성한 것입니다. 본서는 경북대학교 동서사상연구소가 2020년 9월부터 수행하고 있는 인문사회연구소 지원사업 과제인 '요가와 명상: 텍스트와 트랜스–텍스트(Trans-text)'의 결과물을 모은 두 번째 총서입니다.

조준호 선생님의 「정중무상과 태국 숲속 전통의 친화성」은 정중무상의 인성염불과 아잔 차를 중심으로 하는 태국 숲속 전통의 붓도염불과 명상수행을 비교한 논문입니다. 『무상오경전(無相五更轉)』의 내용에 근거한 선생님의 설명에 따르면 정중무상의 인성염불은 다음과 같이 진행됩니다.

인성염불은 하룻밤 즉 오경의 순서에 따라 평성의 느린 염불(淺), 평성을 높인 소리로 느리게 하는 염불(深), 느리지도 않고 다급하지도 않은 염불(半), 점점 다급하게 하는 염불(遷), 아미타불 소리를 굴려서 다급하게 하는 염불(催)로 소리의 강약과 길이를 조정하며 고조시켜가는 방법으로 이루어진다고 합니다. 염불을 마치면 선정수행으로 초경(밤 10시)을 시작하여, 4경에 이르면 선정에 지혜가 갖추어지고, 5경에는 사선(四禪)을 투과하여 여래를 보는 것을 완성으로 마무리됩니다. 한밤중에 이루어지는 수행의 과정은 태국의 숲속 수행과 매우 유사합니다. 태국 산림의 붓도 수행자들도 한밤 중 숲속에서 염불과 좌선을 함께 닦는 것이라는 점에서 유사한 모습이 보입니다.

조준호 선생님이 정리한 바에 따르면, 태국 숲속 전통에서는 '붓도(Buddho)'를 반복적으로 염불하는 수행을 시작으로 입출식념(入出息念)으로 전개시키는 수행법을 실천합니다. 이를 통해 본격적으로 사마타 위빠사나를 수행하게 되는데, 이것을 좌선 → 사마타(염불+호흡법) → 위빠사나의 수행구조로 제시하고 있습니다. 특히 호흡, 붓다 염불, 염신(念身)의 세 가지 사마타 명상으로 본삼매에 들어 위빠사나 명상으로 향상된다고 합니다.

정중무상의 인성염불과 태국 숲속 전통은 두타행을 토대로 한다는 점, 입으로 소리내는 염불과 구칭염불, 이 염불이 본수행으로 이끄는 도입부적 성격이라는 점, 특히 양자 모두 한밤중에 집중수행을 한다는 점과 계정혜 삼학을 온전히 갖추어 열반을 추구한다는 점에서 놀라울 정도로 일치되는 모습을 보입니다. 시공간을 뛰어넘어 명상전통의 친화성이 돋보이는 대목이라고 하겠습니다.

김준호의 「선경(禪經)에 나타난 무념(無念)의 네 가지 의미」는 당나라 이전에 한역된 문헌인 <선경禪經>의 서술을 중심으로 '무념無念'의 의미와 가치를 논한 것입니다. 선경에 나타난 무념 개념을 분석하려는 이유는 인도불교의 명상법이 <선경>이라는 텍스트를 통해 동아시아 선불교에 어떤 영향을 끼쳤는지 그 수용과 변용의 양상을 살펴보는 데 중점을 두었기 때문입니다.

CBeta 프로그램에서 '無念'을 검색어로 <선경禪經>을 조사하면, 모두 43건의 용례가 보입니다. 논문에서는 43회 용례를 모두 분석한 뒤, 무념의 의미를 '부적절한 생각이 없어짐', '동요하지 않음과 둘로 나누어보지 않는 평등', '둘로 나누어보지 않는 사유의 완전함(無二淸淨)과 삼업청정(三業淸淨)', '이분법적 분별관념에서 벗어남과 무집착의 사유' 넷으로 제시하고 있습니다. 결국, <선경>에서의 무념은 어떤 생각도 일으키지 않은 완성된 선의 경지같은 것이 아니라, 끊임없이 발생하는 자아의식과 차별의식을 없애나가는 수행이라는 사실로 그 의미를 요약할 수 있습니다.

池田 將則(이케다 마사노리) 선생님의 「敦煌寫本スタイン2463『成實論章』의 三心滅思想」은 20세기 초 돈황과 투르판에서 발견된 8점의 『성실론』 주석서 잔권(殘卷) 가운데 하나인 스타인(Stein) 2463『成實論章』을 연구대상으로 작성한 글입니다. 이케다 마사노리 선생님은 이 문헌에 나타난 삼심멸(三心滅) 사상의 특징을 밝히는 데 주력하였습니다.

삼심멸이란 가명심(假名心), 실법심(實法心), 공심(空心) 세 가지 마음이 소멸하는 것을 가리킵니다. 가명심이란 중생이 불변의 실체로 존재한다고 잘못 이해하는 마음이고, 실법심이란 실법 즉 오음(五陰)이 불변의 실체로 존재한다고 잘못 이해하는 마음이니 두 가지 다 번뇌에 해당합니다. 그런데 수행자가 공심, 즉 가명도 실법도 불변의 실체로서는 존재하지 않는다는 공성(空性)의 진리를 바르게 이해하는 마음을 얻으면 두 가지 번뇌는 곧바로 소멸한다고 합니다. 『성실론장』은 하리발마의 『성실론』이 말한 세 가지 마음을 여섯 가지로 세분하고 있습니다. 여섯이란 가명, 실법, 공을 잘못 이해하는 세 가지 번뇌와 가명, 실법, 공을 바르게 이해하는 세 가지 지혜를 가리킵니다.

『성실론』에서는 수행자가 문혜(聞慧)와 사혜(思慧)로 중생이 공임을 관찰하여 가명심을 없애고, 그 다음에 수혜(修慧)로써 제법(諸法)이 공임을 관찰하여 실법심을 없앤다고 합니다. 『성실론장』은 문사수 세 가지 지혜로 중생과 제법이 모두 공임을 관찰하여 가명심과 실법심을 없앤다고 보는 해석 하나를 보태고 있다고 합니다. 또 『성실론』에 의하면, 수행자가 멸진정 혹은 무여열반에 들어가면 공을 인식하는 마음과 유(가명과 실법)

를 인식하는 마음 둘 다 소멸되어 완전한 적정(寂靜)의 경지가 이루어진다고 하는데, 이는 소승의 입장을 보인 것입니다. 이에 반해 『성실론장』은 수행자가 멸진정에 들어가면 공을 바르게 이해하는 마음이 소멸될 뿐 유를 바르게 이해하는 마음은 소멸되지 않는다고 주장합니다. 이것은 공성을 깨닫는 것을 계기로 연기를 바르게 이해하고, 이를 바탕으로 이타의 실천을 중시하는 대승의 입장을 나타낸 것으로 이케다 선생님은 보고 있습니다. 이와 같은 삼심멸의 사상은 공삼매(空三昧)를 중심으로 삼삼매(三三昧)의 의미와 가치를 논하고 있는 하리발마의 관점과도 연결지어 이해할 수 있을 것입니다. 명상의 사상적 기반을 제공하고 있다는 점에서 흥미로운 주제라고 생각됩니다.

차상엽 선생님의 「텍스트 전승의 불일치와 명상수행의 변용: 영국국립도서관 소장 돈황 출토 티벳어 사본 IOL TibJ 648을 중심으로」는 산스크리트어와 티벳어 그리고 한문이라는 고전 문자로 쓰인 다양한 필사본과 비명, 목판인쇄물 그리고 교정본들을 각각의 역사적 층위에 따라 나누어서 종합적으로 상호 비교하는 문헌학적 방법론으로 이루어진 연구입니다. 현재까지 유통되고 있는 까말라쉴라의 『명상수행의 점진적 단계』는 산스크리트어에서 티벳어와 한문 등으로 번역되어 있는데, 차상엽 선생님의 의견에 따르면 영국국립도서관에 소장된 돈황 출토 티벳어 사본인 IOL Tib J 648은 가장 오래된 필사본으로 추정된다고 합니다. 여기서 음절분리 기호인 '쌍점'과 고대 철자법의 특징들인 '덧붙여진 da', 'ma에 밑글자로 덧붙인 ya', '뒷글자로 보조하는 'a', '거꾸로 된 모음 i' 등이 발견된다는 점, 그리고 새로운 번역어휘들을 제정하고 확충한 왕의 세 번째 칙령(깨째 bkas bcad) 이전에 작성된 고대 번역어휘들의 특징들이 동시에 나타난다는 점을 근거로 들고 있습니다. 늦어도 9세기 초반(814년 이전)에 작성된 필사본이므로 티벳 역경사(譯經史)에서 이 필사본이 지니는 가치는 크다고 할 수 있다고 합니다.

차상엽 선생님은 이 문헌 속의 명상수행법 가운데 핵심인 연민(悲)명상의 구체적인 내용에 주목하고 있습니다. 특정 명상법이 시대를 지나 다른 문화권역에 유입된 뒤 재해석과 변용이 일어나는 지점을 살펴본 것입니다. 대표적 예시를 보면, IOL Tib J 648과 산스크리트어본에서 '자기 자신과 중생에 대한 평등성(sattvasamatā)'이라는 구문이, 다양한 티벳대장경들과 『대정신수대장경』에 수록된 施護(?~1017)의 한문번역본에서는 예외 없이 '마음의 평등성(cittasamatā)'이라는 구문으로 대체되고 있다는 사실을 지적합니다. 이것은 인도에서 기원한 '자기 자신과 중생을 평등하게 바라보기'라는 초기의 명상수행이 후대에는 명상 수행자 자신의 '마음을 평등하게 유지하기'로 강조점이 바뀌었다는 사실을 말해줍니다. 이를 통해 인도라는 토양에서 출발한 명상수행의 이론과 실천체계가 담긴 하나의 고전문헌이 티벳과 중국 등의 다른 문화권역으로 번역되고 수용될 때, 그 문헌의 명상수행과 관련한 이론과 실천체계가 고정되고 단일한 형태로 보존되고 유지되는 것이 아니라, 살아있는 생명체처럼 그 지역의 토대에 맞게 그리고 시대적 요청에 따라 새롭게 변용되고 재창조되어 가는 흔적을 이 문헌의 다양한 버전들을 비교함으로써 확인할 수 있다는 사실이 선명하게 드러나는 장면입니다. 선생님의 글을 통해 명상의 전통이 인문적 횡단 또는 문화교류의 한 본보기로써 드러나는 순간을 살펴보게 됩니다.

방정란 선생님의 「- *Tantrasadbhāva* 1장의 문헌학적 논의를 통해 본 - 샤이바 딴뜨라 전통에서 꾼달리니(kuṇḍalinī) 개념의 탄생과 발전」은 인도수행전통에서 또아리를 틀고 잠들어 있는 뱀의 모습으로 묘사되는 신체의 근원적 에너지인 꾼달리니(kuṇḍalinī) 개념을 추적한 논문입니다. 인도 고전 문헌에서는 수행자가 이 꾼달리니를 상승시켜 정수리까지 이르게 하면 해탈을 경험할 수 있다고 합니다. 그런데 꾼달리니 용어 자체는 베다시대에 성립된 문헌들뿐만 아니라 빠딴잘리(Patañjali)가 정립한 고전요가 전통의 문헌들에서도 등장하지 않는다고 합니다. 기존 연구에 따르면 대략 기원후 6~8세기 무렵에 성립된 문헌에서 나타난 것입니다. 그러므로 꾼달리니의 개념과 그에 근거한 수행체계는 고전요가보다는 딴뜨리즘(Tantrism)과 더 깊게 관련되어 있을 것입니다. 방정란 선생님께서는 힌두 딴뜨라 전통에서 가장 대표적인 샤이바(Śaiva)의 문헌들에서 그 기원을 추적합니다.

선생님의 논문에서는 먼저 우빠니샤드 문헌에서 숨 또는 생명력을 의미하는 쁘라나(prāṇa)에 주목하고, 이것이 온 신체에 퍼져있는 통로인 나디(nāḍi / nāḍī)를 통해 신체 곳곳에 흐르게 된다는 교리가 성립되었음을 지적합니다. 이어서 초기 샤이바싯단따(Śaiva-siddhānta) 문헌과 샤이바 뜨리까(Trika) 전통의 경전인 *Tantrasadbhāva*에서는 꾼달리니의 개념이 확장되어 발전하는 과정을 추적하고 있습니다. 특히 샤이바 경전의 문헌학적 전거를 살펴봄으로써 꾼달리니 개념이 통합적인 체계로서 들어가는 과도기적인 과정을 밝히는 데 주력하고 있습니다. 이를 위해 선생님께서는 꾼달리니(kuṇḍalinī) 용어는 물론이고 변형된 형태인 꾼달리(kuṇḍalī), 꾼달리니와 매우 밀접한 개념으로서 동일하게 취급되는 빈두(bindu) 등이 동의어로 자주 언급된다는 점에도 주목하고 있습니다. 나아가 샥띠의 현현들로서 꾼달리니(Kuṇḍalinī) 여신과 초월적 샥띠(Paraśakti)가 여신과 상징으로서 현현, 그리고 Śakti의 현현 단계에 관한 여러 모델에 관한 설명을 통해 정밀한 문헌학적 작업에 토대한 명상 수행 전통의 이해에 깊이를 더해주는 모범적인 틀을 보여줍니다.

심준보 선생님의 「불이론 전통의 수행론 연구: 선종과 라마나 마하르쉬를 중심으로」는 불이론의 수행 전통을 선종과 라마나 마하르쉬의 불이론 사이에서 고찰한 연구입니다. 선생님께서는 먼저 불이론의 구조를 다음과 같이 규정합니다. "불이론은 의식만을 실재하는 단일한 존재이고 그 본질을 활동성으로 보기 때문에 불이론에서 의식은 스스로가 스스로를 보는 자기인식이다. 그러므로 대상은 의식의 자기현현이고 의식과 다르지 않다(불이)." 이 내용을 『대승기신론』의 진여문(眞如門)과 생멸문(生滅門)의 교설을 통해 논증합니다. 이어서 선종과 마하르쉬의 입장이 불이론의 구조에 맞는지 확인하는 작업을 진행합니다. 먼저 선종에서는 『선가귀감(禪家龜鑑)』의 내용, 특히 "같다(卽)는 것도 떠나고(離) 같지 않다(非)는 것도 떠나서(離), 같다(卽)는 것이 옳기도 하고(是) 옳지 않기도(非) 하다." 라고 말한 부분에 주목합니다. 이원론인 교종과 달리 선종의 수행은 불이론에 기반하고 있다는 설명입니다.

다음으로 라마나 마하르쉬의 사상을 불이론의 구조에 대비하여 고찰합니다. 마하르쉬의 사상을 그의 수행법인 자아탐구, 순복, 침묵의 특징을 차례로 고찰해나가면서 그의 사상 역시 선생님께서 규정한 불이론의 구조에 합당한 것임을 밝힙니다. 이러한 고찰에 기반하여 불이론 전통의 수행 특징을 정리합니다. 불이론 전통은 이원론적인 인위적이고 형식적 수행을 거부하고 돈오를 강조했다는 점에 주목합니다. 돈오를 얻기 위한 가장 핵심적 방법은 스승과 제자 사이의 삿상(satsaṅga)이라고 봅니다. 그러나 그것이 가능하지 않을 때 선종은 간화선, 라마나 마하르쉬는 자아탐구를 제시했는데 심준보 선생님은 양자가 사실상 동일한 방법이라고 주장하고 있습니다. 또한 라마나 마하르쉬의 자아탐구는 몽산의 참의 방식보다 대혜의 참구 방식에 더욱 가까운 것으로 보고 있습니다. 불이론의 구조를 통해 명상전통 이해에 깊이를 더해주는 사유의 장을 보여줍니다.

박영길 선생님의 「좌우 코를 이용한 호흡법 연구」는 하타요가 문헌에서 설명하고 있는 호흡법에 관한 연구입니다. 선생님의 연구에 따르면, 하타요가 문헌에서 설명된 54종류의 호흡법 중 혀와 입을 이용하는 기법은 3개이고 나머지는 모두 코로 숨을 마시고 내쉬는 기법입니다. 이 가운데 양쪽 코로 숨을 마시고 내쉬는 기법을 제외하고 한쪽 코를 이용하는 기법은 모두 16종류인데, 이를 크게 세 가지 유형으로 나누고 있습니다.

첫 번째 유형(I)은 좌우 코를 번갈아 교차하는 호흡법입니다. 이 기법은 다음과 같은 방법으로 진행됩니다.

① 왼쪽 코로 숨을 마시고 규정대로 참은 후 오른쪽 코로 내쉬고 자세를 바꾸어 ② 오른쪽 코로 숨을 마시고 규정대로 참은 후 왼쪽 코로 내쉬

고 다시 ①-②의 과정을 반복하는 것이다. 이 기법을 대표하는 것은 나디 정화법(또는 나디정화-꿈브하까)과 사히따-꿈브하까이다. 전자는 왼쪽 코를 먼저 이용하고 후자는 오른쪽 코를 먼저 이용한다.

두 번째 유형(II)은 좌우 코로 숨을 마시고 내쉬되 좌우 코를 교차하며 숨을 마시고 내쉬는 것이 아니라 ① 오른쪽 코로 숨을 마시고 규정대로 참은 후 ② 왼쪽 코로 내쉬고 재차 ①-②의 과정을 반복하는 일방통행적인 방식이라고 합니다. 이 기법은 다시 세 가지로 세분되는데 첫 번째는 '오른쪽 코(들숨) → 왼쪽 코(날숨)를 반복하는 것' 그리고 그 반대로 '왼쪽 코(들숨) → 오른쪽 코(날숨)를 반복하는 것'이다. 전자를 대표하는 것은 태양관통-꿈브하까이고 후자를 대표하는 것은 달관통-꿈브하까입니다. 두 번째 유형은 '양쪽 코(들숨) → 오른쪽 코(날숨)를 반복하는 것', 그리고 '양쪽 코(들숨) → 왼쪽 코(날숨)를 반복하는 것'인데 전자를 대표하는 것은 가다-꿈브하까이고 후자를 대표하는 것은 승리-꿈브하까입니다.

세 번째 유형은 '왼쪽 코(들숨) → 양쪽 코(날숨)를 반복하는 것'과 '오른쪽 코(들숨) → 양쪽 코(날숨)를 반복하는 것'인데 전자는 '꾸무다-꿈브하까'라고 부르지만, 후자는 이론적으로만 존재한다고 합니다. 세 번째 유형(III)은 위에서 언급했던 교차방식의 호흡과 일방통행적 방식을 혼용하는 것인데 『월광』에서 설명된 두 종류의 풀무-꿈브하까가 이에 해당한다고 합니다. 호흡의 방법을 구체적으로 기술하고 있는 장면은 갖가지 도표로 제시된 본문에서 확인하실 수 있습니다.

이제 요가와 명상 텍스트를 비판적 분석의 틀로 가로질러 읽은 일곱 가지 시선을 음미해보시길 바랍니다.

- 글쓴이들의 마음과 생각을 대신 전하며

동서사상연구소 전임연구원 김준호 손 모음

▤ 간행사 _ 004

▤ 축하와 감사의 말씀 _ 006

▤ 서문 _ 012

정중무상과 태국 숲속 전통의 친화성
- 인성염불(引聲念佛)과 태국의 붓도염불(Buddho anussati)을 중심으로 -
/ 조준호 023

선경(禪經)에 나타난 무념(無念)의 네 가지 의미 / 김준호 055

敦煌寫本スタイン2463『成實論章』の「三心滅」思想
/ 池田 將則(이케다 마사노리) 077

텍스트 전승의 불일치와 명상수행의 변용 :
영국국립도서관 소장 돈황 출토 티벳어 사본 IOL Tib J 648을 중심으로
/ 차상엽 117

- *Tantrasadbhāva* 1장의 문헌학적 논의를 통해 본 -
샤이바 딴뜨라 전통에서 꾼달리니(kuṇḍalinī) 개념의 탄생과 발전
/ **방정란** 155

불이론 전통의 수행론 연구 :
선종과 라마나 마하르쉬를 중심으로 / **심준보** 179

좌·우 코를 이용한 호흡법 연구
-『꿈브하까 편람』(*Kumbhakapaddhati*)을 중심으로 / **박영길** 209

정중무상과 태국 숲속 전통의 친화성
- 인성염불(引聲念佛)과 태국의 붓도염불(Buddho anussati)을 중심으로 -

조준호
(동국대 불교학술원 연구초빙교수)

Ⅰ. 들어가는 말

한국불교사에서 정중무상(淨衆無相, 684-762)은 재인식되고 있다. 그는 한반도 출신으로 인성염불(引聲念佛)을 수행했다. 마찬가지로 그는 숲속에서 지독한 두타행(頭陀行)을 닦았다. 동아시아불교는 그동안 제대로 알려지지 않았던 무상의 행적을 차츰 밝혀내고 있다. 한국불교는 한국불교가 속한 동아시아 불교만을 알다가 차츰 다른 불교권의 불교를 알아가고 있다. 특히 남방불교를 소승불교라는 편견에서 제대로 알지 못하다가 최근 해외여행과 불교권 간의 교류로 스리랑카와 동남아 불교를 차츰 알아가고 있다. 남방불교는 크게 남아시아의 스리랑카와 동남아시아의 미얀마, 태국, 라오스, 캄보디아 그리고 베트남 불교를 지칭할 수 있다. 이러한 나라는 대륙부 동남아시아이고 해양부 동남아시아는 인도네시아, 말레이시아 등지도 더할 수 있다. 한국불교는 현재 이러한 남방불교를 알아가고 있는 추세에 있다. 최근에는 위빠사나 수행과 관련하여 동남아시아 불교에 더욱 관심을 가지게 되었다. 특히 한국불교도는 미얀마와 태국 등지를 내왕하면서 남방불교의 수행법을 두루 접하고 동아시아 불교와의 비교도 가능해졌다. 그러한 가운데 한국불교는 태국 북동부의 산림수행처 행법과 무상의 행법과의 관련성을 주목하기 시작하고 있다. 큰 유사성으로 동남아시아(태국 북동부)의 아잔 차(Ajarn Chah, 1918-1992)와 무상은 모두 숲속 두타행과 염불(念佛) 수행을 하였다는 점이다. 양자는 모두 산림처에서 두타행과 염불을 병행했다. 양자는 시대와 지역 그리고 종파가 다름에도 불구하고 여러 가지 친화성을 보여주고 있다는 점에서 의미심장하다. 어떻게 이러한 유사성과 친화성이 가능할 수 있었을까? 이러한 점에서 먼저 양자의 유사성과 친화성이 가능한 불교사의 배경을 살펴보는 것이 필요할 것이다. 그리고 구체적으로 양자의 유사성과 친화성이 무엇인지를 분석해 보려한다. 물론 본고는 먼저 양자의 유사성과 친화성에 집중한다. 하지만 유사성과 친화성을 말하려면 또한 차별성과 독자성도 논의되어야 할 것이다. 이러한 점에서 본고는 먼저 양자의 유사성을 충분히 밝혀 이후에 차별성도 제대로 논의하게끔 하는 것을 목표로 한다. 이로써 무상과 태국 숲속 전통은 시기와 불교권 등이 다르지만 보편적인 수행전통으로서 양자의 가치를 확인해 볼 수 있을 것이다.[1)]

---

1)) 본고와 관련한 국내의 선행연구는 다음과 같다. 무상정중은 차상엽의 「티벳문헌에 나타난 淨衆無相에 대한 연구 - 『바세(sBa bzhed)』 외 티벳사료 그리고 둔황 사본(Pelliot No. 116)을 중심으로 -」(『한국불교학』, 2012), 차차석의 「정중무상의 인성염불과 청화선사의 염불선」(『선문화연구』, 서울: 선리연구원, 2015), 이병진의 「정중무상 인성염불의 증입원리 고찰」(『禪學』, 2019), 그리고 정광균(법상)의 「중국불교 전적에 나타난 염불선의 계승과 발전 - 정중무상을 중심으로」(『정토학연구(淨土學硏究)』, 2020)을 찾아 볼 수 있다. 이에 반해 태국 숲속 전통(또는 아잔 차)이나 붓도염불에 대한 전문학술연구는 아직까지 제출되지 않고 있다.

Ⅱ. 인성염불과 붓도염불의 배경

1. 아란야(ārañña)

무상과 아잔 차는 모두 숲속 수행과 두타행이라는 공통점이 있다. 그렇다면 양자의 이러한 산림 수행환경과 엄격한 금욕수행의 배경은 무엇인가를 살펴보아야 할 것이다. 이를 위해서는 먼저 수행처와 관련한 인도불교를 살펴보아야 한다. 인도에서 불교의 출발은 유행(遊行)과 정주(定住)라는 형태를 보여준다. 출가자는 마을과 산림을 번갈아 오가거나 또는 한 곳에 오래 머물기도 하였다. 이러한 수행처에 대한 가장 포괄적인 말은 승가람(僧伽藍)으로서 saṁghārāma를 음역한 것이다. 이러한 여러 종류의 승원 가운데 마을이나 도시가 아닌 숲속의 수행처가 있다. 숲속 수행처를 아란야(ārañña)라 하여 한역으로 아련야(阿練若), 아란나(阿蘭那), 아란양(阿蘭攘), 적정처(寂靜處), 원리처(遠離處), 한정처(閑靜處) 등으로 옮겨졌다. 또한 산림 ārañña에 머물며 수행하는 자를 아란야까(āraññaka)라 하였다. 불교는 출발부터 이미 숲속 수행처가 전문용어로 정착되었음을 알 수 있다. 아란야까(āraññaka)는 세속적 욕망을 멀리하기 위해 마을에서 떨어진 숲속을 수행처로 삼는 출가자를 말한다. 이러한 아란야까는 숲속에 머물며 철저한 금욕수행을 한다. 이러한 금욕수행을 두따(dhuta, 頭陀)라 이름한다.

초기경전은 붓다가 꼬살라국 제타숲에 머물며 비구들에게 법을 설하였다거나 마가다국의 대나무 숲(竹林, Veḷuvana)에 머물며 법을 설했다. 붓다는 제자들에게 과거에 숲에 머물렀음을 설하고 산림에서 수행하는 것을 찬탄한다.[2] 붓다 시대에 직제자들의 이름 가운데 마하까삿빠(Mahākassapa)를 비롯해 많은 산림거주 수행자를 찾아 볼 수 있다. 초기

2) SN Ⅱ, 202, 208-209.

경전의 여러 곳에서는 '나는 홀로 숲속에 살며'나 또는 '동굴에서 선정 수행'을 말하기도 하고 그리고 '세상 사람들이 찾아오지 않은 인적이 드문 숲에 들어가 개인 거주처[kuṭi]를 짓고 살았다' 등과 같은 경구들이 자주 보인다. 그리고 그러한 아란야까는 꽃이 만발하고 나무가 무성한 시원한 숲속의 정경을 아름답게 묘사하기도 한다. 이러한 삼림거주 수행자를 아련야비구(阿練若比丘 : Āraññaka-bhikkhu)라고 불리기도 하였다. 마찬가지로 잡아함의 『천타경(闡陀經)』에서는 석가모니 붓다가 입멸한 지 그리 오래되지 않을 무렵에 천타(闡陀) 비구가 "걸식을 마치고 돌아와 가사와 발우를 거두어두고 발을 씻은 뒤에 자물쇠를 가지고, 숲에서 숲으로 방에서 방으로, 경행처(經行處)에서 경행처로 돌아다녔다"라는 언급이 나온다.[3] 여기서 숲과 방이 언급되는 것은 당시 출가자들이 숲속에 머물거나 또는 숲속에 작은 거주처에 살았던 것을 보여준다.

이처럼 석가모니 붓다와 그의 제자들은 마을과 도시 그리고 숲을 번갈아 오가며 지냈던 것으로 나타난다. 여러 경전에서 비구들이 머물렀던 많은 산과 산림의 이름이 나온다. 어느 때에 붓다는 마가다 국의 수도 가까이의 기사굴산(耆闍掘山)에서 5백 명의 비구들과 머물기도 했다. 그러면서 영취산(靈鷲山), 광보산(廣普山), 백선산(白善山), 부중산(負重山), 선인굴산(仙人掘山)이 거론된다. 이러한 산들을 왕사성의 다섯 산으로 이야기되는데 수행자들이 오랫동안 머물렀던 산이라 한다. 영취산은 깃자꾸따(Gijjhakūṭa)이며 기사굴산(耆闍掘山)이라고도 음역되었다. 백선산은 빤다바(Pāṇḍava)로 반다바(般茶婆)나 반다바(槃茶婆)로 음역되었고 백산(白山)이라 의역되었다. 부중산은 베바라(Vebhāra)로 비바라(毗婆羅)·비부라(毗富羅)·비가라(毘訶羅)로 음역하며 방산(方山)으로 의역되었다. 선인굴산은 이시기리(Isigili)로 이사기리(伊師耆利)로 음역하며 선탄산(仙呑山)이라 의역되었다. 그리고 초기불교의 교단은 이러한 산림과 산에 수행처를 건립했음을 또한 말한다. 경전의 여러 곳에서 산림 거주 수행승을 위한 가르

---

3) SN Ⅲ, 132.

침이 보인다. 또한 시체를 버렸던 숲인 한림(寒林 : Sītavana), 대나무 숲인 죽림(竹林 : Veḷuvana), 큰 숲으로 대림(大林 : Mahāvana) 등과 이시기리산(Isigiri : 伊私耆梨), 상두산(Gayāsīsa : 象頭山), 영취산(靈鷲山), 광보산(廣普山), 백선산(白善山), 부중산(負重山) 등도 그것이다. 마찬가지로 칠엽굴(七葉窟 : Sattapaṇṇiguhā)과 같이 높은 산의 중턱에 있는 굴원과 제석굴(帝釋窟 : Indasālaguhā), 필발라굴(畢鉢羅窟 : Pippalīguhā) 등을 찾아 볼 수 있다. 이처럼 여러 경전에서 비구들이 머물렀던 많은 산과 산림의 이름이 나온다. 율장에 산림 수행승이 갖추어야 할 조건(Āraññikavatta)으로 물과 불, 지팡이와 밤에 방향을 알 수 있도록 별자리를 아는 것 등이다.[4] 마찬가지로 경장에서도 홀로 머물며 선정을 닦는 산림수행과 수행처가 많이 언급된다. 이러한 산림 수행처의 위치는 세속으로부터 멀리 떨어진 곳으로 말해진다. 구체적으로 율장의 『마하승기율』 등은 마을과 시내로부터 1구로사(俱盧舍) 정도 떨어진 거리의 곳을 말한다. 1구로사는 5주(肘) 길이 화살 5백 개 거리로 그 사이에 인가가 없는 산림을 말한다.[5] 불교 흥기와 관련하여 붓다와 그의 제자들의 활동 무대는 주로 도시였다.[6] 서구학자들 가운데 불교를 도시의 종교로 이야기하는 이유이다. 석가모니 붓다와 그의 제자들의 활동지는 거의 도시로 나타난다. 하지만 붓다는 마을이나 도시와 함께 숲을 중요하게 여겼다. 이러한 이유로 출가자는 항상 숲과 마을을 번갈아 오가며 지냈다. 이러한 배경에서 출가자는 전통적으로 두 가지 형태로 구분된다. 마을 거주자(Gāmavāsi)와 산림 거주자(Araññavāsi)가 그것이다. 즉 무상과 아잔 차는 모두 후자의 숲속 전통에 해당된다고 할 수 있다.

---

4) Vin Ⅱ, 217.
5) 『摩訶僧祇律』(T22, 389b)
6) K. T. S. Sarao(1990), 1-227.

2. 두타(dhuta, 頭陀)

숲속 거주자는 엄격한 금욕의 계율을 지키며 수행하는 데 이를 두타(dhuta, 頭陀)라 한다. 붓다는 두타 수행을 강조한다. Aṅguttara Nikāya에서는 Revata Khadiravaniya가 오랫동안 숲속에 거주하며 두타행을 닦은 수행자의 한 사람으로 언급된다.[7] 증일아함의 「제자품」에서 마하까삿빠(大迦葉 : Mahākassapa)는 열두 가지 두타행을 실천하는 대표적인 수행자로 그리고 증일아함의 「비구니품」에 끼사고따미(Kisāgotamī) 비구니는 열한 가지 두타행을 하는 모범으로 실천하는 것으로 언급된다. 증일아함의 「일입도품(壹入道品)」에는 "아련야(阿練若)를 찬탄하고 칭송하는 것은 곧 나를 찬탄하고 칭송하는 것이다. 왜냐하면 나는 항상 아련야행을 찬양하고 칭송하기 때문이다. 아련야를 비방하는 것은 곧 나를 비방하는 것이다."라고 하였다.[8] 그리고 "온갖 두타행(頭陀行)을 하는 이를 찬탄하여 말하는 것은 곧 나를 찬탄하여 말하는 것이다. 왜냐하면 나는 항상 두타행을 수행하는 이를 찬탄하여 말하기 때문이다. 두타행을 수행하는 이를 비방하는 것은 곧 나를 비방하는 것이다."라고 설하였다. 계속해서 붓다는 마하까삿빠의 두타행을 칭찬하면서 다른 비구들도 적극적으로 두타행을 따를 것을 독려하고 있다. 나아가 붓다는 마하까삿빠에게 나이도 많고 노쇠하여 기력이 없을 것이니 두타행을 중지하라고 하지만 변함없이 계속 실천한다. 최종적으로 붓다는 마하까삿빠의 예로서 두타행이 세상에 남아 있으면 불법 또한 세상에 오래 갈 것이라 할 정도로 숲속에 머물며 두타행을 하는 것을 강조한다. 붓다는 산림에 오래 거주하며 두타행을 닦는 것은 승가가 쇠퇴하지 않고 발전할 수 있는 길이라 한다.[9] 또한 산림수행자에 관한 가르침을 담고 있는 아란야품(āraññavagga)의 시작

7) AN Ⅰ, 24.
8) 『增一阿含經』(T2, 569c)
9) AN Ⅳ, 21.

하는 경전은 다섯 종류의 산림 거주자를 설하면서 이 가운데 소욕지족(少欲知足)의 삶을 사는 산림수행자가 최상이라 설한다.[10)]

이렇게 숲속 수행은 두타행과 맞물려 있다. 그래서 두타행의 주요 지분은 산림수행의 지분(āraññakaṅga)이라는 말로도 같이 쓰인다. 빠알리(Pali) 경전에는 주로 13지분의 두타행이 소개되는데 산림수행은 그 중의 하나이다.[11)] 이에 반해 산스끄리뜨 불교 문헌에는 12지분의 두타행이 나타난다. 이외에도 문헌에 따라 16두타행, 25두타행법 등도 있다. 때문에 우리나라를 포함한 동아시아 대승불교권은 12지분의 두타행이 널리 행해졌다. 당(唐)나라 때 한반도 출신의 무상이 두타행을 실천할 수 있었던 배경이다.

인도불교 전통에서 상좌불교(Theravāda)는 주류에 위치해 있다. 그러한 상좌부의 주요 논서는『청정도론(Visuddhimagga)』이다. 이 논서는 5세기경에 현재와 같은 본으로 정리되었다. 여기서 두타행을 설명하는데 산림수행자의 두타행은 기본적으로 초기불교를 계승하고 있다. 초기경전에 나온 대로 산림수행자는 어떠한 종류의 옷이든, 어떠한 종류의 음식이든, 어떠한 종류의 숙소라도 만족할 수 있어야 함을 말한다.[12)] 이러한 두타행의 산림수행자는 다시 세 가지 단계가 있다. 최고의 첫째 단계는 언제나 산림에만 거주하면서 엄격한 수행을 하는 출가승이고, 두 번째의 중간단계는 1년 가운데 4개월은 마을에 내려와 사는 산림 수행자를, 그리고 마지막 세 번째 단계는 4개월과 함께 겨울의 몇 달도 마을에 내려와 사는 산림 수행자라 한다. 이같이 세 단계의 두타행자는 산림에 체류하는 기간에 따라 단계와 수준정도를 분류하고 있음을 알 수 있다.[13)] 여기서 산림 거주 수행자가 마을에 내려오는 이유는 교학을 공부하기 위해서라고 한다. 이는 산림 수행은 교학 공부보다는 선정 등의 수행에 집중

---

10) AN Ⅲ, 219; 마찬가지로 Vin Ⅴ, 131 등도 나타난다.
11) AN Ⅲ, 219, 220; Vism 48 등.
12) Vism 48에 나오지만 초기경전인 AN Ⅱ, 27 등에도 나타난다.
13) Vism. 59.

해 있음을 말한다. 『청정도론』은 초기경전에 나온 산림 수행에 대한 공덕을 정리하는 입장에서 산림수행의 많은 공덕을 말한다. 선정을 주로 수행하는 산림 수행자는 세상의 집착과 근심 걱정을 벗어나도록 스승의 지도를 받을 수 있다고 한다. 마찬가지로 스승에 의해 산림에 거주하며 안온한 고독을 즐길 수 있는 공덕이 있다고 한다.[14]

3. 염불

이처럼 무상과 아잔 차는 모두 숲속 수행과 두타행이라는 공통점이 있다. 그렇지만 무엇보다도 중요한 친화성은 양자 모두 염불수행을 했다는 점이다. 사실 무상은 선종, 그것도 남종선 계통에 속한 수행자였다. 중국을 비롯한 동아시아 불교에서 선종과 정토종은 별개의 종파로 여러 가지 점에서 양립 또는 병립하여 왔다. 이러한 이유로 후대로 내려가면 선정일치(禪淨一致)나 선정쌍수(禪淨雙修)와 같은 선과 염불의 조정이 시도되었다. 그렇지만 "중국에서 선과 염불의 융합을 일종의 타락형태로 보려는 견해"[15]도 없지 않았다. 이러한 종파적 입장에서 당시 선종에 속한 무상이 염불을 선정 수행과 같이 했다는 점은 이채롭다고 할 것이다. 그것도 특히 고성으로 인성염불을 했다는 점이다. 무상 시대 이전이나 즈음하여 무상처럼 인성(引聲)의 구칭염불을 선(禪)과 병행했다는 사례는 아직까지 찾아보지 못했다.

마찬가지로 아잔 차도 사마타 위빠사나의 수행과 함께 소리 내어 하는 구칭으로 '붓도(Buddho)' 염불을 했다는 점이 특별하다. 논자는 남아시아나 동남아시아의 초기불교 전통을 잇는 불교권에서 아직까지 그러한 사례를 찾아 볼 수 없었다. 다만 염불은 태국에서 또다른 수행집단을 들 수 있다. 최근 한국에도 알려진 법신선정(法身禪定 : Dhammakaya meditation)의 종단이 그것이다. 태국의 프라 몽콜 텝무니(Phra mongkol thepmu-

14) Vism 57-59.
15) 藤吉慈海, 한보광 역(1991), 179.

ni, 1884-1959)는 1970년대 법신 염불의 수행운동(Dhammakaya Movement)으로 담마까야(Dhammakaya Foundation)라는 종파를 창종하였다. 그는 50년 동안의 법신염불수행으로 '법신선정'의 염불선을 정립하여 태국은 물론 해외에도 수백만의 신도들을 자랑하는 세계 18개 지부를 자랑하는 영향력 있는 불교단체로 부상하였다. 방콕 시내에 거대한 규모의 사찰에서 3천의 수행승이 상주하고, 위성 T.V.(Dhammakaya Channel), 미국 캘리포니아 등에 대학과 재단 등이 있다. 법신선정운동은 현재 세계적으로 경쟁력 있는 불교명상으로 자리잡아가고 있다. 그런데 흥미롭게도 태국의 담마까야는 대승경전이 아닌 초기경전의 법신 사상과 『청정도론(Visuddhimagga)』에 근거하고 있다. 법신 염불의 선정은 광명상(光明想, āloka-saññā), 혹은 광명변(光明遍, āloka-kasina)을 매개한다. 불교수행전통에서 초기경전은 이미 십변처정(十遍處定) 가운데 광명변(光明遍, āloka-kasina)이 제시된다. 이것이 담마까야 명상이 호흡에 집중한 가운데 '삼마아라항(samma araham)'의 소리 내어 만트라를 반복한 다음 맑은 수정이나 빛을 시각화하는 단계로 나아가는 근거로 설명한다. 이후 어느 상좌불교처럼 사마타와 위빠사나 단계로의 발전을 말한다. 이처럼 담마까야도 아잔차와 같이 칭명의 염불을 수행한다. 그리고 더 높은 단계의 사마타 위빠사나 수행으로 나아간다는 비슷한 점을 말 할 수 있을 것이다. 하지만 담마까야는 정중무상이나 아잔 차와 달리 숲속 수행과 두타행을 강조하지 않는다. 이러한 점에서 무상의 인성염불은 담마까야보다는 아잔차의 붓도염불에 더 유사성과 친화성이 있을 것이다.

Ⅲ. 정중무상의 인성염불

1. 생애

무상(無相)은 신라 출신으로 정중종(淨衆宗)의 개조이다. 현재까지 무상에 대한 기록은 중국에서 종밀(宗密)의 기록과 『송고승전』 그리고 돈황본에서 발굴된 『역대법보기(歷代法寶記)』가 있다.[16] 한국기록으로는 신라시대의 최치원과 최인연의 비문에서 거론된 무상의 이름을 찾아 볼 수 있다.[17] 이처럼 무상은 자료의 발굴과 함께 더욱 밝혀지고 있다. 본고는 현재까지의 이러한 자료들을 바탕으로 정리된 무상의 생애와 사상을 본 주제의 논의를 위해 간략하게 정리해 본다.

무상은 신라인으로 국왕의 셋째 아들로 출가하였다고 한다. 이후 728년에 당나라 수도인 장안에 당도하여 현종(玄宗)을 만나고 황제로부터 무상의 법호를 받았다고 한다. 나중에 측천무후로부터 마납의(磨納衣)도 받았다고 한다. 스승을 찾아 각지를 돌다가 처적(處寂)을 만나 제자가 되었다. 이로써 무상은 달마계 – 제5조 홍인 ⇨ 제6조 지선(智詵) ⇨ 제7조 처적(處寂, 665-732) ⇨ 제8조 무상(無相, 684-762) ⇨ 무주(無住, 714-774)라는 법맥으로 설명된다.[18]

『송고승전』에 따르면 무상은 스승인 처적으로부터 두타행으로 선법을 배웠다. 처적 또한 숲속에 머물며 두타행을 닦다 잠시 측천무후의 조칙에 따라 입궐한 이후 산으로 돌아가 40여 년 동안을 마을에 내려오지 않을 정도였다.[19] 또한 처적이 앉으면 졸지 않고 오랫동안 선정에 들듯이

---

16) 『圓覺經大疏釋義鈔』(卍9, 533c - 534c); 『宋高僧傳』(T50, 832b); 『歷代法寶記』(T51, 185a).

17) 이능화 편(2010), 489.

18) 변인석(2009), 228-229.

19) 『宋高僧傳』(T50, 846b).

무상도 한번 입정할 때마다 먹지도 자지도 않고서 5일을 넘길 정도로 좌선 수행에 몰입하였다고 한다. 그러다가 스승을 떠나 사천성에 이르러 오랫동안 깊은 골짜기로 들어가 홀로 치열한 두타행을 하였다. 호랑이 등의 맹수가 자주 출몰하는 숲속에서 변함없이 한 자리를 떠나지 않고 밤낮으로 수행하였다. 눈이 오는 추운 겨울에도 바위에 앉아 좌선하였고 밤중에도 잠을 자지 않고 계속했다고 한다. 또는 밤낮으로 무덤가와 산림을 번갈아 오가며 좌선과 두타행을 닦았다. 이러한 무상의 두타행에 감동한 많은 사람들이 그에게 절을 지어주었다고 한다. 그러던 중에 무상은 안록산의 난으로 사천성으로 피난 온 현종을 다시 만났다. 황제는 무상에 귀의하였다. 이후 정중사, 대자사, 보리사, 영국사 등의 여러 절이 건립되었지만 무상은 20여 년을 주로 정중사에 머물면서 교화하였다. 이에 무상이 정중종(淨衆宗)의 개조로 알려지게 된 것이다. 또한 무상의 선풍은 중국만이 아니라 티벳 불교에도 영향을 끼친 것으로 점차 밝혀지고 있다. 사천성을 경유하여 가는 티벳 사절단이 무상으로부터 가르침을 받고 갔다. 이러한 두타행과 교화활동을 한 무상은 그의 나이 79세인 756년에 입적하였다. 무상은 후대 지역에 따라 오백나한 가운데 455번째로 숭배되기도 했다.[20)]

2. 인성염불의 사상적 맥락과 특징

1) 무억(無憶) 무념(無念) 막망(莫妄)

무상의 사상과 관련한 논의에서 가장 많이 인용되는 구절은 다음과 같다.

> 김화상(金和上)은 매년 12월에서 정월에 이르도록 사부대중, 백천만인에게 수계[授戒]하였다. 엄숙하게 도량을 시설하여 고좌(高座)에서 설법하였

20) 최석환(2010), 2-56.

다. 먼저 인성염불(引聲念佛)하게 하여 一氣의 생각이 다 소진하게 하고, 소리가 끊어지고 생각이 멈추었을 때 다음과 같이 설한다. "무억(無憶)하고 무념(無念)하며 막망(莫妄)하라. '무억'이 계(戒)이고, '무념'이 정(定)이며, '막망'이 혜惠(慧)이다. 이 삼구어는 바로 총지문(總持門)이다.[21]

무상은 12월에서 정월에 이르러서는 수계법회를 했으며, 그 법회는 '인성염불(引聲念佛)'로부터 시작하여 '무억, 무념, 무망'의 '삼구어'가 중심이 되는 설법을 하였음을 짐작할 수 있다. 이제까지 이 간략한 구절을 중심으로 무상의 사상에 대한 많은 논의가 이루어져왔다. 여기서 종밀(780-841)의 『원각경대소석의초』는 이러한 짧은 구절을 좀 더 구체적으로 이해할 수 있도록 해주는데 다음과 같다.[22] 즉 무상은 사부대중과 함께하는 방등도량(方等道場)을 설치하여 21일이나 35일 동안 집단적으로 예참(禮懺)수행을 한 후 이수자에게 수계첩을 발급하였다. 방등도량은 그 말에서부터 사부대중의 평등성을 강조한 도량의 성격임을 알 수 있지만 구체적으로 어떠한 내용을 가졌던 도량인지는 더는 알 수 없다. 다만 무상의 방등도량이 21일이나 35일 동안에 행해졌던 집단 수행이라면 상당히 체계적인 내용을 갖추고 진행되었을 것으로 짐작된다.[23] 이처럼 무상에 의

---

21) 『歷代法寶記』(T51, 185a), "金和上每年十二月正月, 與四衆百千萬人受緣. 嚴設道場處, 高座說法. 先教引聲念佛盡一氣, 念絶聲停念訖云: 無憶 無念 莫妄. 無憶是戒, 無念是定, 莫妄是惠. 此三句語卽是總持門."

22) 『圓覺經大疏釋義鈔』(卍9, 533c), "其傳授儀式, 略如此. 此國今時官壇, 受具足戒. 方便謂一兩月前, 先剋日牒示, 召集僧尼士女, 置方等道場禮懺, 或三七五七, 然後授法了. 皆是夜間, 意在絶外, 屛喧亂也. 授法了, 便令言下息念坐禪. 至於遠方來者, 或尼衆俗人之類, 久住不得. 亦直須一七二七坐禪, 然後隨緣分散. 亦如律宗, 臨壇之法, 必須衆擧, 由狀官司給文牒, 名曰開緣. 或一年一度, 或三年二年一度不等開數開."

23) 의정(義淨, 635-713)의 『중귀남해전(重歸南海傳)』에 있는 사자(師資) 4인 가운데 정고(貞固)율사도 또한 "방등도량을 세워서 법화삼매(法華三昧)를 수행하고자 하였다."라는 기록으로 볼 때 당시에 유행했던 도량으로 생각된다. 또한 금산사의 방등계단도 방등도량과 관련할 것으로 보이는데 이는 앞으로의 연구가 필요할 것이다.

해 진행되었던 방등도량의 참여대중은 비구만이 아닌 비구니와 남녀 일반인도 있었다고 한다. 또한 여기서 매우 중요한 점은 방등 법회는 모두 야간에 행했다는 것이다. 이는 외부와 인연을 끊고 시끄러움을 막기 위한 목적이라 한다. 더 나아가 수계의식을 마치면 누구나 좌선을 행하도록 했다. 참여자는 모두 7일이나 14일 동안 좌선을 하게 한 후 해산하도록 하였다. 여기서 멀리서 온 사람이나 혹은 비구니와 일반인은 사정에 따라 좌선의 기간을 단축하여 끝마칠 수 있도록 하기도 하였다. 이러한 수행법회는 마치 관청의 일이나 율종의 계단(戒壇) 의식절차처럼 질서 있게 거행되었으며 부정기적으로 자주 행해졌다고 한다. 이러한 종밀의 기록은 무상이 행한 수행사상을 한층 깊게 이해할 여지를 준다. 하지만 현존하는 무상에 관한 자료의 한계로 그의 생애와 사상을 정확하게 파악하는 데는 어려움이 있다. 그럼에도 불구하고 무상은 분명 남종선 계통의 수행자였다는 사실이다. 이러한 결정적인 단서는 바로 '무억, 무념, 무망'의 '삼구어'일 것이다.

무상이 속했던 남종선에서 본성은 이미 중생 안에 완전하게 갖추어져 있다. '불성구족'이나 '본각(本覺)' 등의 말로도 표현될 것이다. 따라서 존재는 이미 완전한 것으로 여기에는 점차 완전하게끔 닦아나가는 수행이 필요 없다. 하나의 체성(體性)은 점차적으로 나뉘어져 단계적으로 드러날 수 없다는 것이다. 체성은 나누어질 수 없는 리불가분(理不可分)의 도리이다. 체성은 점차차제로 단계적으로 또는 부분적으로 나뉘어져 드러날 수 없다. 이 때문에 남종선은 본성을 밝히는 데는 단계나 점차를 부정한다. 곧장 본성을 밝힐 수 있다는 돈오법이 강조된다. 가능한 것은 오로지 일시에 한꺼번에 전체가 드러나는 것이라는 것이다. 이 때문에 또한 '일초직입여래지(一超直入如來地)'도 가능한 것이다. 이는 무상으로부터 영향을 받았을 것으로 이야기되어지는 신회(神會, 670-762)의 염불기(念不起)와 견본성(見本性)도 이러한 사상적 맥락에 있다. 또한 무상의 제자였을 것으로 이야기되는 사천성 출신의 마조(馬祖, 709-788)의 '도불용수 단막오

염(道不用脩 但莫汚染)'도 같은 맥락에 있다. 임제(臨濟, ?-866)는 이를 무위진인(無位眞人)으로 강조하였다. 무상의 "무억(無憶)하고 무념(無念)하며 막망(莫妄)하라."는 총지문(總持門)으로서 삼구어도 바로 이러한 맥락으로 보아야 한다.[24] 또한 이는 혜능의 『단경(壇經)』에 나타나는 무념(無念), 무상(無相), 무주(無住)의 삼구를 계승하는 것으로 짐작된다. 흔히 선종 학자들은 남북종을 북종선이 이념(離念)이라면 남종선은 무념(無念)이라는 차이로 설명한다. 이로 봐도 무상의 삼구어 가운데 무념은 남종선 계통으로 보아야 할 것이며 그의 전반적인 사상적 맥락은 또한 남종선과 함께 한다고 보는 것이 합당할 것이다. 그런데 여기서 흥미롭게도 무상은 이러한 삼구어를 혜능의 아닌 초조 달마로부터 이어 받은 것이라고 주장한다. 무상은 시기적으로 가까운 혜능을 건너뛰고 달마로부터 무념의 사상적 뿌리를 삼는 이유는 무엇일까? 아마 이때만 하더라도 아직 혜능이 널리 알려지지 않은 시기였기 때문일 것이다.[25] 혜능은 신회에 의해 선종의 중심으로 진입하게 되는데 무상과 신회의 사망년도(762년)가 같다는 데에서도 짐작이 가능하다. 또한 이렇게 무상이 혜능의 계보에 있는 남종선임은 티벳에서의 삼예논쟁과 관련한 티벳 전승의 자료와 중국 전승의 자료에서도 동시에 추적이 가능하다. 먼저 티벳의 자료에서 마하연 주장은 "몸과 말로 짓는 선악과 일체의 작의(作意)를 버린 뒤, 몰록 무념(無念)에 들어가야 한다."나 "신구의 삼업에 의해서는 성불하지 못한다. 불사(不思)와 부작의(不作意)를 닦음으로써 성불한다."가 그것이다.[26] 다음으로 돈황에서 발견된 마하연의 제자(왕석)이 편집한 『돈오대승정리결(頓悟大乘正理決)』에서도 무념(無念), 무사(無思), 무관(無觀), 부사유(不思惟), 무사무관

24) 무주(無住)에 의해 막망(莫妄)은 막망(莫忘)에서 고쳐진 것으로 본다.(변인석(2009), 243).

25) 이는 혜능은 신회에 의해 역사의 무대로 활짝 드러나는데 무상과 신회의 사망년도는 762년이다.

26) 중암(2006), 99; 무상의 시대에 전후하는 남종선의 무념(無念) 사상은 조준호(2020)를 참고.

(無思無觀), 불행(不行) 등의 용어는 빈번하게 나타난다.[27] 무상과 마하연이 모두 티벳에서 중국선종의 가르침으로 나타나는데 이는 티벳 인접 지역인 사천성과 돈황이라는 지리적 연결성에서 당시의 선불교의 영향이 용이했을 것이다.

2) 무상오경전(無相五更轉)과 인성염불

무상의 수행을 알 수 있는 현존 문헌은 『歷代法寶記』와 「무상오경전(無相五更轉)」이다. 『歷代法寶記』는 아주 간단한 단서 정도로 무상의 행법이 소개되고 「무상오경전」은 좀 더 구체적으로 무상의 행법을 살펴 볼 수 있다. 또한 두 문헌 모두 염불에 관한 점이라는 일치점이 있다. 그런데 1908년에 돈황에서 발견된 「무상오경전」을 정중무상의 행법의 기록으로 볼 수 있는가 하는 점이다. 아직까지 선행연구에서 이점을 비판적으로 검토한 연구결과물을 찾아 볼 수 없다. 하지만 「무상오경전」은 인명의 고유명사가 아닌 선종의 전문 용어로서 무상을 의미할 수도 있다. 더 나아가 여기에서 무상이 신라 출신이 아닌 다른 인물로서 무상의 가능성도 배제할 수 없다. 이 점에 있어 본 논자는 차상엽 박사의 자문을 구했다.[28] 그에 의하면 아직까지 중국이나 일본의 학자들 가운데는 「무상오경전」의 무상을 정중무상으로 바로 연결시켜 논의한 연구는 찾아보기 힘들다고 한다. 이에 반해 대체로 국내 저술과 논문에서는 곧 바로 「무상오경전」을 정중무상의 것으로 논의하고 있다고 한다.

「무상오경전」의 무상을 정중무상으로 보려는 것은 좀 더 신중한 태도를 취해야 한다고 주장할 수 있다. 이와 관련하여 논자는 다음과 같은 이유로 「무상오경전」의 무상을 정중무상으로 본다. 첫째, 무상의 법호는 『송

27) 김치온 역주(2010), 163-167.

28) 차상엽은 「티벳문헌에 나타난 淨衆無相에 대한 연구 - 『바셰(sBa bzhed)』 외 티벳사료 그리고 둔황 사본(Pelliot No. 116)을 중심으로 -」(『한국불교학』, 2012)와 같은 연구로 정중무상과 관련한 한문 자료뿐만이 아니라 티벳 자료까지 폭넓게 검토해 오고 있다.

고승전』이나 『역대법보기』에서도 「무상장(無相章)」으로 기술할 정도로 그 용례에서 이미 무상은 당대에 정중무상을 지시했다는 점이다.[29] 둘째, 『신승전』에서 '무상'의 법호는 당시 황제였던 현종으로부터 받았다고 하는 기술이다. 당시 황제로부터 받은 법호는 세간으로부터 상당한 권위로 작용하였다. 이로 보아 당시에 무상의 법호는 정중무상을 특정하는 법호로 알려졌을 것이라는 점이다.[30] 셋째, 돈황 석굴에서 발굴된 문헌 가운데 다른 고승의 오경전도 있는데 이로 보아 특정인을 지칭한 고유명사의 법호로 보아야 한다는 것이다. [31] 예를 들면 「신회오경전(神會五更轉)」, 「남종정사오경전」, 「화택화상오경전」, 「유마오경전」, 「달마오경전」 등이 있다고 한다.[32] 넷째, 이후 다시 설명되지만 당대에 선종 계통의 행자가 염불을 겸한 경우는 드물었다는 것이다. 이러한 경우에서 무상은 선종계통의 행자이면서 염불을 병행하는 것으로 언급된다는 점이다. 다섯째, 오경전이란 속강(俗講) 등에서 교화방법으로 사용된 것을 말하는데 무상의 경우에서도 매년 12월에서 정월에 이르도록 백천만 사부대중의 언급은 바로 속강을 말한다는 것이다. 매년 백천만 대중의 언급은 모인 대중만큼이나 만큼 무상의 속강이 유명했을 것이다. 그리고 이에 걸맞게 오경전과 같은 무언가 지침서 정도가 존재했을 것이다. 이러한 일치점에 대한 분석은 이후 더 심도있는 연구가 있어야 할 것이다. 여섯째, 또한 앞서 언급했듯이 「무상오경전」이 발견된 돈황은 무상의 활동 지역과 지리적으로 가까이 연결되어 있다는 점이다. 이는 무상 이후 티벳에서 삼예논쟁으로 유명한 마하연과 관련된 『돈오대승정리결(頓悟大乘正理決)』도 돈황에서만 발견되었다는 점이다. 마하연 또한 티벳과 인접한 사천성과 돈황 등지에서 활동했다.[33] 이 때문에 사천을 활동무대로 삼았던 정중무상의 오경전

29) 『宋高僧傳』(T51, 832b), "唐成都淨衆寺無相傳."

30) 『神僧傳』(T50, 999b), "玄宗召見隷於禪定寺號無相."

31) 변인석(2009) 329.

32) 정성본(1995), 116; 변인석(2009) 329-331.

33) 중암(2006) 44-45, 94-95.

도 마찬가지로 돈황에 보존되었을 가능성이 크다는 점이다. 마지막으로 「무상오경전」이 정중무상의 오경전임을 알 수 있는 점은 종밀의 기록을 통해서도 증명된다. 즉 종밀은 무상이 집단적으로 행한 수행이 "모두 밤에 행했는데, 그 이유는 외부와 인연을 끊고 시끄러움을 막기 위한 것이다."라고 기술하고 있는데 「무상오경전」은 실제로 밤중에 시간별로 진행되었다는 사실이다.[34] 이러한 몇 가지 이유로써 논자는 돈황의 「무상오경전」을 바로 신라 출신의 김화상의 오경전으로 본다.

그렇다면 무상의 인성염불(引聲念佛)은 어떻게 수행되는가? 『역대법보기』에 인성염불은 "一氣의 생각이 다 소진하게 하고, 소리가 끊어지고 생각을 멈추는 행법"으로 간략하게 소개된다. 이러한 인성염불의 성격과 행법은 선행연구에서 어느 정도 논의되었다.[35] 이처럼 현존하는 자료에 간략한 언급만이 전하지만 여기서 알 수 있는 점은 인성염불이 특별한 행법이며 전문행법으로 소개된다는 점이다. 여기서 다행히 인성염불이라는 간략한 단서를 좀 더 구체적으로 들여다 볼 수 있는 자료가 바로 「무상오경전」이다. 이는 『송고승전』이나 『역대법보기』에서 간략히 언급되는 무상의 염불은 「무상오경전」에서도 염불행법으로 일치한다. 마찬가지로 모두 구칭염불(口稱念佛)이라는 공통점도 있다. 「무상오경전」에 의하면 무상은 초저녁에서 새벽까지 다섯 단계로 대중을 구칭염불로 이끌었음을 보여준다. 「무상오경전」을 인용해 보면 다음과 같다.

1경 얕게[초저녁][평성의 느린 염불]
온갖 망상 모든 인연들 어떻게 보내야 할까?

---

34) 『圓覺經大疏釋義鈔』(卍9, 533c), "其傳授儀式, 略如此. 此國今時官壇, 受具足戒. 方便謂一兩月前, 先剋日牒示, 召集僧尼士女, 置方等道場禮懺, 或三七五七, 然後授法了. 皆是夜間, 意在絶外, 屛喧亂也. 授法了, 便令言下息念坐禪. 至於遠方來者, 或尼衆俗人之類, 久住不得. 亦直須一七二七坐禪, 然後隨緣分散. 亦如律宗, 臨壇之法, 必須衆擧, 由狀官司給文牒, 名曰開緣. 或一年一度, 或三年二年一度不等開數開."

35) 차차석(2015); 이병진(2019); 정광균(법상)(2020).

오직 정관을 의지하고 또한 망념을 잊을 뿐이네.
진여를 생각하고 생각함에 비로소 나타나네.

2경 깊게[늦은 밤][평성을 높인 소리로 느리게 하는 염불]
깨달음의 미묘한 이치 맹세코 찾고 찾으리.
넓고 밝고 청정한 허공을 가고 머묾이 없네.
여여(如如)하게 평등한 마음을 체득하였네.

3경[깊은 밤][느리지도 않고 다급하지도 않는 염불]
숙세의 옛적 번뇌가 이로부터 끊어지고,
먼저 과거와 미래의 원인이 제거되어 진다면,
뗏목의 비유는 규범을 이루어 피안을 초월하네.

4경[첫 새벽][점점 다급하게 하는 염불]
선정과 지혜 쌍으로 행하여 덮이고 얽힘 벗어나
색과 공이 밝게 보니 본체가 뚜렷하고 청정하네.
지계의 달이 영롱하게 갠 하늘처럼 맑아라.

5경[끝 새벽][아미타불을 굴려서 다급하게 하는 염불]
부처님의 태양이 우뚝한 미묘한 경계되어
사선(四禪)의 텅 빈 고요한 곳을 투과하고
일념(一念)에 상응하여 여래를 친견하네.[36]

---

36) 최석환(2010) 170-192:
一更, 淺 衆妄諸緣何所遣, 但依正觀且忘念, 念念眞如方可顯.
二更, 深 菩提妙理誓探尋, 曠徹淸虛無去住, 證得如如平等心.
三更, 半 宿昔塵勞從此斷, 先除過去未來因, 伐喩成規超彼岸.
四更, 遷 定慧雙行出蓋纏, 了見色空圓淨體, 澄如戒月瑩晴天.
五更, 催 佛日巍然妙境界, 過透四禪空寂處, 相應一念見如來.

「무상오경전」은 하룻밤을 오경의 순서로 진행하는 염불행법이다. 이러한 염불의 진행은 다음 순서로 나아가는 단계를 천(淺), 심(深), 반(半), 천(遷), 최(催)로 소리의 강약과 길이를 조정하여 고조되어가는 방법으로 이해할 수 있다. 염불을 마치면 정관(正觀)에 의지하는 선정(禪定) 수행으로 초경(밤 10시)을 시작하여 4경에 이르면 선정에 지혜가 함께 갖추어져 마지막 5경에는 사선(四禪)을 투과하여 마침내 여래를 보는 완성으로 끝마친다. 이러한 오경의 다섯 순서는 1시간 간격인데 그렇다면 돈점(頓漸)에 있어 차제 점수 또는 점오를 닦는 행법일까? 아니면 돈오적인 입장에서 하룻밤에 염불과 선정으로 '여래를 보는' 완성을 확인하는 행법일까? 논자는 무상의 남종선 계보로 볼 때 후자로 이해해야 할 것으로 본다. 이는 무상의 무억(無憶), 무념(無念), 막망(莫妄)의 경지에 대한 또 다른 표현으로 볼 때 더욱 그럴 것이다. 이는 4경에서 선정과 지혜 그리고 지계의 구족이 언급되는 것은 『역대법보기』에서 "'무억'이 계(戒)이고, '무념'이 정(定)이며, '막망'이 혜(慧)이다. 이 삼구어는 바로 총지문(總持門)이다."라는 구절과 부합된다고 볼 수 있다. 이처럼 무상은 계정혜의 구족을 중시하고 또한 밤중에 수행을 하였다는 점은 태국의 산림 수행과 비슷하다. 즉 태국의 산림의 붓도 행자들도 마찬가지로 한 밤 중에 숲속에서 염불과 함께 좌선하는 경우가 많다. 이러한 점은 비슷하나 차이점으로는 무상의 경우 개인과 집단의 수행이었던 것인 반면에 태국의 붓도 행자들은 주로 개인의 좌선 수행에서 행해진 것으로 비교된다.

Ⅳ. 태국의 붓도염불

1. 역사적 배경과 발전

현재 널리 알려진 아잔차의 태국 숲속 전통의 역사적 배경은 무엇인가? 동남아 상좌불교는 기본적으로 계율과 공덕행을 강조하는 것으로 계승된다. 특히 태국의 경우는 율장을 중시하는 지계를 우선으로 삼는다. 이는 스리랑카가 경장을 중심으로 교학을, 미얀마가 논장을 중심으로 아비담마가 강조되는 전통과 비교된다. 이러한 흐름에서 태국불교는 전통적으로 지계와 공덕행을 강조하는 불교에 멈춰있었다. 전문수행을 통한 불교의 궁극목적을 성취하려는 것보다 의식과 의례 중심의 불교로 토착화된 것이다. 태국불교는 지계와 공덕행을 넘어 경전에 나타나는 전문수행이 태국불교 현실에서 실현될 수 없었던 것이다. 현재의 숲속 전통은 기존 불교에 대한 비판과 거부에서 출발하였다.

아잔 차의 태국 숲속 전통은 그 역사적 배경으로 태국의 라마 4세(몽꿋, 1824-1858)와 관련하여 언급된다. 라마 4세는 한 때 출가의 삶을 살았다. 그는 엄격하게 계율을 지켰고 이를 바탕으로 1833년에 담마를 따르는 사람들(Dhammayuttika)이라는 뜻의 '탐마윳니까이'라는 종파가 새롭게 일어나게 되었다. 이 종파는 교학에 초점을 두기보다는 두타행과 수행을 중시한다. 이러한 종파에 속한 수행집단이 바로 태국 숲속 전통(Thai Forest Tradition)으로 일컬어지고 있다. 이후 숲속 전통은 태국 북동부 산림 지역의 아잔 문(Ajahn Mun, 1870-1949)과 아잔 차(Ajahn Chah, 1918-1992)에 의해 세상에 널리 알려지게 되어 현재에 이르고 있다. 그들은 율장에서 정해진 대로 하루 한 끼의 일종식에 아란야라는 두타행을 실천한다. 아잔 차에 이르러 태국 숲속 전통은 태국은 물론 서구에도 크게 영향을 미쳤다. 태국 숲속 전통은 서구의 제자들의 활발한 참여로 더욱 유명해지게 되었다. 예를 들면 현재 전 세계에 널리 알려진 잭 콘필드(Jack Kornfield)에 이어 아잔 브람(Ajahn Brahm) 등이 숲속 전통의 불교와 관련한다. 그들은 저술을 통해 태국 숲속 전통의 수행을 세상에 널리 알렸다.[37] 이어 아잔 차는 서구 등 해외로 진출하여 숲속 전통의 수행을 전하게 되었다.

---

37) 잭 콘필드가 공동 집필한 『아잔 차 스님의 오두막(A Still Forest Pool)』은 우리나라에서도 번역되어 널리 읽히고 있다.

태국 숲속 전통은 아잔 문의 스승인 아잔 사오 칸타실로(Ajarn Sao Kantasilo, 1859-1941)를 시작으로 설명된다. 그는 1887년에 구족계를 마하니까야 종파에서 받았지만 다시 탐마윳니까이 종파에서 구족계를 받게 되면서 숲속 전통이 시작된다는 것이다. 탐마윳니까이 종파로 구족계를 받은 아잔 문은 탐마윳니까이 종파의 창시자 중 한 명인 솜뎃 프라 바나라트 붓다시리(Somdet Phra Vanarat Buddhasiri, 1806-1891)로부터 개인적 수행이나 지도 방법에 있어 많은 영향을 받았다. 그는 매일 새벽 3시에 일어나 밤 10시에 이르기까지 경행과 좌선을 반복하는 수행을 했다. 또한 그는 제자들을 체계적이고 집중적으로 지도하였는데 그 중에 아잔 문(Ajahn Mun, 1870-1949)이 있다. 아잔 문은 1893년에 출가하여 대부분 스승과 함께 숲에 거주하며 수행에 전념하였다. 이들은 대부분 숲속에 머물며 엄격한 두타행을 실천하였다. 그는 율장의 계율을 충실히 따랐고, 또한 율장의 열세 가지 두타행을 실천하였다. 예를 들어, 숲에 살면서 탁발로 하루에 한 끼만 먹고, 버려진 누더기로 만든 가사를 입는 등의 두타행의 실천을 하였다. 그렇지만 태국 숲속 전통을 널리 알리게 된 인물은 아찬 문의 제자였던 아잔 차이다. 그는 20세에 구족계를 받은 얼마 뒤에 아버지의 죽음을 경험한 후 7년간 두타행을 실천하며 여러 스승을 찾아 수행에 집중했다. 그러다가 1954년 그의 나이 36세에 아잔 문을 만나 그의 지도를 받으며 본격적으로 숲속 전통에 합류하게 되었다. 그때부터 많은 수행자들이 아잔 차를 찾아오기 시작했고, 두타행과 붓도염불의 수행은 널리 알려지게 되었다.

아잔 차의 수행법은 기본적으로 초기불교 전통의 사마타 위빠사나에 있다. 여기에 사마타로 붓도염불과 입출식념 수행을 병행해 가는 방법이다. 이외에도 몸의 부정을 관찰하는 부정관(不淨觀)도 사마타의 하나로 수행하도록 하였다. 이러한 태국 숲속 전통은 이렇게 사마타 수행을 확립 한 후 차제로 위빠사나 수행으로 발전해 갈 수 있도록 하는 것이다. 이 때문에 좌선을 기본으로 중시하며 행선으로도 수행이 연결되도록 하는 방법이다. 태국 숲속 전통의 수행은 대표적으로 아잔 차(Ajarn Chah, 1918-1992)를 들 수 있다. 아잔 차는 이전의 스승인 Ajarn Sao Kantasilo(1859-1941) ⇨ Ajarn Mun(1870-1949)의 수행 전통을 계승하고 있다. 따라서 태국 숲속 전통의 법맥은 Ajarn Sao Kantasilo(1859-1941) ⇨ Ajarn Mun(1870-1949) ⇨ Ajarn Chah(1918-1992)로 정리될 수 있다.

이들의 활동 지역은 태국의 북동부 지역에 해당한다. 정확히는 라오스 국경지역의 태국으로 라오스 민족과 언어 그리고 문화와 중첩된 지역이다. 방콕 등의 중심지로부터 먼 변방 산림 수행처임을 알 수 있다. 그럼에도 현재의 지리적 정치적 상황에서 '태국 숲속 전통'이라 이름 한다. 태국 숲속 전통의 수행 방법은 특징적으로 '붓도(Buddho)염불'을 한다는 것으로 알려져 있다. 붓도염불은 수행의 시작을 '붓도'를 반복적으로 염불 또는 염송하는 것으로부터 시작하기 때문이다. 붓도염불에서 마음의 안정과 집중의 상태가 이루어지면 다시 입출식염(入出息念, Ānāpānasati)으로 발전시킨다. 즉 기초수행으로 염불(Buddhānssati) + 호흡(Ānāpānasati)의 쌍수법으로 이름 할 수 있을 것이다. 이러한 수행은 일상의 일거수일투족에서도 실천이 설해지지만 기본적으로 좌선을 중심으로 실천된다. 이러한 점에서 태국 숲속 전통은 좌선 + 염불 + 호흡법을 바탕으로 수행된다고 정리할 수 있다. 하지만 이러한 세 가지 행법으로 그치는 것은 아니다. 태국 숲속 전통은 이러한 기초 수행에서 본수행으로 나아가야 한다고 한다. 본격적으로 사마타와 위빠사나를 수행하는 것을 말한다.

여기에 태국 숲속 수행은 기본적으로 아란야(āraññа) 전통을 따르고 있다. 또한 아란야 전통은 전반적으로 두타행에 바탕해 있다. 마찬가지로 두타행은 엄격한 계율을 지킨다는 의미이다. 태국 등 동남아 상좌불교는 기본적으로 계율을 지키는 것을 강조하는 전통에 있다. 이 가운데 특히 태국이 다른 상좌불교 나라보다 비교적으로 율장을 중시하는 전통에 있음은 잘 알려진 사실이다. 이로 보면 태국 숲속 전통은 두타행의 지계로써 계학(戒學)의 바탕에 정학(定學)으로 좌선 ⇨ 사마타(염불 + 호흡법)

⇨ 혜학(慧學)으로 위빠사나(受心法念處)로 나아가는 수행체제 또는 수행의 차제 구조이다. 이들은 지계나 교학만으로는 열반을 성취할 수 없고 경전에 나온 대로 사마타 위빠사나를 통해서만이 가능하다는 입장을 견지한다. 또한 수행환경과 시간대는 맹수들이 들끓는 밤중에 숲속에서 행해지기도 한다.[38] 이는 무상의 경우도 거의 비슷한 수행 환경에서 두타행을 닦은 것으로 유명하다.

2. 붓도염불의 특징

태국 숲 전통은 아란냐의 두타행을 수행환경으로 한다. 이러한 아란야에서 수행자는 먼저 몸 관찰부터 시작한다. 수행자는 좌정 후 신체 부위에서 먼저 윗부분인 머리에 주의를 집중시키고 차츰 머리 아래로 이동시킨다. 이처럼 몸 관찰은 상체를 차례차례 관찰한 후 발끝까지 간 다음에 다시 발끝에서 몸통으로 머리로 반복적으로 주의를 이동시켜 관찰하는 방법이다.[39] 이렇게 신체를 연달아 관찰하는 행법은 수념(隨念)이 이루어지는 장(場)이란 의미로 anussatiṭṭhāna라 한다.[40] 특히 부정관(不淨觀)과 백골관(白骨觀)을 닦는 염신(念身) 수행의 장에서 네 번째로 발끝에서 머리끝까지 왕복하는 관찰이 설해진다. 염신과 수식관은 사마타에서 사념처 위빠사나로 발전하기 위한 바탕 수행인 것이다. 이와 함께 태국 숲속 전통은 붓도염불(念佛, Buddhānussati)을 한다. 좌정하여 숨을 들이쉴 때는 '붓'(Budh), 내쉴 때는 '도'(Dho)라고 염송하면서 '호흡관찰'을 한다. 다음은 위빠사나 수행법을 알기 쉽게 설명해 달라는 질문에 아잔 차는 다음과 같이 태국 숲속 전통의 수행법의 요지를 압축하여 설명해 준다.

허리를 곧게 세우고 앉아 주의를 집중하고 수행을 시작하십시오. 방이

38) 이와 관련해 한밤중 호랑이에 관한 이야기는 Ajahn Brahm(2006b), 253-254.
39) Chah Achaan(ed. Nyanatusita)(2007) 9.
40) 관련한 논의는 조준호(2013) 24-27을 참조.

나 마루, 혹은 결상에 앉아서도 할 수 있습니다. 처음부터 무리하게 집중할 필요는 없습니다. 다만 들숨, 날숨에 마음을 모으십시오. 혹시 도움이 된다면 호흡의 출입을 관찰하는 동안 '붓도'(Buddho: 佛, Buddho의 주격)나 '담모'(Dhammo, 法, Dhammo의 주격), '상고'(Sangho: 僧, Sangho의 주격)를 반복해 외어도 좋습니다. 이처럼 숨이 들어오고 나감을 알아차림에 있어 억지와 무리가 있어서는 안 됩니다. 호흡이 너무 짧거나 길게, 너무 부드럽거나 거칠게 느껴질지도 모릅니다. 호흡이 제대로 들락거리지 않는 듯한 느낌이나 편안하지 못한 느낌이 들 때도 있을 것입니다. 부디 그대로 놓아두십시오. 저절로 자리잡게 두십시오. …… 계속 그렇게 하십시오. 그러면 삼매가 저절로 이루어질 것입니다. …… 이 수준에 다다른 수행자는 팔정도에 대해 어느 정도 알게 되는 셈입니다. 그러나 수행자는 감각의 대상들도 계속 관찰하지 않으면 안 됩니다. …… 이것이 바로 위빠사나의 수행법이니 이를 통해 모든 번뇌가 다스려질 것입니다. 그리하여 머지 않아 무상, 고, 무아를 꿰뚫어 보는 지혜와 통찰력이 생기게 됩니다. 이것이야말로 진정한 지혜의 시작이며 해탈로 이어지는 명상수행의 핵심인 것입니다.[41]

이와 같은 수행을 아잔 차는 좌선을 기본으로 하되 의자에 앉아서도 할 수 있다고 한다. 그 염불은 기본적으로 호흡과 붓도를 반복해 외는 것으로 들어가는데 여기서 '붓도'만이 아니라 '담모', '상고'를 염송해도 좋다고 한다. 즉 사마타법 가운데 십수념(十隨念, dasa-ānussati)의 첫 번째인 붓도만을 한정하여 염송하는 것이 아니라는 것이다. 상좌불교의 전통은 40업처를 사마타법으로 배치시키고 이 가운데 십수념의 세 번째까지를 불

---

41) 아짠 차 지음, 김열권 역(2011), 74-75; 같은 법문은 잭 콘필드 / 폴 브라이터 엮음, 김윤 역(2010), 142-144에서도 같은 내용으로 찾아 볼 수 있다. 여기서 아짠 차 지음, 김열권 역(2011)의 『'붓도' 위빠사나 - Buddhānussati 念佛』는 원 제목이 아잔 차 스님의 법문을 모은 The Practice of Buddhism이다. 한글역의 제목은 역자에 의한 것임을 알 수 있다.

도 염불의 범위로 설하고 있다. 이로써 저절로 삼매가 이루어지는 본수행으로 들어간다고 한다. 이때 주의해야 할 점은 호흡을 인위적으로 조정하려 들지 말아야 한다고 법문의 여기저기에서 재삼 당부한다.[42] 이는 초기불교경전에 나타나는 입출식염(入出息念, Ānāpānasati)의 방법을 충실하게 따르고 있는 것이다. 이 점은 후대의 불교에서 호흡을 인위적으로 길고 짧게 조정하는 방법을 말하는 것과는 다르다. 마찬가지로 이 점은 무상의 인성염불과도 방법적인 데에서는 차이가 있다고 할 수 있다. 그렇다고 호흡의 인위적 조정이 전혀 배제하거나 배격하는 것은 아니다. 아잔 차 설법의 다른 곳에서는 호흡의 인위적 조정을 설하기도 한다.

> 마음이 걷잡을 수 없이 방황하게 되면, 참아 낼 수 없을 때까지 숨을 멈추십시오. 그러면 마음이 제자리로 돌아 올 것입니다. 좌선 중에 마음이 이리 저리로 날뛰게 될 때도, 숨을 잡고 내 뱉지 않아 참을 수 없을 지경에 이르도록 하면, 마음은 제자리로 돌아오고 말 것입니다. …… 때때로 가슴이 터질 지경에 이를 때까지 숨을 참아 보십시오.[43]

이와 같은 경우의 호흡법은 초기경전에 나타나는 성도 전의 보살의 호흡 수행을 떠오르게 한다.[44] 호흡을 의도적으로 극한점까지 참고 조절하는 방법으로 무상의 인성염불과 아잔 차의 호흡법은 흡사한 점이 있다. 아잔 차는 이렇게 작위적인 호흡 조정으로 날 뛰는 마음이나 방황하는 마음을 그치게 할 수 있다고 한다. 이는 무상의 인성염불로써 '무억, 무념, 무망'의 경지를 경험할 수 있도록 이끄는 호흡 방법과 비교될 수 있다. 그렇다면 아잔 차는 붓도염불을 계속 지속하라는 것인가? 그는 붓도염불은 구체적으로 본 선정에 들 때까지라고 명시한다.

---

42) Chah Achaan(ed. Nyanatusita)(2007), 9.
43) 아짠 차 지음, 김일권 / 김해양 역(2004), 143.
44) MN Ⅰ, 120-121, 242-244.

만트라와 같은 수행방편에도 집착하지 마십시오. '붓도'라는 만트라로 마음을 선정에 들게 했다면 만트라를 놓아 버리십시오. 붓다도 '아는 자'[覺者]의 뜻이니, 그대가 아는 자가 되었다면 무엇 때문에 그 말을 계속 반복하겠습니까? 붓다께서는 법에도 집착하지 말라 하셨습니다.[45]

이와 같이 아잔 차는 분명하게 붓도염불을 선정에 들어가는데까지 수행하는 것으로 한정하고 있다. 이로써 붓도염불은 선정에 들기 위한 도입의 방편 행법임을 알 수 있다. 선정에 들었어도 붓도염불을 계속하는 것은 법에 대한 집착이라는 것이다. 이는 붓도염불을 본수행으로 간주하지 않는다는 것을 의미한다. 붓도염불은 본수행을 위한 예비수행이나 선정에 들기 위한 방편법이니 기초수행법 정도로 이용하고 있음을 알 수 있다. 아잔 차 법문의 전반에서 이러한 붓도염불은 출입식념이나 부정관(不淨觀)과 같은 다음의 사마타행법으로 옮겨가는 과정으로도 설해진다. 왜냐하면 상좌부에서 염불 수행은 초선 이전의 근접삼매(upacāra samādhi)까지 가능하기 때문이다. 다시 말해 본삼매(appanā samādhi)에는 들어갈 수 없다고 본다. 상좌불교는 구칭염불(口稱念佛)이든 여래 10호 염불이든 찰라삼매나 근접삼매까지만 가능하고 이후 더 높은 단계로 진입할 수 없다고 한다. 이같은 입장은 초기불교의 다른 부파와 대승불교와도 다른 입장에 있다.[46] 또한 아잔 차의 호흡은 기본적으로 수념하는 것이라면 무상의 인성염불은 호흡을 조정하는 법이라는 차이점도 있다.

아잔 차는 호흡과 붓다 염불 그리고 염신(念身)의 세 가지 사마타법을 조건으로 본삼매에 들어 위빠사나로 발전해 간다고 한다. 이는 같은 찰라삼매로 바로 위빠사나 수행이 가능하다는 미얀마의 마하시 사야도(Mahāsī Sayādaw, 1904-1982) 계통과는 차이가 있다. 반면에 호흡수행이 사마타에서 위빠사나로 나아간다고 하는 입장은 미얀마의 숲속 수행처인 빠옥총림(Pa-Auk Forest Monastery)이다. 빠옥총림의 역사는 1926년

45) 아짠 차 지음, 김열권 역(2011), 99.
46) 조준호(2017a), 85-104; 조준호(2017b), 165-197.

으로 거슬러 올라가는데 현재 빠옥 사야도(Pa-Auk Sayādaw, 1934년~)가 3대 선원장으로 사마타와 위빠사나를 세상에 널리 지도하고 있다. 빠옥 총림은 산록을 따라 숲속 여기저기 산자락에 많은 군소 수행처들이 널려 있다. 이러한 상좌불교의 수행처는 공통적으로 사마타와 위빠사나를 설하는 경전과 『청정도론(Visuddhimagga)』을 소의경론으로 삼고 있기 때문에 서로 간에 상당한 유사점이 있다. 이러한 맥락에서 태국의 아잔 차도 상좌부의 경론에 바탕하여 수행하고 지도하고 있음을 알 수 있다. 이와 같은 수행처는 모두 기본적으로 『청정도론』을 바탕하고 있기 때문에 사마타와 위빠사나의 수습차제의 수행도에 있다. 그리고 아잔 차처럼 모두 위빠사나 수행으로 무상, 고, 무아를 꿰뚫는 지혜와 통찰력으로 열반의 성취를 수행의 목적이며 핵심으로 강조한다. 이러한 점에서 아잔 차의 태국 숲속 전통도 기본적으로 계정혜 삼학의 수습차제(gradual practice)에 바탕한 수행체제를 보여준다.[47] 대체로 아잔 차의 수습차제 구도는 sati ⇨ samadhi ⇨ vipassana나 sati ⇨ sampajañña ⇨ samādhi ⇨ paññā를 보여준다.[48] 이러한 구도에서 그는 사마타 위빠사나의 수습 차제로 지도하고 있다. 전반적으로 계와 정의 바탕없이 혜가 바로 발현된다거나 사마타를 생략하고 바로 위빠사나나 반야지혜가 일어난다고 하는 경우는 찾아 볼 수 없다. 왜냐하면 반야지혜는 청정성을 매개로 한 매우 투명한 상태의 통찰(crystal clear insight)로서 일어난다고 하기 때문이다.[49] 마찬가지로 일거수일투족의 전반에 걸쳐 알아차림(keep knowing, awareness)이 강조된다.[50] 하지만 태국 숲속 전통은 이러한 알아차림을 분별법(分別法)으로 치부하지 않는다. 더 나아가 태국 숲속 전통은 숙면일여(熟眠一如)로 생각할 수 있는 사띠의 경지를 말한다. 즉 잘 숙련된 수행자의 경우, 자더라도 마음은 항상 깨어 있다고 한다. 몸과 마음이 모두

47) Chah Achaan(ed. Nyanatusita)(2007), 117-120.
48) Chah Achaan(ed. Nyanatusita)(2007), 12.
49) Chah Achaan(ed. Nyanatusita)(2007), 116.
50) Chah Achaan(ed. Nyanatusita)(2007), 135-142.

잠들어 있는 것이 아니라 단지 몸만이 잠들어 있다는 것이다. 마음은 깨어 있어 잠들어 있는 상태의 몸까지 알아차린다(mindfulness, awareness)고 한다.[51] 몸이 잠들어 있어도 계속해서 깨어있는 상태로서 잠드는 첫 순간부터 새로운 관찰 대상으로 포착한다고 한다. 이렇게 밤낮으로 알아차림은 지속된다고 한다.

태국 숲속 전통에서 놓아버리기의 초연한 방기(放棄, paṭinissagga)는 아란야 수행답게 법문의 도처에서 특별히 강조된다. 영어로는 letting go로 옮겨졌다. 방기는 수식관 사마타와 사념처 위빠사나의 쌍수(雙修) 관계를 보여주는 Ānāpānasati sutta(118경, MN Ⅲ, 78-88)에서 마지막 열여섯 단계에 해당한다. 여기에서 또한 방기는 선정과 위빠사나의 심리적 상태로 '수동적 주시(passive observing)'라는 표현이 사용된다는 점이다.[52] 선정 수행에 따른 대단히 초연해진 마음 상태이다. 그래서 태국 숲 전통에서는 삼삼매 가운데 본삼매(appanā samādhi) 단계에 이르러서 방기의 상태와 수행자 신체에 관한 몸의 이미지로서 니밋따(相, nimitta)가 일어난다고 한다.[53] 이렇게 수행자의 신상(身相)이 심안(心眼)의 심상(心象)으로 채워지고 선명해지는 것이 지속될 때 참으로 깊은 선정의 단계에 이른다고 한다. 또한 선정의 좌선 시 반드시 눈을 감은 상태에서 심상은 가능하며 눈을 뜬 상태에서는 가능하지 않다고 한다. 이는 동아시아 조사선 전통에서 감는 상태를 배격하고 반개하는 전통과는 비교될 것이다.

Ⅴ. 마치는 말

본고는 정중무상과 태국 숲속 전통의 유사점과 차이점을 살펴보았다. 간략하게 정리해 보면 다음과 같다. 양자는 시기가 다르고, 나라와 장소도 다르며, 또한 대승불교와 상좌불교라는 불교권의 차이도 있다. 그럼

51) Chah Achaan(ed. Nyanatusita)(2007), 120-122.
52) Ajahn Brahm(2006), 19, 20, 40.
53) Chah Achaan(ed. Nyanatusita)(2007), 105.

에도 불구하고 무상과 아잔 차로 대표되는 태국 숲속 전통은 이상에서 살펴 본바와 같이 상당한 유사성과 친화성이 있다는 것이다. 무엇보다도 양자는 모두 숲속 아란야 전통에 있다. 여기에 모두 두타 행자였으며 무엇보다도 염불 수행을 했다는 공통점이 있다. 무상은 인성염불로, 그리고 태국은 붓도염불로 알려졌다. 또한 양자는 입으로 소리 내는 염송과 구칭염불로 일치한다. 또한 이러한 염불은 양자 모두 본수행으로 이끄는 도입부 수행이라는 공통성이 있다. 특히 모두 염불과 호흡의 쌍수법으로 수행 시간대는 한밤중에 집중 수행을 하였다는 일치점도 놀랍다. 더 나아가 양자는 엄격한 두타행의 산림 수행에 본수행으로는 모두 계정혜 삼학의 구족으로 견여래(見如來)와 열반을 궁극 목표로 삼는 것도 일치한다. 양자는 활동 지역 또한 중앙에서 거리가 있는 국경에 연변한 변방이었으며 마찬가지로 당대의 주류에 속했던 출신이 아니다. 각자 신라계와 라오스계라는 비주류였다는 일치점도 있다. 그렇지만 모두 기존의 주류로 행해지는 불교전통에 대한 새로운 불교 수행 운동 차원임을 보여주고 있다. 더 나아가 모두 국내는 물론 외국에까지 영향을 미쳤다. 이처럼 무상과 태국 숲속 전통은 많은 유사점과 친화성을 보여주지만 마찬가지로 많은 차이점도 논의될 수 있다. 양자는 시대와 불교권의 차이, 대승불교와 상좌불교라는 차이점에서 소의경전도 다르고 특히 무상의 경우 남종선의 무념 사상은 상좌부 등의 주류 불교 전통의 수습차제와는 매우 다른 흐름에 있었던 것으로 이해할 수 있다. 이는 앞으로 더 조명되어야 할 연구과제일 것이다.

|참고문헌|

약호 및 일차문헌

T：大正新修大藏經

X：卍續藏經

PTS： Pāli Text Society

AN *Aṅguttara Nikāya*, PTS

MN *Majjhima Nikāya*, PTS

SN *Saṁyutta Nikāya*, PTS

Vin *Vinaya Pitaka*, PTS

Vism *Visuddhimagga*, ed., by H. C. Warren reviced D. Kosambi, Dharmananda, *Visuddhimagga of Buddhaghosacariya*, Delhi: Motilal Banarsidass, 1989.

『摩訶僧祇律』(T22)

『宋高僧傳』(T50)

『圓覺經大疏釋義鈔』(X9)

『歷代法寶記』(T51)

『增一阿含經』(T2)

김치온 역주(2010), 『돈오대승정리결』, 서울: 해조음.

이능화 편(2010), 『역주조선불교통사』 상권1, 서울: 동국대출판부.

이차문헌

藤吉慈海, 한보광 역(1991), 『禪淨雙修의 展開』, 서울: 民族社.

변인석(2009), 『정중무상대사』, 파주, 한국학술정보.

아짠 차 지음, 김열권 역(2011), 『붓도' 위빠사나 - Buddh nussati 念佛』, 서울:

솔바람.
아쟌 챠 지음, 김용호 옮김(1987), 『마음 길들이기』, 서울: 고요한소리.
______; 김일권 / 김해양 옮김(2004), 『위빠싸나, 있는 그대로 보는 지혜 : 아짠 차 대선사의 수행법문』, 천안: 호두마을선원.
이병진(2019), 「정중무상 인성염불의 증입원리 고찰」, 『禪學』 제54집, 한국선학회.
정성본(1995), 『신라선종의 연구』, 서울: 민족사.
잭 콘필드 / 폴 브라이터 엮음, 김윤 옮김(2010), 『아잔 차 스님의 오두막』, 고양: 침묵의 향기.
잭 콘 필드 / 폴 브로이터 [공]엮음, 김열권 옮김(2003), 『고요한 숲속의 연못』, 서울: 고요한 소리.
정광균(법상)(2020), 「중국불교 전적에 나타난 염불선의 계승과 발전 - 정중무상을 중심으로」, 『淨土學硏究』 제34집, 한국정토학회.
조준호(2013), 「선과 염불의 관계 - 염불선의 기원과 전개에 대한 비판적 고찰」, 『禪文化硏究』 제14집, 선리연구원.
______(2020), 「삼예논쟁과 청화 염불선의 의미: 도과위차(道果位次)의 돈점 문제를 중심으로」, 『불교연구』 제52집, 한국불교연구원.
______(2017a), 「염불삼매는 어느 선정 단계까지 가능한가 : 대승불교의 염불삼매 계위에 대한 경론 전거」, 『불교학보』 제79집, 동국대 불교문화연구원.
______(2017b), 「염불선과 선정계위 : 청화스님의 염불선 위차 사상과 관련한 비판적 검토」, 『淨土學 硏究』 제27집, 한국정토학회.
중암(2006), 『까말라실라의 수습차제연구』, 서울: 불교시대사.
차상엽(2012), 「티벳문헌에 나타난 淨衆無相에 대한 연구 - 『바셰(sBa bzhed)』 외 티벳사료 그리고 둔황 사본(Pelliot No. 116)을 중심으로 -」, 『한국불교학』 제64집, 한국불교학회.
차차석(2015), 「정중무상의 인성염불과 청화선사의 염불선」, 『선문화연구』 제18집, 선리연구원.
최석환(2010), 『정중무상평전(淨衆無相評傳)』, 서울: 월간 차의 세계.
Brahm Ajahn(2006), *Mindfulness, Bliss, and Byond, A Meditator's Handbook*, Wisdom Publications.
Chah, Achaan(2002), *Food for the heart : the collected teachings of*

Ajahn Chah, Boston: Wisdom Publications.

Chah, Achaan(compiled by Jack Kornfield & Paul Breiter)(2001), *A Still Forest Pool : the insight meditation of Achaan Chah*, Wheaton: Quest Books.

Chah, Achaan(trans. by Paul Breiter ; foreword by Jack Kornfield(2001), *Being Dharma : the essence of the Buddha's teachings*, Boston: Shambhala.

Chah Achaan(ed. Nyanatusita)(2007), *Meditation : a collection of talks on cultivationg the mind* / Ajahn Chah, Kandy: Buddhist publication society Inc.

Sarao K. T. S.(1990), *Urban Centers and Urbanisation as Reflection in the P li Vinaya and Sutta Pi akas*, Delhi : Vidyanidhi.

선경(禪經)에 나타난 무념(無念)의 네 가지 의미*

김준호
(경북대학교 인문학술원 동서사상연구소 전임연구원)

Ⅰ. 서론

동아시아 선불교 전통에서 무념은 무상(無相), 무주(無住)와 더불어 그 핵심적 가치를 담고 있는 개념이다. 『육조단경』에서 명시하고 있는 것처럼, 무념을 종지로, 무상을 본체로, 무주를 근본으로 삼고 있기 때문이다.[1] 이에 따르면, 무념이란 '생각하는 가운데 생각이 없는 것'[2]으로 정의된다. 그러나 '생각이 없는 것'의 의미에 대해서는 여전히 의문의 여지가 많다.

이 글은 당나라 이전에 한역된 문헌인 선경(禪經, 대정장 제15책)의 서술을 중심으로 '무념(無念)'의 의미와 가치를 논한 것이다. 선경에 나타난 무념 개념을 분석하려는 이유는 『육조단경』과 『금강경』, 『대승기신론』의 관점에 의존해서 무념의 의미를 설명하고 있는 기존의 연구경향에서 벗어나 다른 시선으로 접근하기 위해서이다. 다른 시선이란 인도불교의 명상법이 선경이라는 텍스트를 통해 동아시아 선불교에 어떤 영향을 끼쳤는

---

* 이 글은 『동아시아 불교문화』 67집에 실은 논문을 수정보완한 것입니다.

1) 『육조대사법보단경(六曹大師法寶壇經)』(T48, 353a10-12). "善知識! 我此法門, 從上以來, 先立無念爲宗, 無相爲體, 無住爲本."

2) 『육조대사법보단경(六曹大師法寶壇經)』(T48, 353a12-13). "無念者, 於念而無念."

지 그 수용과 변용의 양상을 살펴보는 데 중점을 두고 있다는 뜻이다.

선경에 관한 기존의 연구는 상당히 축적되어 있다. 그러나 대부분 『대안반수의경(大安般守意經)』, 『좌선삼매경(坐禪三昧經)』, 『선비요법경(禪秘要法經)』 등과 같은 주목할 만한 몇몇 개별경전에만 연구가 집중되고 있는[3] 실정이다. CBeta 프로그램에서 '무념(無念)'을 검색어로 선경(禪經, 대정장 제15책, 644쪽 분량)을 조사하면, 모두 43건(실제로는 42건)의 용례가 보인다. 이 용례들에 나타난 무념의 의미[4]를 모두 살펴 그 의미를 해석하는 것이 이 연구의 중심을 이룬다.

---

3) 김호귀(1996), 「禪觀思想의 考察: 禪觀經典의 분류를 중심으로」; 안성두(2003), 「선경에 나타난 유가행유식파의 단초」; 최은영(2007), 「漢譯된 禪經류가 초기 중국불교 수행론에 끼친 영향」; 이덕진(2012), 「대승경전이 선불교에 끼친 영향」; 이진영(2024), 「고려대장경의 선관경전(禪觀經典) 고찰과 적용 - 중국 초기에 한역된 선관경전을 중심으로 -」; 안도 요시노리(安藤嘉則, 1988), 「中國禪定思想史における羅什譯禪經について『坐禪三昧經』と初期禪宗, 天台法門」; Yamabe, Nobuyoshi(山部能宜, 1999), The Sutra on the Ocean-Like Samadhi of the Visualization of the Buddha ; Yamabe, Nobuyoshi(2009), The Sutra on the Concentration of Sitting Meditation.

4) 물론 무념의 의미를 알기 위해 초기불전에 나타난 의미부터 해석할 필요성도 생각해볼 수 있다. 실제로는 '無念'의 용례는 총50회가 검색된다. 그러나 팔리본과의 내용 일치를 통해 '無念'에 해당하는 원어를 지시할 수 있는 경우는 남전 중부 제78경과 중아함 제179경이다. 권47(T1, 720c10). "物主! 嬰孩童子, 尙無念想, 況復惡念耶?"; MN. Ⅱ,24. "Daharassa hi, thapati, kumārassa mandassa uttānaseyyakassa saṁkappo ti pi na hoti, kuto pana pāpakaṃsaṁkappaṃsaṁkappissati, aññatra vikūjitamattā." 이에 따르면 무념의 '념'에 해당하는 원어는 생각/사유를 뜻하는 'saṁ(ṅ)kappa'이다. 갓난아기는 아직 개념적으로 대상을 인지하지 못하니 악업을 지을 수 없다고 설명하는 가운데 나오는 말이 바로 'saṁ(ṅ)kappa' 곧 '念'이다. 따라서 선불교의 사상과 직접적으로 연관시켜 해석할 수 있는 여지는 없지만, 적어도 '念'으로 한역하면서 우선적으로 고려되어야 할 뜻은 '사유'라는 점은 분명하게 확인할 수 있다.

<선경(禪經)문헌에서 발견되는 무념(無念)의 용례>

순번	경명	횟수(43)	번역자	번역시기	국가	비고
1	佛說自誓三昧經	1회	安世高	148-168	後漢	
2	佛說慧印三昧經	3회	支謙	252-257	吳	
3	如來獨證三昧經	1회	竺法護	266-308	西晉	
4	佛說弘道廣顯三昧經	17회	竺法護	266-308	西晉	
5	文殊師利普超三昧經	1회	竺法護	286년	西晉	번역시기는 『출삼장기집』 기록[5]에 따름
6	無極寶三昧經	6회	竺法護	266-308	西晉	CBETA에서는 7회로 나오지만 내용상 1회는 제외시킴[6]
7	佛說超日明三昧經	1회	聶承遠	265-290	西晉	
8	佛說寶如來三昧經	8회	祇多蜜	317-420	東晉	
9	禪秘要法經	3회	鳩摩羅什	401-413	後秦	
10	佛說月燈三昧經	1회	釋先公	420-479	劉宋	

5) 『출삼장기집(出三藏記集)』(T55, 7b25-26). 普超經四卷(一名阿闍世王品安錄亦云更出阿闍世王經或爲三卷舊錄云文殊普超三昧經太康七年十二月二十七日出). 여기서 태강(太康)은 서진(西秦) 무제(武帝) 때 사용한 연호(280-289)이다. 따라서 이 기록에 따르면, 『문수보초삼매경』은 286년 12월 27일에 역출되었음을 알 수 있다. 그러나 현존 대정장 제15책에 수록된 경전은 상하 두권이어서, '普超經四卷'이라고 명시한 목록과는 달라서 286년에 역출한 것과 현존 경전의 내용이 동일한가는 의문의 여지가 있다.

6) '-無'로 끝나는 문장과 '念-'으로 시작하는 뒷문장이 있을 때 '無念'을 술어로 간주한 경우를 가리킨다.(T15, 511b8-10. 又問. 生生處有生處無? 化化處有化化無? 念念處有念念無? 覺覺處有覺覺無?).

위 도표에 나타난 43회 용례를 모두 분석한 결과, 무념의 의미는 크게 네 가지로 대별할 수 있었다.[7] 즉 '부적절한 생각이 없어짐', '동요하지 않음과 둘로 나누어보지 않는 평등', '둘로 나누어보지 않는 사유의 완전함[無二清淨]과 삼업청정(三業清淨)', '이분법적 분별관념에서 벗어남과 무집착의 사유' 넷이다.

Ⅱ. 선경(禪經)에 나타난 무념(無念)의 의미와 그 해석

1. 부적절한 생각이 없어짐

선경(禪經)에 나타난 '무념(無念)'이란 낱말의 첫 번째 의미는 선(禪)수행을 서술하는 과정에서 나타나지 않는다. 곧 『불설자서삼매경(佛說自誓三昧經)』[8]의 경우처럼, 명상적 의미와 성격이 드러나지 않는 부분에서 무념이 등장하는 용례가 보이는 것이다. 그렇지만 이러한 용례는 또 다른 선경

7) 이 네 가지 의미가 드러난 경전별로 분류하면, ①『불설자서삼매경(佛說自誓三昧經)』/『여래독증삼매경(如來獨證三昧經)』②『불설혜인삼매경(佛說慧印三昧經)』③『불설홍도광현삼매경(佛說弘道廣顯三昧經)』④『무극보삼매경(無極寶三昧經)』/『불설보여래삼매경(佛說寶如來三昧經)』/『선비요법경(禪祕要法經)』등이다. 그러나 논자가 분류정리한 이 네 가지 의미가 <선경>에 나타난 무념을 온전하게 이해하는 기준이라고 말하기는 어렵다. <선경>은 번역자와 번역 시기, 사상계열 등에 관한 문헌학적 고증과 연구방법론의 설정에 따라 얼마든지 다르게 파악할 수 있는 여지가 있기 때문이다. 이와 같은 한계를 인식하면서도 <선경>에 나타난 무념의 의미를 제시함으로써 불교명상을 가로질러 이해하려는 한 시도임을 밝힌다.

8) 후한(後漢) 안세고(安世高)가 번역하였는데(2세기 중후반), 무념이 용례는 1회 발견된다. 그런데 이 경전은 서진(西晉)의 축법호(竺法護)에 의해 『불설여래독증자서삼매경(佛說如來獨證自誓三昧經)』이라는 이름으로 다시 번역(266-313)된다. 따라서 무념이 등장하는 총 43회의 용례는 내용의 중복을 제외하면 42회로 줄어든다.

에는 나타나지 않아서 일반화된 서술형태로 간주하기에는 무리가 따른다.

이 경전에서 본문의 내용이 중반에 접어들면, 명견광현(明見光賢) 보살이 등장하여 붓다에게 질문하는 장면이 나온다. 질문 내용은 출가한 보살이 어떻게 해야 완전하게 도를 깨치고 온갖 지혜를 성취할 수 있느냐[9]는 것이다. 붓다의 대답에서는 주로 계율지킴의 문제, 즉 처음 출가한 수행자로서 자신의 행위를 먼저 다스리는 일이 중심내용을 이루고 있다. '무념(無念)'은 이 내용의 끝부분에 등장한다. 앞서 말한 것처럼, 불교명상과 직접적으로 연관되는 내용은 아니지만, 설법의 대의가 모든 세상에 대한 생각[三界想] 곧 세상에 대해 집착하지 않음[不著三界]에 있다. 따라서, 여기서 무념의 의미는 부정적인 형태로 이해할 수 있는 한 단면을 찾아볼 수 있다. 곧 외부 대상으로 달려나가는 생각이 사라지도록 자신의 행위를 단속한다는 취지가 분명하게 드러나는 것이다. 이 대의를 설명하기 위해 서술된 '무념'은 '집착을 일으키는 대상에 대한 생각이 없게 한다'는 실천적인 의미가 드러나는 것이다.

무념에서 '념(念)'의 의미를 가늠할 수 있는 서술도 나타나고 있다.[10] 곧 무념의 앞 구절 중에서, '몸도 없고 저지름도 없고, 입도 없고 말도 없으며(無身無犯, 無口無言)'라고 말한 부분을 해석의 근거로 삼으면, '無心無念'

---

9) 『불설자서삼매경(佛說自誓三昧經)』 권1(T15, 345a18-19). "明見光賢菩薩曰. 何謂菩薩正士出家, 具足道證至薩云然?"; 『불설여래독증자서삼매경(佛說如來獨證自誓三昧經)』(T15, 347b20-212). "眼見光賢菩薩曰. 何謂正士出家, 具足道證至薩云若?"

10) 『불설자서삼매경(佛說自誓三昧經)』 권1(T15, 345c1-7). "(…) 無吾我, 無人壽, 捨命求, 無三界想, 無識無吾, 無我無人, 無命無意, 無名無種, 無化無數無作, 無所從來, 無所從去, 無起無滅, 無身無犯, 無口無言, 無心無念, 無世事, 無計想, 無事緣, 無所住, 亦無有戒, 亦無有持, 無成念, 無敗壞, 是名禁戒, 內外淨戒, 佛禁戒."; 『불설여래독증자서삼매경(佛說如來獨證自誓三昧經)』 권1(T15, 347c18-24). "佛告. 正士! 禁戒無形不著三界, 無識無吾, 無我無人, 無命無意, 無名無種, 無化無數無作, 無所從來無所從去, 無形無滅, 無身無犯, 無口無言, 無心無念, 無世事無計, 無事無所住, 亦無有戒無有惑, 無所念無敗壞, 是名禁戒. 佛禁戒無瑕穢亦無著戒者, 無瞋無恚安定清淨, 就度世道如是爲持戒."

은 이러한 문맥에 따라 각각 마음[心]과 마음작용[念]이 된다. 또 이때의 작용은 삼업(三業)을 지어가는 것이므로 불교에서 추구하는 도(道)와 부합하는 길이 아니라 멀어지는 길이 된다. 따라서 계율지킴을 위한 무념의 실천에서 '념'의 의미는 마음에서 일어나는 '부적절한 생각'을 가리키는 개념으로 볼 수 있다. '분별망상'의 연원으로 볼 수 있는 지점인 것이다.

2. 동요하지 않음과 둘로 나누어보지 않는 평등관

〈선경〉에 나타난 무념의 의미를 파악할 수 있는 두 번째 서술형태는 『불설혜인삼매경(佛說慧印三昧經)』에 보인다. 여기에는 총 3회의 용례가 나타난다. 이 가운데 첫 번째 용례를 먼저 살펴보면, 붓다가 성취한 삼매는 아라한이나 벽지불이 알 수 있는 경지가 아니라[11]는 전제로 시작하고 있다. 삼매의 경지를 설명하기 위한 목적으로 무념이 등장하고 있어서 무념의 불교명상적 의미가 곧바로 드러나는 대목임을 알 수 있다. 아라한과 벽지불이 붓다의 삼매경지를 알 수 없는 이유는 붓다의 삼매경지가 무념(無念)이고 부동(不動)이며 불요(不搖)이기[12] 때문이라고 설명한다. 무념과 부동요가 붓다가 성취한 삼매의 경지를 직접적으로 표현하는 말인 것이다.

여기서 무념의 의미, 즉 '생각이 없어짐'[無念]이 '움직이지도 흔들리지도 않음'[不動搖]과 짝이 되고 있다는 사실은 무엇을 말해주는 것일까? 무념이 삼매의 성취조건으로 등장하고 있다는 사실이 첫 번째 무념의 특징으로 파악할 수 있다. 곧 생각이 외부대상으로 향하는 일이 없어짐을 무념의 의미로 읽으면 외부대상에 움직이거나 흔들리는 경우가 없어지는 상태와 사실상 동일한 사태가 된다는 점을 말해주고 있는 것이다. 그리고 이러한 무념이 기반이 되어 성취되는 삼매야말로 가장 대승적 가치가

11) 『불설혜인삼매경(佛說慧印三昧經)』 권1(T15, 461b19-20). "佛語舍利弗羅言. 佛所至到處, 非若阿羅漢·辟支佛等所可知, 獨佛自知之耳."

12) 『불설혜인삼매경』 권1(T15, 461b20-21). "所以者何? 無念, 不動, 不搖故."

부여된 선수행이라는 사실도 더불어 알 수 있다.

'무념'이 2회[13] 나오는 후반부 내용은 가의왕보살과 문수보살 등이 붓다에게 법이라 부르는 이유와 그 법의 모습[法貌]이 어떤 것이며, 또 그것을 어떻게 알 수 있는지에 대해서 질문하는 장면으로 시작한다. 문맥상 이때의 법은 보살이 믿고 따라야 할 진리를 의미하는 것으로 보인다. 붓다의 대답은 매우 긴 내용으로 이루어진다. 진리의 모습에 대해 모두 21가지에 이르는 장황한 설명으로 구성되기 때문이다. 붓다의 설명은 무작(無作)으로 시작한다. 지어내는 일이 없음이 진리의 첫 번째 모습인 것이다. 두 번째 모습부터 스물한 번째에 이르기까지 꼬리에 꼬리를 물고 진리의 모습에 대한 설명이 이어진다.[14] 이 가운데 무념은 열세 번째에 등장하는데, 바로 앞이 무심(無心)이고, 열 번째가 부동요(不動搖)이므로 앞에서 살펴본 내용과 연결되는 지점이 확인된다. 무념을 중심으로 법의 모습이 설명되는 논리전개를 도식으로 나타내면 다음과 같다.

(…) 不動搖 → 離於動搖 → 無心 → 無念 → 無二 → 平等 → 非有 → 無所住 → 無所行 → 無懈怠 → 法無處所 → 泥洹

---

13) 무념이라는 낱말이 두 번 나오지만, 논지를 전개하면서 앞의 말을 끌어오는 용도로 다시 무념이 나오므로 실제로는 1회이다.

14) 『불설혜인삼매경』 권1(T15, 466c14-467a4). "爾時, 可意王菩薩與文殊師利及六十賢者, 白佛言. 法名爲法, 何等爲法? 寧可得知法貌不? 佛語可意王菩薩與文殊師利及六十賢者. 法法名, 善男子! 無作之貌也. 無作者爲何等貌也? 不可得之貌也. 不可得者爲何等貌? 不可盡之貌也. 不可盡者爲何等貌? 無所起之貌也. 無所起者爲何等貌也? 無所滅之貌也. 無所滅者爲何等貌? 無所獲之貌也. 無所獲者爲何等貌? 無所猗之貌也. 無所猗者爲何等貌? 無所處之貌也. 無所處者爲何等貌? 無所出之貌也. 無所出者爲何等貌? 不動搖之貌也. 不動搖者爲何等貌? 離於動搖之貌也. 離於動搖者爲何等貌? 無心之貌也. 無心者爲何等貌? 無念之貌也. 無念者爲何等貌? 無二之貌也. 無二者爲何等貌? 平等之貌也. 平等者爲何等貌? 非有之貌也. 非有者爲何等貌? 無所住之貌也. 無所住者爲何等貌? 無所行之貌也. 無所行者爲何等貌? 無懈怠之貌也. 無懈怠者爲何等貌? 法無處所之貌也. 法無處所者爲何等貌? 泥洹之貌也."

진리에 대한 관념조차 들어설 자리가 없어지는 상태[法無處所貌]에서 곧 열반경지[泥洹貌]에 이른다는 구조가 보인다. 여기서 무심과 무념이 한 중심축을 이루고 있다. 무념의 모습이 성취된 다음 항목을 보면 무이와 평등이 나오는데, '없음' 또는 '없어짐'의 지향점은 바로 둘로 나누어 보지 않아 평등함을 성취하는 것에 있다는 사실을 알 수 있는 대목이다. 무념의 성취는 차별하지 않는 평등의 가치를 구현하는 방향으로 이어져야 한다는 점을 말해주고 있는 것이다. 즉 무념은 삼매의 성취방법이면서 평등을 구현하는 조건이 된다는 점에서 그 의미를 새겨볼 수 있다.

3. 둘로 나누어보지 않는 사유의 완전함[無二淸淨]과 삼업청정(三業淸淨)

무념의 의미를 파악할 수 있는 세 번째 서술형태는 『불설홍도광현삼매경(佛說弘道廣顯三昧經)』에 보인다. 여기서는 '무념'이라는 낱말이 17회나 나타나고 있어서, 선경류 문헌 중에서 무념의 의미에 대해 가장 체계적인 설명을 펼치고 있다고 평가할 수 있다.

먼저 4회가 나오는 제2「청정도품(淸淨道品)」을 보자. 이 품에서는 보살 수행인 팔직정도(八直正道)[15]를 설명한 다음 '도청정(道淸淨)'에 대해 다음과 같이 말하고 있다.

> 도(道)에는 더러움이 없으니 (그) 작용에 티끌조차 없기 때문이고,
> 이 도에는 티가 없으니 본래부터 '잘못된 분별'이 없기 때문이며,
> 이 도에는 어둠이 없으니 지혜로 비추어 밝기 때문이다.[16]

---

15) 여기에는 6바라밀과 같은 대승의 수행법도 있지만, 팔정도와 삼해탈문(三解脫門)과 같은 초기불교 이래의 수행법도 포함된다. 특히 삼해탈문인 공(空), 무상(無相), 무원(無願)은 삼매(三昧)와 무념을 설명하는 핵심어로 기능한다.(T15, 491a15-b21)

16) (T15, 491b28-c1). "道無垢, 用無塵故, 是道無瑕, 本無念故, 是道無冥, 慧照明故."

이 내용에서 '본래부터 잘못된 분별'이라고 번역한 말이 바로 무념이다. 이렇게 번역한 이유는 다음 구절에서 펼치고 있는 논지에 의거했기 때문이다. 이어지는 글에서 보살이 이 청정한 도를 수행함으로써 나타나는 결과가 열거되고 있는데, 여기서 무념이 등장한다.

청정한 도를 수행하여 성취하는 첫 번째 결과는 법성(法性)의 청정이다. 법성의 뜻은 문헌에 따라 다르게 읽히지만 여기서는 '제법성(諸法性)'이란 표현이 뒤에 나오므로 '모든 존재의 면모'로 새겼다. 곧 모든 존재를 바라보고 사유하는 방식에 더러움이 없어졌다는 의미로 이해할 수 있을 것이다. 이 청정함을 허공에 비유하면서 중생의 청정함도 이를 통해 이루어진다고 말하고 있다. 모든 것이 청정하게 되면, 둘로 나누어지는 일이 없어지고 둘이라는 생각에도 집착하지 않는다는 논지가 자연스럽게 전개되고 있는 것이다. 이러한 사유방식은 앞서 『불설혜인삼매경(佛說慧印三昧經)』의 '무이(無二) → 평등'의 논지와도 통한다.

법성청정, 중생청정으로써 무이청정(無二淸淨)이 구현되었다면 이제 (이분법으로 재단하여 번뇌에 물든) 온갖 생각은 없어진다. 도에 대한 생각조차 품지 않게 된다고 한다. 이처럼 모든 생각이 청정해지면, 둘로 나누어 차별하는 잘못된 사유방식을 끝까지 없애버리게 되는데, 이 경지를 바로 무념이라고 부른다. 무념의 '念'을 '잘못된 분별'이라고 번역한 근거가 여기에 있다. 본문에서는 다시 무념의 도를 '무식념(無識念)'이라고 표현함으로써 잘못된 분별과 인식이 사라진다는 의미를 구체화시킨다. 이 단락의 끝부분에서 결론짓듯이 청정도는 '무심의식행(無心意識行)' 곧 (잘못된 분별로 번뇌에 물든) 모든 종류의 사유작용과 그 토대까지 없어지는 경지를 가리킨다.[17]

---

17) 제2 「청정도품(淸淨道品)」(T15, 491c12-23). "若是菩薩於淸淨道務進勤修又應行者, 彼於法性已悉淸淨, 得淨我性亦以而過. 法性淨故, 則數性淨, 數性淨故, 無數性淨, 無數淨故, 得三界淨, 三界淨故, 眼識性淨, 眼識淨故, 意識性淨, 意識淨故, 得空性淨, 空性淨故, 諸法性淨, 用是淨故, 則諸法等等淨. 如空空等淨故, 得衆生淨. 以諸淨故, 便無其二亦不著二, 無二淨故, 則道淸淨, 以斯言之淸淨道也. 彼無衆念亦不念道, 諸念悉淨, 若如泥洹, 於彼永無, 是謂無念. <u>應無所念, 無念道</u>

마지막으로 자신의 몸에 대한 사유로 이어진다. 곧 신체의 움직임과 작용[身行]까지도 청정하게 하려는 수행길이다. 몸이라는 존재는 원인과 조건들이 모여서 이루어진 것이고, 그 원인과 조건들이란 불변하는 실체로서 존재하지 않기에[空] (실체적인) 생각의 작용을 없애버리는 것(無想/無相)이 담연청정한 무념[18]이라는 것이다.

무념의 경지가 이루어지는 데 중요한 역할을 하고 있는 무이의 사유방식은 제5「무욕행품(無欲行品)」에서도 거론된다. 무욕의 실천이야말로 보살이라면 간직해야 할 한 방법이라는 것이다. 그렇다면 무욕의 실천은 어떻게 해야 가능할까?

> (현상을 발생시키는) 원인과 조건[因緣]은 (본래부터 정해진 것은) 없다는 이치에 의지하고 따르면 둘로 나누어보는 견해의 경계선에서 벗어난다.[19]

이와 같은 사유방식에 따르면, 이치에 의지하고 글자의 장식에 좌우되지 않으며, 지혜의 작용에 의지하고 (외부대상으로 향하려는) 인식에 의지하지 않는다. 경전내용과 그 의미에 의지하지 (경전이 전해진) 조건에 의지하지 않으며, 가르침에 의지하지 사람에 의지하지 않는 태도[20]가 갖추어지게 된다. 따라서 특정한 원인과 조건에만 생각이 매여 있으면 생생하게 변화하는 또다른 원인과 조건들을 알지 못하게 되므로 한 관점이나 견해에 빠지기 쉽다는 점을 지적하고 있는 것이다. 따라서 무욕이란 욕망을 무조건적으로 없애야 한다는 뜻이 아니라 특정한 욕망을 발생시키는 원인과 조건에 갇혀 있지 않으려는 태도라고 볼 수 있다. 이러한 사

者, 亦無識念, 其道都無心意識行, 以此言之淸淨道也."

18) 「청정도품(淸淨道品)」(T15, 492a7-8). "又復身法, 因緣合會, 其因緣者, 則空無想, 淡然無念."

19) 권2 제5「무욕행품(無欲行品)」(T15, 495b19-20). "菩薩依順因緣之無, 離二見際."

20) 「무욕행품」(T15, 495b25-27). "依於至義而不文飾, 依於慧行不爲識念, 依順義經不依攀緣, 依念於法而不爲人."

고방식 역시 앞에서 살펴본 무이(無二)의 이치와 공유지대를 이루고 있는 것이다.

「무욕행품」에서는 이러한 사유방식을 삼삼매에 적용한다. 이 방식에 따르면, 공(空)이란 잘못된 견해를 받아들여 품지 않음이고, 무상(無相)은 (외부대상으로 향하려는) 인식에 집착하지 않음이며, 무원(無願)은 온 세상[三界]에 집착하지 않는 태도로 설명[21]된다. 초기불교에서 이미 제기된 삼삼매의 닦음이 지혜의 영역과 공유되는 지점이다. 즉 현상을 생겨나게 하거나 사라지게 하는 갖가지 원인과 조건들을 올바른 견해에 의거하여 제대로 파악하려는 노력이야말로 무욕 실천의 바탕이 된다는 뜻이다. 욕망과 집착의 구속으로부터 풀려나는 길은 특정한 현상을 일으키는 특정한 원인과 조건을 고정적인 것으로 보지 않는 태도[空]에서 비롯한다는 의미가 된다. 이러한 사유방식에서는 갖가지 이분법적 차이가 그 설 자리를 잃게 된다. 진리라고 생각하는 관념조차도 둘로 나누어[法/非法] 보지 않으려는 태도[22]가 제기되는 것이다. 그렇기 때문에 갖가지 생각이 전개되더라도 (고정적인 관념에 따라 차별하는) 생각은 없어지는 지점이 바로 무념이고 삼매라고 말할 수 있게 된다. 이렇게 되면 반야경류에서 말하는 "눈과 대상이 없고, 귀와 소리가 없고 (…)"[23]라는 표현이 그대로 펼쳐질 공간이 생긴다. 경의 본문에서는 이것을 괴로움이 발생하는 일이 없어지는 지혜요, 잘못 분별하는 생각이 없어지는 지혜[24]라고 규정하고 있

---

21) 「무욕행품」(T15, 495b28-c1). "義謂空義, 不受妄見, 無相之義, 不著念識, 無願之義, 不著三界, 無數之義, 不著於數."

22) 「무욕행품」(T15, 495c1-3). "又復義者, 於法非法而無其二, 音聲無得, 念想無念, 法處無住, 用無人故, 命壽言聲僞無所有."

23) 「무욕행품」(T15, 495c4-13). "何謂菩薩爲法義? 其無眼色, 耳聲, 鼻香, 舌味, 身更, 心法之義. 不生色義, 不滅色義, 不爲痛想行識之義, 亦不生滅識行之義, 亦不欲色無色之義. 亦不生滅欲色無色義, 亦不我義, 亦無我見, 著人之義. 不有人義, 亦不著人見入之義, 亦不著入有佛身義, 亦不法字著入之義, 不數計會有著入義, 亦復不有施戒忍進定智著義. 曉入一切諸法之義, 是謂菩薩爲法義也. 其從是義而不有退, 是謂爲義."

24) 「무욕행품」(T15, 495c14-15). "彼何謂慧? 苦無生慧, 習無念慧, 盡都盡慧, 道無志

는 서술이 이러한 성격을 잘 보여준다. 곧 모든 분별이 사라지는 지혜요, 진리관념조차 거기에 고정되고 안주하지 않는 사유방식에 해당한다고 볼 수 있다.

모든 존재에서 공(空), 무상(無相), 무원(無願)의 관점을 구현하려는 실천방법은 제6「신치법품信値法品」에도 나온다. 이 품에서는 세속(에 대해 가져야 하는) 믿음(俗信)을 주제로 하면서 삼삼매의 요소로써 이 문제를 풀어내고 있다. 곧 모든 존재를 공이라고 확신함으로써 잘못된 견해(妄見)에서 벗어나고, 모든 존재를 무상(無相)이라고 믿고 알아서 대상에 따라 반응하는 분별작용에서 벗어나며, 모든 존재가 다 바랄 만한 것이 없다고 믿고 알아서 가버렸다거나 왔다거나 하는 생각이 있지 않게 된다. 이 공(空), 무상(無相), 무원(無願)의 관점이 설명된 다음 구절에 무념이 등장한다. 즉, 이제 모든 존재에는 인식이 작용할 곳도 분별이 작용할 곳도 없음을 믿고 이해하는 경지에 들어선 것이다. 이 무념의 단계가 지나면 신구의 삼업(三業)이 고요해지고 (이 신구의 작용에 바탕하여 일어나는) 의식 또한 고요해져 더 이상 있지 않게 된다[25]고 설명하고 있다.

무념의 의미를 삼업청정과 연결지어 설명하는 방식은 『문수사리보초삼매경(文殊師利普超三昧經)』에서도 나타난다. 이 경전의 역자도 축법호인데, 제2「화불품(化佛品)」에서 보살수행을 설명하고 있는 장면에서 삼업청정과 무념이 결합되어 나타나고 있다.

> 보시를 실천(한다고 생각)하지 않고, 계율을 실천(한다고 생각)하지 않고, 인욕을 실천(한다고 생각)하지 않고, 정진을 실천(한다고도 생각)하지 않고, (…) 몸의 작용을 만들어내지 않고, 말의 작용을 만들어내지도 않으며, 마음에서 분별작용이 없어지게 된다. 모든 것에서 (무언가를) 실천(한

慧."

25) 권3 제6「신치법품(信値法品)」(T15, 499a22-25). "信諸法空以離妄見, 信知諸法以爲無想而離念應, 信知諸法悉皆無願不有去來, 信知諸法無識無念, 靜身口意寂無有識."

다고 생각)하지 않고 (그러한 실천의 바탕이 되는) 원인과 조건(에 대한 고정된 생각마저) 없어지는 이것을 보살의 실천수행이라고 한다.[26]

인용문 가운데 '마음에서 분별작용이 없어지게 된다'고 해석한 구절은 '心無念行'이다. 문맥으로 보자면, 신구의(身口意)가 차례대로 설명되는 문맥에 따르면, '不造意行'으로 서술되어야 하는 자리이다. 번역의 문제점으로 볼 수도 있겠지만, 무념의 의미를 '의식의 작용[意行]이라는 말보다는 마음 바탕에서부터 잘못된 분별 작용이 없어진다는 측면을 또렷하게 드러내려는 역자의 의도에서 나온 것으로 이해할 수 있을 것이다.

'지어내지 않음'[不造]이라는 실천적 관점은 제7「전법륜품(轉法輪品)」에도 나타난다. 보살이 획득해야 할 전법륜이 이 품의 주제이므로 갖가지 전법륜이 열거되는 가운데 무소조륜(無所造輪)이 언급되고 있다. 이 지어냄이 없음이라는 실천수행의 가치는 곧바로 잘못된 분별작용의 번뇌가 없음이 그 근거가 된다[27]는 설명을 통해 무념의 의미가 무소조에 있음을 알 수 있다. 이와 같은 유형은 제8「결제의난품(決諸疑難品)」에서도 보인다. 이 품의 주제는 보살이 수행을 잘 실천함[善行]인데, 탐욕을 부리는 일이 공(空)한 것처럼 보시행 또한 공하다는 논지가 서술의 중심을 이루고 있다. 여기서 수행실천의 면모를 드러내는 갖가지 표현 중에서 '행하는 바가 없음[無所行]'으로 귀결시키고 있는 것이다.

그 마음은 언제나 잘못된 분별작용이 없고, 뜻하는 바는 오직 진리뿐이라 생사(의 괴로움을) 싫어하는 자가 있으면, (잘못된 분별작용) 없이 실천하는 덕으로 이끌어 보여주시네.[28]

---

26)『문수사리보초삼매경(文殊師利普超三昧經)』 제2「화불품(化佛品)」(T15, 409c19-23). "亦不行施, 不行禁戒, 不行忍辱, 不行精進, 不行一心, 不行智慧. 不行欲界, 不行色界, 不行無色界. 不造身行, 不造言行, 心無念行. 一切無行亦無因緣, 是菩薩行."

27) 제7「전법륜품(轉法輪品)」(T15, 500c17-18). "無所造輪, 無念漏故."

28)「신치법품(信值法品)」(T15, 499c17-18). "其心常無念, 所志唯道法, 有厭生死者, 引

인용한 글은 「신치법품(信値法品)」의 내용을 게송으로 다시 풀어내는 구절 가운데 한 부분이다. 무념을 실천하는 이라면 잘못된 분별작용을 그치는 노력에 항상 힘써야 한다는 대목은 쉽게 수긍할 수 있을 것이다. 그러나 잘못된 분별작용이 욕망과 집착을 일으키는 원인과 조건이 된다고 해서 마음과 생각 자체를 삭제하라는 말은 아닐 것이다. 두 번째 구절에 나오는 '뜻하는 바'[所志]에 주목하면, 어떤 생각도 품지 않는 것이 아니라 진리[道法]와 같은 고귀한 생각을 품고 잊지 않음으로써 잘못된 분별작용과 의식이 없어지는 측면을 무념의 실천적 의미로서 고려되어야 할 것이다.

4. 이분법적 분별관념에서 벗어남과 무집착의 사유

<선경>에 나타난 무념(無念)의 네 번째 의미는 '이분법적 분별관념에서 벗어남과 무집착의 사유'이다. 이 의미는 후대 선불교 문헌에서 제시하는 무념과 가장 유사하다고 할 수 있다. 갖가지 대승불교 이전의 불교 명상 관법이 내용의 중심을 이루는 『선비요법경(禪祕要法經)』[29]과 반야바라밀의 실천행으로서 강조되고 있는 『불설월등삼매경(佛說月燈三昧經)』[30]을 제외하면, 네 번째 의미로 분류할 수 있는 무념은 『무극보삼매경(無極寶三昧經)』에서 총 7회[31]에 걸쳐 나타나는 내용이 중심을 이룬다. 이 경전의 권상에서는 보살이 체득하는 갖가지 삼매를 열거하는 대목에서 명칭

示無爲德."

29) 『선비요법경(禪祕要法經)』 권중(T15, 260c5-7). "雖見此想, 於深禪定猶未通達, 復當更教, 如上數息, 使心安隱恬然無念. 此想成時, 名四大相應觀."; 권하(261b4-6). "爾時若見衆多異類, 復還繫念諦觀己身, 使心不動寂寞無念. 旣無念想, 當發誓願(…)."

30) 『불설월등삼매경(佛說月燈三昧經)』(T15, 621b28-29). "諸弟子及緣一覺, 於彼終無念求索, 其人住佛道如是, 行智慧者有是事."

31) 실제로는 6회(권상에 3회, 권하에 3회)이다. CBETA 프로그램에서는 '(…) 化化處有化化無? 念念處有念念無? (…)'(T15, 511b9) 구절도 1회로 포함하고 있기 때문이다.

으로만 나타나는 경우[32]도 있지만, 보래보살(寶來菩薩)이 사리불에게 보살도를 설법하는 장면 중 보살이 갖추고 있는 서른두 가지 보배에 대해 설명하는 부분에서 무념이 보인다.

> 열세 번째는 모든 생각을 일으키지 않고 손가락을 튕길 만큼 짧은 시간이라도 선과 악에 대한 생각이 없음이니, 이것이 한계를 지을 수 없는 인욕이다.[33]

여기서 '한계지을 수 없는 인욕[忍辱不可極]'이란 구절은 서른두 가지 보물을 서술하는 모든 구절에 반복되는 정형구이다. 최고의 경지에 도달한 인욕수행이야말로 보살이 갖추어야 할 수행덕목이라는 발상에서 나온 표현으로 볼 수 있는 것이다. 따라서 여기서 무념은 보살의 인욕수행을 성취하는 데 토대가 된다는 점에서 대승적인 성격을 띠고 있다. 나아가 이 무념에서 '없음'의 의미는 인욕수행을 실천하는 수행자이면서 선과 악에 대한 이분법적 분별관념이 없어져야 한다는 사실을 말해주고 있다. 이 점은 이 경전과 일치되는 내용이 많은 『불설보여래삼매경(佛說寶如來三昧經)』과 비교하면 그 의미가 좀 더 분명해진다. 곧 여기서는 위 인용문의 '無念善惡' 대신에 '無念於菩薩'[34]로 되어 있다. 곧 '선악'이 '보살'로 대치된 것이다. '於菩薩' 구절의 의미를 포함시켜 말하면, 무념의 의미는 인욕수행을 실천하면서도 자신을 '보살'이라고 생각하지 않는 무집착의 정신을 나타낸다고 말할 수 있다. 인용문의 첫 구절에서 '모든 생각을 일으키지 않음'의 함의는 바로 그 어떤 생각의 대상에도 집착하지 않음을 가리키고, 이를 통해 구현되는 '대상에 집착하지 않는 자신의 생각'에도 집착

---

32) 『무극보삼매경(無極寶三昧經)』 권상(T15, 509a21-23). "佛言. 雖得六萬三昧, 但有名耳, 不可極盡三昧悉具足. 又三昧者非但一品, 有無念三昧, 有離欲三昧 (…)."

33) 『무극보삼매경(無極寶三昧經)』 권상(T15, 510b17-18). "十三者, 不起諸想, <u>無念善惡</u>如彈指頃, 是爲忍辱不可極."

34) 『불설보여래삼매경(佛說寶如來三昧經)』 권상(T15, 522c8-9). "十三者, 不起諸想, <u>無念於菩薩</u>如彈指頃, 是爲忍辱不可極, 是卽爲寶."

하지 않는 경지가 바로 무념의 의미라는 점을 알 수 있는 것이다. 『무극보삼매경』 권하에 나오는 무념을 살펴보면 이와 같은 무념의 의미는 더 분명해진다.

> 수보리가 부처님께 아뢰었다. "만약 괴로움이나 즐거움에 대해 분별하는 생각이 있는 사람이라면 곧 괴로움과 즐거움에서 벗어날 수 없으니, 이것이 바로 이분법적 사고이[기 때문입니]다. 보살이라면 [괴로움이나 즐거움의] 중간에 [있으면서] 벗어나는 것이 아니고, [괴로움이나 즐거움의] 위에서 벗어나는 것도 아니며, [괴로움이나 즐거움과] 떨어져서 벗어나는 것도 아니고, [괴로움이나 즐거움] 안에서는 벗어남이 없는 것도 아닙니다. 지어낸 것에서 영원토록 지어낸 것[에 대한 집착]이 없음이니, 이것이 지어내어 일어난 것은 허깨비와 같다[는 뜻이니] 허깨비로써 허깨비를 벗어나고, 허깨비 속에 [실체인] 허깨비란 없으니, 허깨비 속에 [실체에 해당하는] 이름은 없는 것입니다. 이와 같이 또한 [이분법에 빠져 추종하는] 어떤 것을 따라 득도하는 것이 아니고, 또 어떤 것을 [완전히] 떠나서 득도하는 것도 아닙니다. 벗어난 가운데서 다시 벗어나리니, 이것이 주인이 없고 단지 이름만 있을 뿐[인 이치인 것]입니다. 문자에서 이름[뿐이라는 사실을] 앎이 없다면, 이것이 [바로] 진리의 수레바퀴가 끊어지는 일입니다."[35]

인용한 경문은 '유념고락(有念苦樂)'으로 시작한다. 유념이 지시하는 내용을 통해 무념의 의미를 알 수 있는 부분이라는 점에서 중요하다. 논지의 전개를 따라가보면 유념에서 '염(念)'의 의미는 이분법적 사고에 따른

---

35) 『무극보삼매경(無極寶三昧經)』 권하(T15, 513a19-25). "須菩提白佛言. 若有念苦樂者, 則不離於苦樂, 是則爲二法. 菩薩者, 不中離, 不上離, 不脫離, 不中無所離. 於所作遠無作, 是爲作所起如幻, 以幻脫幻, 幻中無幻, 幻中無名. 如是亦不從法得度, 亦不離法得度, 於脫中復脫, 是爲無有主, 但有名耳. 於字無知名者, 是爲法輪斷."

'분별하는 생각'이라는 사실을 어렵지 않게 알 수 있다. '괴로움과 즐거움'이라는 대비를 내세웠지만, 이 구절에서 말하고자 하는 함의는 '이분법적 사고[二法]'야말로 괴로움과 즐거움에서 벗어날 수 없게 만드는 원인으로 지목되고 있기 때문이다. 이 '괴로움과 즐거움'의 자리에 또 다른 갖가지 대립쌍을 대입해도 인용문에서 드러난 유념(有念)의 문맥이 통하게 될 것이다. 따라서 이분법적 사고에서 벗어나는 중도(中道)적 사유가 바로 무념을 성취하는 것이며, 삼매의 경지가 되는 것이다.

여기서 지목된 '분별하는 생각[念]'에서 벗어나는 길은 이탐(離貪)에 있다. "작용 없는 작용은 [여전히] 작용에서 벗어나지 못한 것이니, 이탐으로써 [대상에 대한] 모든 [형태의] 옳다고 여기는 규정이라면 곧바로 끊어낼 일이 있지 않은 경지가 되니, 탐욕이 없고, 일으키지 않음이야말로 도인 것이다."[36]라고 말한 대목에 근거한 것이다. 이에 따르면, '무념'은 '무유념(無有念)'을 가리킨 말이며, 무념과 어긋나는 유념의 길은 탐욕에 기반하고 있는 대상에 대한 생각이다. 나아가 이어지는 경문[37]에서도 잘 드러나듯이, 탐욕에서 벗어남에 머물러 있는 것이 아니라 탐욕에서 벗어났다는 생각조차 벗어나는 경지를 통해 이분법적 사고를 떨쳐내는 것이야말로 무념의 의미요, 무념삼매의 위상이라고 말할 수 있다.

> 모든 보살들이 말하였다.
> 지혜에는 [정해진] 자리가 없고 의식에는 [정해진] 모습이 없으며 분별력에는 [정해진] 생각이 없습니다. 진리를 널리 전한 바가 없고 [또] 전한 것에는 도를 벗어나지 않습니다. 이미 진리의 수레바퀴[를 굴린다는 생각]을 끊었으니 진리에 대해 분별하는 생각이 없고 많고 적음도 없습니다.

---

36) 『무극보삼매경(無極寶三昧經)』 권하(T15, 513a28-29). "無作之作是爲不離作, 離貪諸可卽爲無有斷者, 無貪不起是卽道."

37) 『무극보삼매경(無極寶三昧經)』 권하(T15, 513a29-b3). "無可不可, 無生不生, 無識不識, 無死不死, 無斷不斷, 無遠不遠, 諸可不可所住無想, 離於無想所念無念, 所說無所說."

> 이와 같기 때문에 높고 뛰어난 분께서 권위[를 갖추어] 들어가십시오. 모든 것을 제대로 아는 지혜(薩芸若)에 대해 [정해진] 관념 없이 아는 이는 이미 진리의 갑옷을 입었고, 삼매경지가 늘어나거나 줄어드는 일도 없어서 존귀하기 때문에 마땅히 앞에 자리하십시오."[38]

이 구절은 왕궁에 초대받은 여러 보살들이 서로 상석(上席)을 권하는 장면 중에 나오는 내용이다. 곧 보래보살이 문수보살에게 상석을 사양하니, 여러 보살들이 보래보살에게 앞설 것을 권유하는 내용이다. 여기서 무념은 '於法無念'의 형태로 등장한다. 법(法)은 매우 다의적인 낱말이므로 해석에 주의할 필요가 있다. 여기서는 보살들이 등장하고, 누가 앞서서 왕궁으로 들어가는 지가 주제이며, 앞서 들어갈 수 있는 이유로서 진리를 전하는 능력이 높고 뛰어남을 들고 있다는 점이 고려되어야 한다. 따라서 이때의 '법'은 대승의 보살들이 깨달아야 할 진리이자 대중들에게 설법해야 할 진리에 해당한다. 그런데 이러한 진리는 정해진 자리와 모습과 생각 따위가 없음(無處/無形/無想)으로 성취되는 것으로 전제되고 있다. 진리를 전했다는 생각에서도 벗어나는 것 또한 조건으로 설정되어 있다. 그렇기 때문에 '於法無念'에서 무념은 바로 이와 같은 조건이 갖추어진 상태, 즉 그 어떤 분별하는 생각도 개입되지 않는 삼매의 경지[39]를 가리킨다. 그리고 이러한 경지를 터득한 보살은 사람들을 구제하면서도 정해진 '주인'이 따로 있지 않다. 마치 허공과 같이 주인과 주인 아님을 분별하는 생각

---

38) 『무극보삼매경(無極寶三昧經)』 권하(T15, 514b10-14). "諸菩薩言. 於慧無處, 於意無形, 於念無想. 於法無所施, 所施不離道, 已斷於法輪, 於法無念, 想無多少. 如是者故爲尊多入於權. 於薩芸若無相知者, 已被法鎧, 於三昧無增減, 是則爲尊, 故宜處前."

39) 『불설보여래삼매경(佛說寶如來三昧經)』에서는 삼매의 특징을 다음과 같이 또렷하게 서술하고 있다. 권하(T15, 525b22-c1). "所以者何 ? 三昧無名處, 三昧無想處, 三昧無念處, 三昧無形處, 三昧無識處, 三昧無威神處, 三昧無有結行求脫處, 三昧淸淨處, 三昧是不到彼彼至是處, 三昧無有是相非想處, 三昧無有造作處, 三昧於化無形處, 三昧無生死不斷無處, 但有名耳, 三昧但有響耳, 三昧但有音耳, 三昧但有開慧之處, 慧無所生處, 三昧無作器處, 是故三昧不可壞滅."

을 품지 않는 것[40]으로 무념의 의미가 펼쳐진다. 따라서 온갖 것에는 '본래부터 정해진' 자리는 없고, 오직 행위에 의해서 어떤 결과가 나올 뿐이니 차별없음의 경지야말로 올바른 깨달음이라는 적극적인 서술[41]도 확인할 수 있다. 그러므로 〈선경〉에서의 무념은 어떤 생각도 일으키지 않은 완성된 선의 경지같은 것이 아니라, 끊임없이 발생하는 자아의식과 차별의식을 없애나가는 수행이라는 사실을 알 수 있다.

Ⅲ. 결론

〈선경〉에 나타난 무념의 의미는 '동요하지 않음과 둘로 나누어보지 않는 평등', '둘로 나누어보지 않는 사유의 완전함[無二淸淨]과 삼업청정(三業淸淨)', '이분법적 분별관념에서 벗어남과 무집착의 사유'의 네 가지로 크게 나누어 살펴보았다.

무념의 첫 번째 의미는 '부적절한 생각이 없어짐'이다. 이른 시기에 번역된 『불설자서삼매경(佛說自誓三昧經)』에 나타난 설명이다. 여기서 부적절한 생각이란 외부 대상으로 달려나가는 생각이 사라지도록 자신의 행위를 단속한다는 취지에서 나온다. 곧 '무념'은 '집착을 일으키는 대상에 대한 생각이 없게 한다'는 실천적인 의미인 것이다.

두 번째 의미는 '동요하지 않음과 둘로 나누어보지 않는 평등'이다. 무념을 대승불교의 삼매라고 규정하고 있는 『불설혜인삼매경(佛說慧印三昧經)』에 주로 서술되고 있는 의미이다. 여기서 무념은 '움직이지도 흔들리

---

40) 『무극보삼매경(無極寶三昧經)』 권하(T15, 516b18-19). "二十者所度無有主, 如空無念想." 이 구절은 권하의 끝부분에 나오는 서술로서, 불법을 배우는 이들이 온갖 다라니를 얻기 위해 터득해야 할 32가지 방법[三十二法寶] 가운데 20번째 항목에 해당한다.

41) 『불설초일명삼매경(佛說超日明三昧經)』(T15, 542a5-7). "佛言. 善哉善哉, 慧施! 誠如所云. 一切無處隨行而成, 不合不散, 不興不衰, 無見無聞, 無念無知, 無言無說, 乃成正覺."

지도 않음'[不動搖]과 짝을 이루고 있으므로 무념이 삼매의 성취조건으로 등장하고 있다는 사실에 주목할 필요가 있다는 점을 밝혔다. 특히 '無心 → 無念 → 無二 → 平等'으로 전개되는 논술구조에서 '없음' 또는 '없어짐'의 지향점은 바로 둘로 나누어 보지 않아 평등함을 성취하는 것에 있다는 점에 주목하였다. 무념의 성취가 차별하지 않는 평등의 가치를 구현하는 데 있다는 사실은 무념이 바로 삼매의 성취방법이자 평등을 구현하는 조건이 된다는 점에서 의의가 있는 것이다.

세 번째 의미는 무이청정(無二清淨)의 구현이 중심을 이루었다. 『불설홍도광현삼매경(佛說弘道廣顯三昧經)』에서는 이분법으로 재단하여 번뇌에 물든 온갖 생각은 없어져 모든 생각이 청정해지면, 둘로 나누어 차별하는 잘못된 사유방식을 끝까지 없애버리게 된다는 점에 주목한 것이다. 무념의 '念'을 '잘못된 분별'이라고 번역한 근거가 여기에 있음도 밝혔다. 이러한 발상은 특히 「전법륜품(轉法輪品)」과 「결제의난품(決諸疑難品)」에서 '不造', '無所造', '無所行'이라는 말로 무념의 실천성이 적극적으로 표명되고 있다. 또한 잘못된 분별[念]의 문제점을 공(空), 무상(無相), 무원(無願)의 이치에 의거하여 풀어내려는 노력이 한 특색을 이루고 있다는 점도 드러났다. 이것은 정학과 혜학이 만나는 지점이고, 무념의 실천적 의의를 보여주는 단면에 해당하는 모습이다.

네 번째 의미는 『무극보삼매경(無極寶三昧經)』과 『불설보여래삼매경(佛說寶如來三昧經)』에서 잘 드러난다. 여기서는 무념에서 '없음'의 의미가 인욕수행을 실천하는 수행자이면서 선과 악에 대한 이분법적 분별관념이 없어져야 한다는 사실을 강조한다. 또한 '분별하는 생각[念]'에서 벗어나는 길은 이탐(離貪)에 있는데, 이것은 '무념'이 '무유념(無有念)'을 가리킨 말이며, 무념과 어긋나는 유념의 길은 탐욕에 기반하고 있는 대상에 대한 생각임을 명시한 서술에서 그 의미가 또렷해진 대목이다. 즉, 탐욕에서 벗어남에 머물러 있는 것이 아니라 탐욕에서 벗어났다는 생각조차 벗어나는 경지를 통해 이분법적 사고를 떨쳐내는 것이야말로 무념의 의미라는 사실을 확인할 수 있다. 결국, <선경>에서의 무념은 어떤 생각도 일으키지 않은 완성된 선의 경지같은 것이 아니라, 끊임없이 발생하는 자아의식과 차별의식을 없애나가는 수행이라는 사실로 그 의미를 요약할 수 있다.

敦煌寫本スタイン2463
『成實論章』の「三心滅」思想

池田 將則(이케다 마사노리)
(中央民族大學 哲學·宗教學學部 外籍教授)

序

中國南北朝時代において, 複雜かつ難解な佛教教理を體系的に理解するための基礎學として重視されたのは, 達磨多羅 (法救, 4世紀後半) 造·僧伽跋摩 (?-433-442-?) 譯『雜阿毘曇心論』(435年譯了) を初めとする說一切有部の諸アビダルマ論書の研究と, 經量部系統に屬すると考えられる訶梨跋摩 (4世紀) 造·鳩摩羅什 (344?-413?) 譯『成實論』(412年譯了?) の研究とであった.[1)]

この說一切有部諸論書の研究と『成實論』の研究という二つの思想潮流は, 日本の凝然 (1240-1321) が『三國佛法傳通緣起』(1313年撰) で確立した佛教史觀によれば, それぞれ「毘曇宗」と「成實宗」と呼ばれる.[2)]

ただし凝然は玄奘 (602?-664) が唐·貞觀十九年 (645) にインドから歸國し, 世親 (400-480頃) 造『阿毘達磨俱舍論』(654年譯了) など說一切有部の諸論書を翻譯した後の「毘曇宗」とそれ以前の「毘曇宗」とを區別し, 前者を「俱舍宗」と呼ぶ.[3)] 玄奘以後, 中國におけるアビダルマ研究は主として唯識派

1) 池田將則 2014a, 9-12および池田將則 2017, 324-326を參照.

2) 凝然『三國佛法傳通緣起』卷上の「毘曇宗」の項 (DBZ101,99a-100b) と「成實宗」の項 (DBZ101,100b-101b) とを參照.

3) 凝然『三國佛法傳通緣起』卷上 (DBZ101, 100a): “然大唐代貞觀已前學舊毘曇, 玄

(法相宗) の教理を理解するために必要な基礎學と位置づけられ, 特に『阿毘達磨俱舍論』を研鑽し理解することが最も重要な課題となったからである.

一方, 凝然は「成實宗」について, 南北朝から初唐にかけては『成實論』の研究がさかんに行われたが, 唐朝中葉以後,『成實論』を研究する學者は次第に少なくなっていったという事實を指摘する.[4] 凝然によれば, 中國において『成實論』の研究が衰退した理由は, 玄奘の經典翻譯事業によって大乘佛教, 特に唯識派の精緻な教理體系が傳えられたため, もはや小乘佛教のアビダルマ論書を研究する必要がなくなったからである.[5]

ただし上述のとおり, 實際には『阿毘達磨俱舍論』を初めとする說一切有部の諸論書は玄奘以後も唯識の教理を理解するための基礎學として, さかんに研究された. その一方で, 唯識との教義的な關連性が薄い『成實論』は次第に研究されなくなり, 思想史上の役割を終えたのだと考えられる.

ひとまず以上のように中國佛教における『成實論』研究の盛衰の歷史を概括することができるとして, ではそもそもなぜ南北朝時代の諸師は『成實論』に對して說一切有部の諸論書と同等かあるいはそれ以上の關心を抱き, 200年以上ものあいだ, さかんに研究を續けたのであろうか (少なくとも南北朝時代の前半, 100年以上のあいだは『成實論』の研究が說一切有部諸論書の研究を壓倒していた).

奘新譯已後專學新翻諸論.『俱舍』爲本, 兼學『發智』『六足』『毗婆沙』等, 罄薩婆多幽旨.『俱舍』爲門, 名俱舍宗."

4) 凝然『三國佛法傳通緣起』卷上 (DBZ101, 101a): "至姚秦弘始十三年初譯『成論』, 次第弘傳, 橫竪繁昌. 唐朝中運已後, 講『成實』者漸少."

5) 凝然『三國佛法傳通緣起』卷上 (DBZ101, 101b): "震旦諸師, 唐朝玄奘歸朝已前竝用小乘所立法相. 三論, 天台, 涅槃宗等皆用有宗法數法門. 或諸師中具用成實論宗法相, 如梁三大法師等是. 貞觀年後, 法相一宗專弘自宗大乘深廣顯了法相. 華嚴一乘卽用大乘法相法義, 兼用小乘, 如愚法小乘所說義是."

先行研究はこの問題について,『成實論』が小乘佛教のアビダルマ論書でありながら, 龍樹 (150-250頃) が確立した大乘佛教の根本眞理, 空性を説くという事實に注目する.[6]

それによれば,『成實論』が説く空性は, 具體的には「三心滅」という實踐的な修行道を支える理論根據として機能する.

「三心滅」とは「假名心」「實法心」「空心」という三つの心が消滅することを意味するが, このうち「假名心」(假名つまり衆生が固定不變の實體として存在すると誤って理解する心) と「實法心」(實法つまり五陰が固定不變の實體として存在すると誤って理解する心) との二つは煩惱 (無明) であり, 修行者が「空心」(假名も實法も固定不變の實體としては存在しないという空性の眞理を正しく理解する心) を獲得することによって消滅する. また「空心」とは空性を悟る智慧であるが, この智慧も修行者が滅盡定 (有餘涅槃)[7] もしくは無餘涅槃に入ることによって消滅し, 完全なる寂靜の境地が實現する.

つまり『成實論』は「假名心」「實法心」「空心」という三つの心がすべて消滅した狀態こそが完全なる寂靜の境地であり, その境地は空性を悟ることによって達成されると主張しているのである.

先行研究は, このように空性を悟ることによって煩惱を滅し, 涅槃を實現するという具體的な修行實踐の方法を説いていたからこそ, 南北朝時代に『成實論』がさかんに研究されたのだと考える.[8] しかし嚴密にいえば先行研究は『成實論』そのものが説く「三心滅」思想の內容を分析し, その結果にもとづいて南北朝時代の中國佛教諸師が『成實論』に關心を持った理由を推測しているのであり, 當時, 實際に中國諸師が撰述した『成實論』注釋書などの文獻資料において『成實論』の「三心滅」思想がどのように解釋されているかはまだ檢證されていない.

そこで筆者は本稿において, 南北朝時代における『成實論』研究の貴重

6) 宮下晴輝 2000, 535-537および福田琢 2000, 539-540; 551-559を參照.
7)『成實論』は滅盡定を有餘涅槃と同一視する. 福原亮嚴 1969, 298-308を參照.
8) 荒牧典俊 2000, 10を參照.

な實錄であると考えられる敦煌寫本, スタイン2463『成實論章』(擬題) を研究對象とし, この文獻が「三心滅」思想をどのように解釋しているかをくわしく分析してみたい.[9] この分析をとおして, 當時『成實論』がさかんに研究された理由と, 後に衰退した理由とを解明する一つの有効な視點を提供することができるであろう.

スタイン2463『成實論章』は北魏が洛陽を首都としていた時期 (494-535年) に撰述された『成實論』注釋書の殘巻であり, 「四諦」(擬題)·「五分法身」·「十力」·「四無畏」·「十號」·「十二部經」の六章が現存する. 筆者はすでに前稿においてこの文獻の撰述地·撰述年代·全體構成·注釋形式などを考察し, さらに第一章「四諦」のテクスト校訂をおこなったうえで現代語譯を作成し

9) 南北朝から初唐にかけて多數撰述された『成實論』關連の著作はほとんどすべて散逸したが, 敦煌およびトルファン (Turfan) で發見された八點の『成實論』注釋書の殘巻が現存する。表1 を參照 (第五の旅順博物館所藏『成實論章』のみトルファン寫本, そのほかはすべて敦煌寫本)

表1

	書名	所藏機關	編號	參考文獻
1	『成實論疏』(擬題)	天津市藝術博物館(舊藏)	津藝024	池田將則 2014a
2	『誠實論義記』巻第四	杏雨書屋	羽182	同上
3	『成實論義記』巻中	國立臺灣圖書館	臺北131	池田將則 2014b 池田將則 2014c
4	『成實論章』(擬題)	大英圖書館	S.2463	池田將則 2022
5	『成實論章』(擬題)	旅順博物館	LM20_1453_34_01	池田將則 2014a,13 池田將則 2022,181
6	『成實論章』(擬題)	京都國立博物館	守屋コレクション 206番	池田將則 2014a,13
7	『成實論章』(擬題)	北京大學圖書館	北大D213	同上
8	『大義章』巻第五 ※西魏·大統十六年(550)寫.	大英圖書館	S.6492	同上

た.[10)]

前稿で考察したとおり,『成實論章』はいわゆる「章」形式の注釋書であり, 各章はそれぞれ「章」と「釋」という二つの部分から構成される. 講説者(師僧) が主張命題を述べる部分が「章」であり, その主張命題に對して講説者と聽衆 (弟子) とが問答をおこなう部分が「釋」である.

現存寫本が首尾を缺く殘卷であるため, 第一章「四諦」は「章」と「釋」の冒頭部分とが失われている. 現存する「釋」は合計45個の問答を含み, おおきく次の六つの主題を議論していると考えられる (括弧内のアラビア數字は現存寫本の行數を示す. 以下同様).

1. 苦諦 (首缺, 1-14)
2. 集諦 (14-54)
3. 滅諦 (54-111)
4. 道諦 (111-133)
5. 四諦とその必要條件 (134-137)
6. 「諦」の意義 (137-144)

本稿では, このうち第三節「滅諦」が『成實論』の「三心滅」思想をどのように解釋しているかを分析する.

具體的には, 第三節「滅諦」は合計17個の問答を含み, おおきく次の五つの主題を議論している.

1. 身見 (54-70) (五つの問答を含む)
2. 三心 (71-81) (三つの問答を含む)
3. 空心滅 (81-84) (一つの問答を含む)

---

10) 池田將則 2022を參照.

4. 假名心滅と實法心滅 (85-100) (五つの問答を含む)
5. 第八解脱 (100-111) (三つの問答を含む)

本稿ではこの五項を次の三つの主題に集約し, その思想内容を考察する.

1. 三心と六心
(第二項「三心」の第二問答と第三問答)
2. 假名心滅と實法心滅
(第一項「身見」の第一問答と第四項「假名心滅と實法心滅」の第二問答から第四問答)
3. 空心滅
(第二項「三心」の第一問答, 第三項「空心滅」, 第四項「假名心滅と實法心滅」の第一問答と第五項「第八解脱」)

なお本稿において使用する『成實論章』の原文および譯文は基本的に前稿を踏襲するが, 部分的に修正を加えた (特に説明を必要とする場合を除き, 原則として注記せずに修正する).

I. 三心と六心

上に述べたように,『成實論』は假名心·實法心·空心という三種の心を滅することが滅諦であると説く.『成實論章』はこの『成實論』の説を敷衍し, 衆生のあらゆる認識活動は六種の心に歸納することができると主張する (「苦諦」の第二項「三心」の第二問答).

心を收めつくすという觀點からいえば, 六種の心という區別が存在しなければならない.

なぜそのことが分かるか.

〔そもそも〕智慧は空 (眞諦) と有 (俗諦) とに共通し, 煩惱も眞諦と俗諦とに共通する.〔また〕俗諦に屬する認識對象は假名と實法との二つに分けられるが, 眞諦〔に屬する認識對象〕は一つ (空) しかない.

〔つまり〕煩惱である心は, 空と假名と實法とを誤って理解するので三種の區別があり, 空を悟る智慧は, 假名と實法とをも正しく理解するので〔やはり〕三種の區別がある. 智慧と煩惱とを認識對象によって〔區別〕すると, 六種〔の心〕が存在することになるのである.

ただ〔本論は〕智慧については空〔を正しく理解する智慧〕一種のみを明らかにし, 有に屬する假名と實法と〔を正しく理解する〕二種の智慧は說明しない. 一方, 煩惱は假名と實法〔という二つの認識對象〕にもとづいて二種の區別があるが, 空を誤って理解する心には言及しない.〔したがって〕煩惱は二種, 智慧は一種となるので,〔あわせて〕三種〔の心〕があるのみなのである.[11)]

『成實論章』はここでまず衆生の認識活動をおおきく煩惱 (迷い) に屬するものと智慧 (悟り) に屬するものとに二分する. 煩惱とは俗諦 (有) と眞諦 (空) とを誤って理解することであり, 智慧とは俗諦と眞諦とを正しく理解することである. そして俗諦に屬する認識對象は假名と實法との二つに大別されるが, 眞諦に屬する認識對象は空の眞理ただ一つのみであると定義する.

『成實論章』はこの定義にもとづいて, 衆生のあらゆる認識活動は假名と實法と空とを誤って理解する三種の煩惱と, 假名と實法と空とを正しく

11) 『成實論章』(S.2463, 73-77): "若收心盡而言, 應有六心之別. 何以知然. 解通空有, 迷亘眞俗. 俗境假實兩分, 眞諦唯一. 迷空假實, 惑心有三之別, 悟假及實, 解空之智亦有三差之殊. 解惑從境, 便有六矣. 但解顯空一, 不明有中假實二智. 然惑從假實有二之差, 而隱迷空之慮. 惑二解一, 故但三也."

理解する三種の智慧という六種の心に歸納することができると主張する.

ただし『成實論』はこの六種の心のうち三種の心しか說明しない. 三種の心とは假名と實法とを誤って理解する二種の煩惱と, 空を正しく理解する一種の智慧とである.

『成實論章』は,『成實論』が六種の心のうち三種の心しか說明しない理由を次のように解說する (第二項「三心」の第三問答).

> そもそも〔衆生が〕智慧である心を起こすのは, 初めにまず空の範疇に屬する〔認識對象 (空) を正しく理解し〕, その後で有〔の範疇に屬する認識對象 (假名と實法)〕を正しく理解するのである.〔つまり智慧においては〕空を正しく理解することが根本的〔な事柄〕であり, 有を正しく理解することは派生的〔な事柄〕である. 根本的なものは派生的なものを包括する〔ことができる〕ので, 智慧については空〔を正しく理解すること〕のみを論ずるのである.
>
> 〔一方, 衆生が〕煩惱である心を起こすのは, 初めにまず有〔の範疇〕に屬する〔認識對象を誤って理解し〕, その後で空〔の範疇〕に屬する〔認識對象を誤って理解する心を〕起こすのである.〔つまり煩惱においては〕有を誤って理解することが根本的〔な事柄〕であり, 空を誤って理解することは派生的〔な事柄〕である. 根本的なものは派生的なものを包括する〔ことができる〕ので, 煩惱である心については有〔を誤って理解すること〕のみ〔を論じ〕, 空〔の範疇〕に屬することには〔言及〕しないのである.[12]

『成實論章』によれば, 煩惱とは假名と實法と空とを誤って理解する三種の心であるが, このうち根本的なものは俗諦つまり假名と實法とを誤っ

12)『成實論章』(S.2463, 78-81):“夫解心之起, 元在空中, 終悟於有. 空解爲本, 有解爲末. 以本攝末, 解但論空. 惑心之生, 首在於有, 終起在空. 有惑爲本, 空迷爲末. 以本收末, 惑心唯有, 不在空也.”

て理解する二種の心である．衆生は俗諦を正しく理解することができないので，眞諦つまり空を正しく理解することもできない．

また智慧とは假名と實法と空とを正しく理解する三種の心であるが，このうち根本的なものは眞諦つまり空を正しく理解する心である．衆生はまず眞諦を正しく理解したうえで，はじめて俗諦つまり假名と實法とを正しく理解することができる．

『成實論章』はこの理論にもとづいて，『成實論』が三種の心しか説明しないのは，煩惱と智慧とのそれぞれについて根本的な二種の心（假名心・實法心）と一種の心（空心）とだけを説明したからだと解釋する．

以上，『成實論章』が主張する六種の心と『成實論』が説く三種の心との對應關係をまとめると表2のとおりである．

表2

『成實論章』				『成實論』
煩惱と智慧	二諦	認識對象	六種の心	三種の心
煩惱	俗諦（有）	假名（衆生）	假名心 （假名を誤って理解する煩惱）	假名心
		實法（五陰）	實法心 （實法を誤って理解する煩惱）	實法心
	眞諦（空）	空	空心 （空を誤って理解する煩惱）	
智慧	俗諦（有）	假名（衆生）	假名心 （假名を正しく理解する智慧）	
		實法（五陰）	實法心 （實法を正しく理解する智慧）	
	眞諦（空）	空	空心 （空を正しく理解する智慧）	空心

現存文獻による限り,『成實論』が說く三つの心をこのように六つの心に細分するのは『成實論章』にしかみられない特殊な說である. 以下, 節をあらためて, この六つの心の具體的な內容を考察する.

II. 假名心滅と實法心滅

1.『成實論章』

上述のように,『成實論章』は, 煩惱とは假名と實法と空とを誤って理解する三種の心であると主張する. このうち根本的なものは俗諦つまり假名と實法とを誤って理解する二種の心であり, 衆生は俗諦を正しく理解することができないので, 眞諦つまり空を正しく理解することもできない.

ここでいう假名と實法とを誤って理解する心とは, 具體的には假名 (衆生) と實法 (五陰) とがいずれも固定不變の實體として存在すると誤解することを意味する. また空を誤って理解する心とは, 具體的には衆生空 (人無我) と諸法空 (法無我) という二空の眞理を悟ることができない心の狀態を意味すると考えられる.

衆生 (修行者) は衆生空と諸法空という二空の眞理を悟ることによって, 煩惱に屬する三種の心を除去することができるが, ここで重要なのは假名と實法とを誤って理解する心を除去することであり, 假名と實法とを誤って理解する心が消滅すれば, 空を誤って理解する心も自然に消滅する.[13]

以下,『成實論章』が說く, 假名と實法とを誤って理解する心を除去する具體的な方法について考察する.

---

13) 二空を悟ることによって假名心と實法心とが消滅するとすれば, 二空を悟る, つまり空心を除去することこそが根本なのではないかという疑問が生じるが,『成實論章』はこの點については特に解說を加えていない.

『成實論章』はまず假名と實法とを誤って理解する心と十種の使との對應關係について次のような問答をおこなう（第一項「身見」の第一問答）.

質問.〔あなたは〕上の「章」において,「〔十種の使のうち〕五種の鈍使と邊見と邪見とは假名と實法との兩方を誤って理解する〔煩惱である〕」と言われましたが,〔それは〕理屈からいってそのとおりでしょう.〔しかし〕「〔戒取と〕見盜（見取見）とは實法のみ〔を誤って理解し〕, 身見（我見）は假名のみ〔を誤って理解する〕」〔と言われたことについては, 疑問があります〕.〔十種の使のうち七種は假名と實法との兩方に〕共通し,〔それ以外の三種は假名と實法とのいずれか一つに〕限定されるとは,〔いったい〕どういうことなのでしょうか.
回答.〔衆生が〕戒取を起こすのは, さまざまな〔誤った〕見解を〔正しいと〕認識することにより, あるいはまた自分〔が實踐する誤った〕戒を〔正しいと〕認識することによる. そしてその〔誤った〕見解と〔誤った〕戒との本質は, 特色として〔いずれも〕實法の範疇のみ〔に屬する〕.〔したがって戒取は實法を誤って理解する煩惱なのである.〕
見取（見取見）は〔戒取と〕同じ類型に屬するので,〔やはり〕實法のみ〔を誤って理解する煩惱〕である.
一方,〔衆生が〕我見（身見）を起こすのは, そもそも綰御（假名である自己を統御する超越的自我）〔が存在すると誤って〕認識することによるので, 身見は假名を誤って理解する執著（煩惱）であるということが分かるのである.[14]

この問答において, 質問者（弟子）は講說者（師僧）が「章」で述べた主張

---

14)『成實論章』(S. 2463, 54-57): "問曰. 上章云, 五鈍邊邪假實俱迷, 理可如然. 見盜唯實, 身見唯假. 通塞之義, 事當云何. 答曰. 戒取之起, 或攀諸見而生, 或緣己戒而起. 而見戒之體, 體唯實位. 見取類爾, 故但實也. 然我見之生, 本攀綰御而起, 故知身見迷假之執."

命題の一つに疑義を呈している.「章」の文章は現存しないが, 質問者の質問内容によれば, 講說者の主張は次のとおりである.

1. 十種の使 (貪·恚·癡·疑·憍慢·五見) のうち, 五種の鈍使 (貪·恚·癡·疑·憍慢) と邊見と邪見という七種の煩惱はいずれも假名と實法とを固定不變の實體と誤解したために起こる.
2. 戒取 (戒禁取見) と見盜 (見取見) とは實法を固定不變の實體と誤解したために起こる.
3. 身見 (我見) は假名を固定不變の實體と誤解したために起こる.

以上, 假名と實法とを誤って理解する二種の心と十種の使との對應關係をまとめると表3のとおりである.

表3

二種の心 (煩惱)	十種の使	
假名心	身見	貪·恚·癡·疑·憍慢·邊見·邪見
實法心	戒禁取見·見取見	

次に『成實論章』は假名と實法とを誤って理解する心を除去する具體的な方法について, 二つの異なる解釋を主張する.

第一の解釋は『成實論』自身が主張する說にもとづく.『成實論』「立假名品」と「聖行品」とによれば (後引), 修行者はまず聞慧と思慧とによって衆生空の眞理を觀察し, 假名を誤って理解する心を除去する. そして次に修慧によって諸法空の眞理を觀察し, 實法を誤って理解する心を除去する. この解釋の特徵は, 三種の慧を聞慧·思慧と修慧との二段階に大別し, 各段階において觀察する眞理と除去する煩惱とを區別する點にある.

ただしこの第一の解釋について,『成實論章』はさらに, 思慧を修慧の預備段階とみなす說に言及する. これによれば, 修行者は思慧の段階において衆生空の眞理を觀察すると同時に, 不完全ではあるが諸法空の眞理をも觀察することができる. ただし思慧はあくまでも預備段階であるので, 諸法空の眞理を完全に觀察し, 實法を誤って理解する心を除去することはできない. 思慧によって除去することができるのは假名を誤って理解する心だけであり, 修慧の段階に至ってはじめて實法を誤って理解する心を除去することができる.『成實論章』はこの說も『成實論』自身が主張するものであると認めるが, しかし『成實論』のなかにこれと一致する文言は見いだされない. おそらくこれは『成實論』そのものの主張ではなく, 中國南北朝時代における『成實論』研究の歷史のなかで,『成實論』はこのように主張するという共通理解が形成されたのだと思われる.

第二の解釋は『成實論章』(の講說者) が主張する說である. これによれば, 修行者は聞慧・思慧・修慧という三種の慧によって衆生空と諸法空という二空の眞理を觀察し, 假名と實法とを誤って理解する心を除去する. この解釋の特徵は, 三種の慧のいずれの段階においても二空を觀察し二種の煩惱を除去すると主張する點にある.

以下, この二つの異なる解釋について考察する.

『成實論章』は初めにまず第二の解釋と關連して次のような問答をおこなう (第四項「假名心滅と實法心滅」の第二問答).

> 質問.〔煩惱である心が認識する對象である〕假名と實法とに微細なもの (實法) と麤大なもの (假名) という區別がある以上, 煩惱である心にも〔作用が〕强いもの (假名心) と弱いもの (實法心) という區別があるのでしょうか.
>
> 回答. そもそも〔衆生が〕煩惱である心を起こすのは, 接觸 (認識) した對象〔が何であれ, それらを〕ことごとく誤って理解してしまうからなのであ

る.〔認識した〕對象には微細なものと麤大なもの〔という區別〕があるとしても, 煩惱〔である心そのもの〕にどうして〔作用が〕弱いものと強いもの〔という區別〕があろうか.[15)]

『成實論章』の講說者はここで, 假名を誤って理解する心と實法を誤って理解する心との本質はいずれも「對象を誤って理解する」という心のはたらきであり, 誤解する對象は異なるとしても, 誤解するという心のはたらきそのものに强弱の違いはないと主張する.

この講說者の主張に對し, 質問者は次のように疑義を呈する(第四項「假名心滅と實法心滅」の第三問答).

質問.〔いまあなたが言われたように〕「〔衆生が〕煩惱を起こせば〔心は例外なく〕亂れるのであり,〔その作用が〕弱いか強いかを區別することはない」〔と解釋できる〕としたら,〔衆生が〕智慧を起こせば, 二つの煩惱(假名心と實法心)はいずれも消滅する, ということになります.〔つまり〕聞慧と思慧とは假名心を除去するだけでなく, 實法心をも除去するはずであり, 修慧は實法心を除去するだけでなく, 假名心をも除去する〔はずです〕. それなのになぜ本論に,「聞慧と思慧とは假名心を除去するが, 實法心である煩惱を除去することはなく, 修慧は實法心を斷ちきるが, 假名心を消しさることはない」とあるのでしょうか.〔あなたが〕初め〔に起こる慧〕(聞慧と思慧)と後〔に起こる慧〕(修慧)とが〔いずれも假名心と實法心との兩方を除去すると〕ひとまとめにして論ずるのは, どうしてなのでしょうか.

回答. そもそも煩惱は眞理に違背することをその特質とし, 智慧は理法の根本に合致する〔ことをその特質とする〕.〔衆生が〕智慧を起こせば煩惱は〔たちどころに〕消滅するのであり, どうして初め〔に起こる慧が除去する

15)『成實論章』(S.2463, 87-88): "問曰. 假實旣有精麤之異, 惑心叵有增微之殊也. 答曰. 夫惑心之生, 觸境俱迷. 境雖精麤, 惑寧輕重也."

對象〕と後〔に起こる慧が除去する對象〕とを區別することがあろうか.

〔本論が〕ここで〔三種の慧が除去する對象を〕區別して提示したのは,〔智慧が觀察する〕對象にもとづいて,〔煩惱を〕對治する手段を明らかにしたにすぎない.〔つまり〕聞慧と思慧とは衆生〔が空であること〕を觀察して假名心を消しさるのみであり,修慧は〔眞理を目の前に〕顯現し認可する〔ことができる〕ので五陰〔が空であること〕を觀察して實法心を斷ちきるのである.

〔三種の慧が除去する對象を,私は〕ひとまとめにして明らかにし〔本論は〕區別して說くのは,こういう理由からなのである.[16]

質問者はここで『成實論』の說と『成實論章』の講說者の說とが齟齬することを問題とする.

『成實論』「立假名品」と「聖行品」とによれば,修行者はまず(隨信行の位において)聞慧あるいは思慧によって衆生空の眞理を觀察し(空行),假名を誤って理解する心を除去する.そして次に(隨法行つまり)煖法･頂法･忍法･世間第一法という四現忍(四善根)の位において修慧によって諸法空の眞理を觀察し(無我行),實法を誤って理解する心を除去する.[17]

ところが,『成實論章』の講說者が主張するように,假名を誤って理解する心と實法を誤って理解する心とのあいだに强弱の違いがないとすれば,聞慧と思慧とは假名を誤って理解する心だけでなく實法を誤って理解す

---

16)『成實論章』(S.2463, 89-94):“問曰.若惑生亂起,不辨輕重者,解起之時,二惑竝亡.聞思除假,亦應遣實,修慧遣實,亦除假心.而何以論云,聞思除假,不遣實惑,修慧斷實,不滅假心.先後偏論,意復何謂.答曰.夫惑性違理,解順宗本.解生惑喪,寧辨前後.今互擧者,但就境界,治道義顯.聞思但觀生以滅假,修現忍觀陰以斷實.偏明互說,斯意正爾.”

17)『成實論』立假名品(T32, 327a):“假名心或以多聞因緣智滅,或以思惟因緣智滅.法心在煖等法中以空智滅.”『成實論』聖行品(T32, 365b):“有二行,空行,無我行.於五陰中不見衆生,是名空行.見五陰亦無,是無我行.”なお『成實論』および『成實論章』が說く修行道の構造については池田將則 2022, 227の表7 を參照.

る心も除去することができるはずであり, 修慧は實法を誤って理解する心だけでなく假名を誤って理解する心も除去することができるはずである. このような主張は『成實論』の説に違背する.

この質問者の疑義に對し, 講說者はまず直前の問答の回答で述べた理論を敷衍して, 煩惱とは「眞理 (空) を正しく理解できない」という心のはたらきであり, 智慧とは「眞理を正しく理解することができる」という心のはたらきであると規定する. この規定によれば, (根本的な) 煩惱が假名を誤って理解する心と實法を誤って理解する心との二種に大別されるといっても, 實は兩者に本質的な違いはないということになる. また (根本的な) 智慧はそもそも空を正しく理解する心という一種のみであるが, (根本的な) 二種の煩惱と對應させれば, 衆生空を正しく理解する心と諸法空を正しく理解する心との二種に分けることができる. ただしこの二種の智慧も, やはり本質的には何ら違いはない.

『成實論章』の講說者はおそらくこのような論理にもとづいて, 聞慧·思慧·修慧のいずれの段階においても衆生空と諸法空という二空の眞理を觀察し, 假名と實法とを誤って理解する心を除去することができると主張したと考えられる.[18]

『成實論章』の講說者は續いて『成實論』の說と自身の說とが齟齬する問題について次のように辨明する. すなわち,『成實論』は三種の慧を聞慧·思慧と修慧との二段階に大別し, 各段階において觀察する眞理を區別するので, それによって除去する煩惱も區別される. 具體的には, 修行者はまず

18) 嚴密にいえば, 講說者はここで三慧の各段階において除去する煩惱に區別がないと述べるのみであり, 各段階において觀察する眞理に區別がないかどうかは明言していない. しかし講說者がいうように假名心と實法心とに本質的な區別がないとすれば, それに對應する衆生空と諸法空とにも本質的な區別はないということになる. したがって, 講說者は三慧のいずれの段階においても衆生空と諸法空とを觀察し, 假名心と實法心とを除去すると主張したと考えられる.

聞慧と思慧とによって衆生空の眞理を観察し，假名を誤って理解する心を除去する．そして次に修慧によって諸法空の眞理を觀察し，實法を誤って理解する心を除去する．

この『成實論』の說は，聞慧･思慧と修慧とのあいだに質的な差異があるという考えにもとづく．つまり修行者は隨信行の位において聞慧と思慧とを獲得するが，それによって觀察し理解することができるのは衆生空という表面的な眞理だけである．次の隨法行つまり四現忍（四善根）の位に至って，はじめて修慧を獲得し，諸法空という奥深い眞理をありありと觀察し體得することができる（現前知見）．[19]

『成實論』はこのように聞慧･思慧と修慧とに優劣の違いがあると規定し，それにもとづいて聞慧･思慧と修慧とが觀察する眞理と除去する煩惱とを區別する．

ただし上述のように，（根本的な）二種の煩惱と二種の智慧とはいずれも本質的には區別がないという考えにもとづけば，聞慧･思慧･修慧のいずれの段階においても二空の眞理を觀察し，二種の煩惱を除去することができるという主張が成り立つ．

『成實論章』の講說者はおそらく以上のような論理によって，『成實論』の說と自身の說との矛盾點を解消したと考えられる．

『成實論章』はさらにこの『成實論』の說と關連して次のような問答をおこなう（第四項「假名心滅と實法心滅」の第四問答）．

> 質問．〔いまあなたが言われたように〕「聞慧は空行（衆生空）によって假名心を除去し，修慧は無我行（諸法空）によって實法心を除去する」〔と解釋

19)『成實論』三慧品（T32, 366c）：“又說，行者聞法，思惟義已，當隨順行．若能現前知見，是名修慧．如說，行者於定心中見五陰生滅．如諸經中說，汝等比丘修習禪定，當得如實現前知見．”慧遠『大般涅槃經義記』卷十（T37,879c）：“見諦道前四現忍心，學觀四諦，名爲遠向．”

できる〕として,〔これは對治される〕法 (假名心と實法心) と〔對治する〕藥 (衆生空と諸法空) とが〔正しく〕對應しており, 先人 (訶梨跋摩) が提唱されたとおりに〔煩惱を〕消しさることができます.〔ただ〕本論にはまた「思慧は實法〔が空であること〕を觀察して假名心を消しさる」という眞實の言葉がありますが, この意味がよく分かりません.

回答. 思慧が實法〔が空であること〕を觀察するにもかかわらず〔實法心ではなく〕假名心を消しさる理由は,〔これは〕あくまでも諸法空〔を體得するため〕の預備段階であって,〔まだ〕諸法空と呼ぶことはできないからなのである. そもそも聞慧と思慧とはいずれも〔修慧のように眞理を目の前に〕顯現し〔認可すること〕はできないので, 假名心を除去する〔ことしかできないという共通點〕から聞慧と思慧とが倂稱されるのである.[20]

上述のとおり,『成實論』「立假名品」と「聖行品」とによれば, 修行者はまず聞慧あるいは思慧によって衆生空の眞理を觀察し, 假名を誤って理解する心を除去する. そして次に修慧によって諸法空の眞理を觀察し, 實法を誤って理解する心を除去する.

一方, この問答において質問者が述べた內容によれば,『成實論』はこの說とは別に, また「修行者は思慧によって諸法空の眞理を觀察し, 假名を誤って理解する心を除去する」とも主張する. この一見, 相反するようにみえる兩說をどのように整合的に理解すればよいか. これが質問者がここで提起した問題である.

講說者はこの問題に對し,『成實論』は思慧を修慧の預備段階とみなしているのだと回答する. この解釋によれば, 修行者は思慧の段階において

---

20)『成實論章』(S.2463, 94-97): "問曰. 聞慧空行除假名心, 修慧無我遣實法心, 法藥相當, 殄如前唱. 論復成文, 思慧觀法滅假心者, 此義未審. 答曰. 思慧觀法而所以滅假心者, 乃是法空方便, 不得法空之名. 然聞思同爲不現故, 遣假之心而聞思雙稱也."

衆生空の眞理を觀察すると同時に，不完全ではあるが諸法空の眞理をも觀察することができる．ただし思慧はあくまでも預備段階であるので，諸法空の眞理を完全に觀察し，實法を誤って理解する心を除去することはできない．思慧によって除去することができるのは假名を誤って理解する心だけであり，修慧の段階に至ってはじめて諸法空という奧深い眞理をありありと觀察し，實法を誤って理解する心を除去することができる．

ただしここで注意しなければならないのは，『成實論章』の質問者が『成實論』の說として引用する「修行者は思慧によって諸法空の眞理を觀察し，假名を誤って理解する心を除去する」という定義と一致する文言は『成實論』のなかには見いだされないという事實である．おそらくこれは『成實論』そのものの主張ではなく，中國南北朝時代における『成實論』研究の歷史のなかで，『成實論』はこのように主張するという共通理解が形成されたのだと思われる．

以上，『成實論章』が說く二つの解釋，つまり『成實論章』が理解する『成實論』の說と『成實論章』の講說者自身が主張する說とを比較すると表4のとおりである．

表4

<table>
<tr><th rowspan="2">三慧</th><th colspan="2">『成實論』</th><th colspan="2">『成實論章』</th></tr>
<tr><th>觀察する眞理</th><th>除去する煩惱</th><th>觀察する眞理</th><th>除去する煩惱</th></tr>
<tr><td>聞慧</td><td>衆生空</td><td rowspan="2">假名心</td><td rowspan="3">衆生空･諸法空</td><td rowspan="3">假名心･實法心</td></tr>
<tr><td>思慧</td><td>衆生空･諸法空</td></tr>
<tr><td>修慧</td><td>諸法空</td><td>實法心</td></tr>
</table>

2. 慧遠『大乘義章』

ここで注目すべきことは,『成實論章』が說くこの二つの解釋と同じ解釋が, 地論宗の淨影寺慧遠 (523-592)『大乘義章』「三慧義」にも見いだされるという事實である.

ある人は次のように解釋する.「聞慧の段階では, 五陰が〔一つ一つ〕獨立して發生すること〔を觀察すること〕によって衆生空〔の眞理〕を體得する. 思慧の段階では, 五陰が〔一瞬ごとに〕崩壞する (刹那滅) という苦しみ (壞苦) や〔五陰が〕無常であること (諸法空) を個別的に觀察することによって, 前の〔段階で體得した〕衆生空〔に對する理解〕を完成し, 同時に諸法空〔の眞理を理解すること〕へと進む.〔修慧, つまり〕煖〔·頂·忍·世第一法〕など〔四現忍〕已上〔の段階〕では, 五陰が〔一瞬ごとに生滅をくりかえしながら〕存續する (行苦) という苦しみや〔五陰が〕無常であることを總體的に觀察し, 諸法空を體得する」

思うに〔このような解釋は〕人 が〔勝手に〕吹聽しているだけであり, 經論〔が說く眞實の教え〕とは無關係である.〔そもそも〕もし聞慧〔の段階〕ではただ衆生空を理解するだけであるとしたら, いったいどの段階で諸法空を聽聞するのか. もし思慧〔の段階〕では諸法が〔一瞬ごとに〕崩壞すること (諸法空)〔を觀察すること〕によって衆生空〔に對する理解を〕完成するだけであるとしたら, いったいどの段階で諸法空を思惟するのか. もし修慧の段階ではただ諸法空を理解するだけであるとしたら, いったいどの段階で衆生空を修習するのか.

〔衆生空と諸法空という〕二空の眞理は, いずれも最初に聽聞し, 次に思惟し, 最後に修習する〔という三つの段階〕を經て, はじめて悟入することができるものなのである. それなのに〔ある人は〕「衆生空は聞慧〔の段階で聽聞する〕だけであり, 修慧〔の段階で修習すること〕はなく, 諸法空は修慧〔の段階で修習する〕だけであり，聞慧と思慧と〔の段階で聽聞し思惟すること〕はない」と主張するが，まったくの誤解である．〔正しくは〕聞慧〔の段階〕で二空を兩方とも聽聞し，思慧の段階で二空を兩方とも思惟し，修慧の段階で二空を兩方とも見る（理解する），と知るべきであり，〔どれか一つの段階に〕限定してはならないのである．[21]

慧遠はここでまず『成實論』の修行道と三慧との對應關係を規定する．慧遠の理解によれば，『成實論』は四念處（身·受·心·法）より前の段階において聞慧を修習し，四念處において思慧を修習し，四現忍（四善根）およびそれ以上の段階において修慧を修習すると說く．

慧遠は次に，修行者はこの三慧によってどのような眞理を理解するのかという問題について，最初に「ある人」の解釋を紹介し，續いてそれを批判したうえでみずからの正しい解釋を主張する．「ある人」の解釋は次のとおりである．

1. 修行者は聞慧の段階において，衆生を構成する要素である五陰が一つ一つ獨立して發生すること，つまり五陰の一つ一つは實在であるが，五陰が一時的に結合して形づくられた衆生は實體がない，という事實を觀察し，衆生空の眞理を體得する（衆生空の眞理を體得したことによって，假名を誤って理解する心が除去される）．

2. 修行者は思慧の段階において，五陰の一つ一つが無常であるという事實（諸法空）を個別的に觀察し，聞慧の段階で得た衆生空の眞理に對する理解

21) 慧遠『大乘義章』三慧義（T44, 668bc）：“有人釋言．聞慧地中，以陰分生得衆生空．思慧地中，別觀五陰壞苦無常，成前生空，兼趣法空．煖等已上，總觀五陰行苦無常，得諸法空．蓋是人語，不關經論．若當聞慧但解生空，法空寂（家？）聞竟在何處．若當思慧壞法以成衆生空者，法空寂（家？）思復在何處．若修慧地唯解法空，生空寂（家？）修復在何處．二空之理，皆藉初聞次思後修，方能悟入．而言生空但有聞慧而無修慧，法空有修而無聞思，豈非謬浪．當知聞慧具聞二空，思慧地中具見（思？）二空，修慧地中具見二空，不得偏取．”

を完全なものにする (衆生空の眞理を完全に理解したことによって, 假名を誤って理解する心が完全に除去される). それと同時に, 諸法空の眞理を初步的にではあるが理解する (まだ實法を誤って理解する心を除去することはできない).

3. 修行者は修慧の段階において, 五陰が無常であるという事實を總體的に觀察し, 諸法空の眞理を體得する (諸法空の眞理を體得したことによって, 實法を誤って理解する心が除去される).

この「ある人」の解釋は, まとめると修行者は聞慧と思慧とによって衆生空を理解し, 思慧と修慧とによって諸法空を理解するという構造になっており, 上述の『成實論章』の第一の解釋と一致する.

特に注目されるのは,「ある人」が「修行者は思慧の段階において諸法空を觀察し, 衆生空の眞理に對する理解を完全なものにする」と主張することである. この主張は『成實論章』が『成實論』の說として引用する「修行者は思慧によって諸法空の眞理を觀察し, 假名を誤って理解する心を除去する」という定義とまったく同じである (衆生空を完全に理解するということは, 假名心を完全に除去するということを意味する).

上述のとおり,『成實論章』が引用するこの定義と一致する文言は『成實論』のなかには見いだされない. おそらく中國における『成實論』研究の歷史のなかで形成されたであろう共通理解にもとづいて,「ある人」と『成實論章』とがまったく同じ主張をしたのだと考えられる.[22]

一方, 慧遠はこの「ある人」の解釋を批判し, このような解釋は經論に根據を持たないと斷言する. 上述のとおり, 思慧の段階についての「ある人」

22) なお地論宗文獻『法界圖』は三乘別教の修行道の一環として, 信行位 (內凡位) において聞慧によって衆生空を理解し, 思慧によって實法空を理解すると主張する (李相旼氏の教示による).『法界圖』(地論集成, 563): "此信行位中, 有聞思二慧. 解衆生空, 故名爲聞慧. 解實法空, 故名思慧."

(および『成實論章』) の解釋と一致する文言は『成實論』のなかには見いだされないので, 少なくとも思慧に關しては, 慧遠の批判は妥當であるといえる.[23)]

しかしこれも上述したとおり,『成實論』「立假名品」と「聖行品」とによれば, 修行者はまず聞慧あるいは思慧によって衆生空の眞理を觀察し, 假名を誤って理解する心を除去する. そして次に修慧によって諸法空の眞理を觀察し, 實法を誤って理解する心を除去する. これは『成實論』自身が明言する定義であり, 聞慧および修慧の段階についての「ある人」(および『成實論章』) の解釋はこの定義にもとづく. したがって, 少なくとも聞慧および修慧に關しては, 慧遠のように「經論に根據がない」と批判することはできないはずである.

ただし慧遠はここであえて『成實論』にもとづく「ある人」の解釋を批判し, もし「聞慧によって衆生空を觀察し, 思慧と修慧とによって諸法空を觀察する」というように三慧の各段階における觀察對象を區別するとしたら, 修行者は諸法空の眞理を聽聞することはできず, 諸法空の眞理を思惟することもできず, また衆生空の眞理を修習することもできないと指摘する.[24)]

---

23) 上述のとおり『成實論章』は思慧の段階について,『成實論』自身が明言する「衆生空を觀察して假名心を除去する」という定義と,『成實論』が說いたとされる「諸法空を觀察して假名心を除去する」という定義との兩方を擧げる. 一方, 慧遠『大乘義章』が批判する「ある人」は思慧の段階について後者の定義のみを擧げる. これはおそらく慧遠が「ある人」の說を要約し紹介するにあたって,「經論に根據を持たない」という批判を向ける對象としてより有効な第二の定義のみを採用し, 第一の定義を省略したのだと思われる.

24) 上の譯文にあるように, 慧遠が紹介する「ある人」の解釋は, 思慧によって衆生空を完全に理解し, 同時に諸法空を初步的に理解することができると主張する.
"思慧の段階では, ……衆生空〔に對する理解〕を完成し, 同時に諸法空〔の眞理を理解すること〕へと進む."
一方, 慧遠はこの「ある人」の解釋を次のように批判する. "もし思慧〔の段階〕では……衆生空〔に對する理解を〕完成するだけであるとしたら, いったいどの段階で諸法空を思惟するのか." "〔ある人は〕「……諸法空は修慧〔の段階で修習慧遠はこの批判にもとづいて，最後にみずからの正しい解釋を主張するが，その解釋とは，「修行者は聞慧によって衆生空と諸法空とを聽聞し，思慧によって衆生空と諸法空とを思惟し，修慧によって衆生空と諸法空とを理解する」というものである．この解釋は，言いかえれば，修行者は三慧の各段階においていずれも衆生空と諸法空とを觀察し，それによって假名と實法とを誤って理解する心を除去することができるという主張であり，上述の『成實論章』の第二の解釋と一致する．

慧遠がこのような解釋を主張した理由は，やはり『成實論』が説く「聞慧と思慧とによって衆生空を觀察して假名心を除去し，修慧によって諸法空を觀察して實法心を除去する」という定義に滿足できなかったためであろう．さきほど確認したとおり，慧遠は三慧の各段階における觀察對象を區別する「ある人」の説を批判し，三慧のいずれの段階においても衆生空と諸法空とを兩方とも觀察しなければならないと強く主張する．

『成實論章』が慧遠の自説と同じ第二の解釋を主張する理由も，おそらく慧遠と共通するであろう．ただ『成實論章』は第一の解釋を『成實論』の説と認め，第二の解釋と矛盾しないように理論を構築するのに對し，慧遠は「ある人」の解釋を明確に否定し，自説を主張する．これはおそらく『成實論章』が慧遠『大乘義章』の前代に位置する文獻であることを示唆するであろう．

する〕だけであり，聞慧と思慧と〔の段階で聽聞し思惟すること〕はない」と主張するが，まったくの誤解である．”
この批判によれば，「ある人」は「思慧の段階で諸法空を思惟することはない」と主張したことになる．しかし「ある人」は，實際には「思慧によって諸法空を初歩的に理解することができる」と主張しているので，慧遠の批判は一見妥當でないようにみえる．ただおそらく慧遠は，「ある人」の解釋の重點は思慧の段階において衆生空を完全に理解することにあり，思慧の段階において諸法空を（初歩的に）理解することはあくまでも附隨的な事柄にすぎないと考え，ひとまず後者を除外したうえで「ある人」の解釋を批判したのであろう．

以上，『成實論章』が說く二つの解釋と，慧遠『大乘義章』が說く「ある人」と慧遠自身の解釋との對應關係をまとめると表5のとおりである．

表5

<table>
<tr><th rowspan="3">三慧</th><th colspan="2">『成實論章』</th><th colspan="2">『大乘義章』</th><th colspan="2">『成實論章』</th><th colspan="2">『大乘義章』</th></tr>
<tr><th colspan="2">第一解
（『成實論』）</th><th colspan="2">ある人</th><th colspan="2">第二解
（講說者）</th><th colspan="2">慧遠</th></tr>
<tr><th>眞理</th><th>煩惱</th><th>眞理</th><th>煩惱</th><th>眞理</th><th>煩惱</th><th>眞理</th><th>煩惱</th></tr>
<tr><td>聞慧</td><td>衆生空</td><td rowspan="2">假名心</td><td>衆生空</td><td rowspan="2">假名心</td><td rowspan="3">衆生空
諸法空</td><td rowspan="3">假名心
實法心</td><td rowspan="3">衆生空
諸法空</td><td rowspan="3">假名心
實法心</td></tr>
<tr><td>思慧</td><td>衆生空
諸法空</td><td>（衆生空）
諸法空</td></tr>
<tr><td>修慧</td><td>諸法空</td><td>實法心</td><td>諸法空</td><td>實法心</td></tr>
</table>

III. 空心滅

上に述べたように，『成實論章』は，智慧とは假名と實法と空とを正しく理解する三種の心であると主張する．このうち根本的なものは眞諦つまり空を正しく理解する心であり，衆生はまず眞諦を正しく理解したうえで，はじめて俗諦つまり假名と實法とを正しく理解することができる．

ここでいう空を正しく理解する心とは，具體的には，あらゆる現象（有爲法）は固定不變の實體がない（無自性）という空性の眞理（無爲法）を正しく認識する（悟る）ことを意味する．また假名と實法とを正しく理解する心とは，具體的には空性の眞理（眞諦）にもとづいて緣起の法則（俗諦）を正しく認識することを意味する．

緣起の法則とは，あらゆる現象が相互に關連しながら生起するということであり，修行者は空性の眞理を悟ることによって，固定不變の實體を持たない實法（五陰）が相互に關連しながら一瞬一瞬に生滅をくりかえし

(刹那滅), それら實法が一時的に結合して假名 (衆生) を形づくるという, この現實世界の眞實のすがたを正しく認識することができる.

ここでまず注意すべきことは,『成實論章』が, 空を正しく理解する心の認識對象である空を衆生空と諸法空との二空に分けないことである.

また, さらに重要なのは,『成實論章』がいう假名と實法とを正しく理解する心とは, 衆生空と諸法空という二空の眞理を正しく認識することを意味するのではなく, その二空の眞理にもとづいて有 (縁起) の世界を正しく認識することを意味する, という事實である. この事實は,『成實論章』の思想傾向が, 自利を重視する小乘佛教の思想的立場や空を重視する大乘佛教中觀派の思想的立場よりも, 有を重視する唯識派の思想的立場に近いことを示唆する.

本稿の最初に述べたように,『成實論』が說く「三心滅」の第三段階は「空心滅」であり, この段階において修行者は滅盡定 (有餘涅槃) もしくは無餘涅槃に入ることによって「空心」つまり空性を悟る智慧を滅し, 完全なる寂靜の境地を實現する.[25] これに對し『成實論章』は, むしろ空性を悟る智慧が現象世界の生成變化の法則を正しく理解する基盤となり, 修行者 (菩薩) はこの有を悟る智慧によって衆生の現實狀況を正しく理解し, 永遠不斷に利他を實踐する, という大乘的な境地を主張しているのではないかと考えられる.

『成實論章』はまず空を衆生空と諸法空との二空に分けない理由を次のように解說する (第四項「假名心滅と實法心滅」の第一問答).

> 〔煩惱が認識するのは〕有〔の領域に屬する〕法 (有爲法) であり, 現象 (有) は〔さまざまに〕區別されるので, 假名と實法という二つに分けられる.〔智

---

25)『成實論』立假名品 (T32, 327a): "空心入滅盡定滅, 若入無餘泥洹斷相續時滅."

慧が認識するのは〕奥深い理法（無為法）であり，眞理（空）は〔絶對的に〕平等なので，一つしかないのである.[26]

『成實論章』はここで，煩惱が認識する對象であるさまざまな現象（有爲法）には區別があるが，智慧が認識する對象である空性（無爲法）は絶對的に平等でありいかなる區別もないと規定する.

前項で考察したとおり，『成實論章』は聞慧･思慧･修慧という三慧のいずれの段階においても衆生空と諸法空という二空の眞理を觀察し，假名心と實法心という二種の煩惱を除去することができると主張する.

『成實論章』がここで空性は絶對的に平等であると規定することは，二空の眞理に本質的な區別がないという前節の主張の根據となっていると考えられる.

次に『成實論章』は空を正しく理解する心と，假名と實法とを正しく理解する心との關係について，次のような問答をおこなう（第三項「空心滅」）.

質問.〔あなたが言われたように,〕本論にもとづいて「空が有の悟りを消しさることはない」〔と解釋できる〕として,〔ではなぜ〕「滅盡定品」に「〔この定によって，無爲法（空）と有爲法（有）とを認識する心である〕想と受とがいずれも除去される」とある〔のでしょうか〕.[27]〔空心滅が有の智慧を消しさることがないとしたら，なぜ滅盡定によって消しさる對象として〕空（無爲法）〔を認識する心〕（慧受）と有（有爲法）〔を認識する心〕（想受）との兩方が說かれるのか，よく分かりません.

---

26)『成實論章』(S.2463, 86-87):“有法事別，假實分二．玄宗理均，故但一矣.”
27)『成實論』滅盡品（T32, 344c-345a）:“過一切非想非非想處，身證想受滅．……一切心皆名爲受．是受二種．一想受，二慧受．想受名有爲緣心．以想行假名法中故．假名二種．一因和合假名，二法假名．是故一切有爲緣心皆名爲想．慧受名無爲緣心．是故若說想受滅者，則爲說一切滅.”

回答. そもそも〔本論が〕滅諦を明らかにするなかで, 智慧 (空心) と煩惱 (假名心と實法心) との兩方を論ずるのは,〔煩惱である〕前二者 (假名心と實法心) を除去するためなのである.〔一方,〕煩惱は空の智慧ではないので,〔空心滅において假名心と實法心とを消しさることはなく, また假名心と實法心とに〕對應する〔智慧〕を斷ちきることもない. つまり〔空心滅は〕空心のみを除去するのであり, 有の智慧を除去することはないのである.〔一方, そもそも〕滅盡定とは, 煩惱を除去することを明らかにするものではない.〔心はさまざまな對象を〕感受して〔さまざまに〕思慮することができるが,〔それらの心の作用は〕すべて〔聖人が〕無心〔の境地に入ること〕をさまたげる〔要因となる〕. だから滅盡定〔の解說〕においては〔無爲法を認識する心と有爲法を認識する心との〕兩方が論じられ,〔滅盡定によって消しさる對象として〕想と受との兩方が說かれるのである.[28]

この問答において, 質問者は講說者が「章」で述べた主張命題の一つに疑義を呈している.「章」の文章は現存しないが, 質問者の質問內容によれば, 講說者は『成實論』にもとづいて「空が有の悟りを消しさることはない」と主張していた.

この主張が具體的に『成實論』のどの部分にもとづくのかはよく分からないが, おそらく講說者はここで「空心滅において空を正しく理解する心を消しさったとしても, 有の悟り, つまり假名と實法とを正しく理解する心が消えさることはない」と主張したのだと考えられる.

これに對し質問者は, 講說者の主張が『成實論』「滅盡定品」の說と齟齬することを指摘する.『成實論』「滅盡定品」は「修行者が滅盡定に入れば, あ

28)『成實論章』(S.2463, 81-84): "問曰. 若據本論空不滅有解者, 滅盡定品想受俱除. 空有雙說, 情未審之. 答曰. 然滅諦所明, 解惑兩辨, 欲除前二. 惑非空解, 不 (亦?) 斷乘勢義. 便但遣空心, 不除有解. 滅定之義, 不明除惑. 感可有慮, 皆障無心. 故滅定俱論, 想受雙說."

らゆる構想作用（想）と感受作用（受）とがみな消滅する」と説くが，『成實論』によれば，このうち感受作用とはあらゆる心のはたらきを指し，具體的には有爲法（有）を認識する心（想受）と無爲法（空）を認識する心（慧受）とを意味する．

上述のとおり『成實論』は，「三心滅」の第三段階である「空心滅」において，修行者は滅盡定もしくは無餘涅槃に入ることによって空性を悟る智慧を滅し，完全なる寂靜の境地を實現すると説く．そして「滅盡定品」によれば，滅盡定に入ることによって有を認識する心と空を認識する心との兩方が消滅する．

つまりこの二つの説を総合すると，修行者は「空心滅」において滅盡定に入ることによって，空を正しく理解する心を滅するだけでなく，有（假名と實法）を正しく理解する心をも滅するはずであり，「空心滅において空を正しく理解する心を消しさったとしても，假名と實法とを正しく理解する心が消えさることはない」という講說者の主張は成りたたない．以上が質問者の論難の内容である．

講說者はこの論難に對し，まず『成實論』にもとづくとされる「空が有の悟りを消しさることはない」という主張の意圖を解說する．講說者によれば，『成實論』が「三心滅」を說くのは，空を正しく理解する智慧によって假名と實法とを誤って理解する煩惱を除去するためである．つまり前者が除去する對象はあくまでも後者の煩惱であって，假名と實法とを正しく理解する智慧を除去することはない．[29] したがって，空を正しく理解する智慧が有を正しく理解する智慧にはたらきかけることはないので，「空心滅」において空を正しく理解する心が滅しても，有を正しく理解する心が滅することはない．

29）『成實論章』の原文「惑非空解，不斷乘勢義」が難讀だが，ひとまずこのように理解する．

次に講說者は滅盡定について，そもそも滅盡定とは修行者があらゆる心のはたらきを消しさって無心の境地に入るための方法であり，煩惱を除去する手段ではない，と規定する．この規定によれば，『成實論』「滅盡定品」が「滅盡定に入ることによって有を認識する心と空を認識する心との兩方が消滅する」と說くのは，單に「滅盡定に入ればすべての認識作用が消滅する」という事實を述べているにすぎず，「滅盡定によって有と空とを誤って理解する煩惱を除去することができる」と主張しているわけではない．

ただし講說者のこの滅盡定についての解釋は『成實論』「滅盡定品」の所說と煩惱との對應關係を否定しただけであり，質問者の「修行者は滅盡定に入ることによって，空を正しく理解する心だけでなく，有を正しく理解する心をも滅するはずである」という疑義には十分に答えていないように思われる．[30]

上述のとおり，『成實論章』は『成實論』の「三心滅」思想を敷衍して，衆生のあらゆる認識作用を煩惱である三つの心と智慧である三つの心とに區別した．

煩惱である三つの心とは假名·實法·空を誤って理解する心であり，そのうち空を誤って理解する心は具體的な內容のない概念であった．

一方，智慧である三つの心とは假名·實法·空を正しく理解する心であり，有（假名と實法）を正しく理解する心と空を正しく理解する心とがいずれも具體的な認識內容を持っている．特に「空心滅」において空を正しく理解する心がなくなったとしても引き續き作用するという有を正しく理解する心は，ある意味，空を正しく理解する智慧よりもさらに重要な役割

30) 阿毘達磨の論理によれば，修行者が滅盡定と無餘涅槃に入っても有を正しく理解する智慧はなくならない，ということはありえない．特に無餘涅槃に入った後でも，まだ有を正しく理解する智慧が殘っているとしたら，その修行者は必ずもう一度，轉生し，認識活動を始めなければならない．そうであるとしたら，ここでいう無餘涅槃とは本當の無餘涅槃ではなく，二乘の還生を許容する有餘涅槃であるということになる．

を果たす智慧であるということができる.

ここで注目されるのは『成實論章』の次の問答である (第一項「身見」の第五問答).

質問. ……〔そもそも衆生が〕智慧である心を起こすのは, 空 (眞諦)〔を正しく理解すること〕から始めて, 有 (俗諦)〔を正しく理解すること〕へと到達するのです. したがって, 根本的なもの (空を正しく理解すること) が派生的なもの (有を正しく理解すること) を包括する〔ことができる〕としたら, 有を照見する智は空心 (空を正しく理解する心) であるということになります.

回答. ……有〔を照見する〕智は空を認識する作用を起こすことはなく, ひたすら有の觀察を行うのであり,〔觀察する〕對象 (有爲法) も必ず存在する.[31]〔たしかに〕空を正しく理解することは〔智慧である心を起こすための〕根本であるが, 有〔を照見する〕智は空心ではないのである.[32]

質問者はここで, 智慧である心はまず空を理解することによって獲得され (根本), その後さらに有を理解することへと進む (派生), という空から有への進展を前提としたうえで, 空を理解する智慧と有を理解する智慧とが本末の關係にあるとしたら, 兩者は同一の智慧であって區別することはできないのではないかと疑義を呈している.[33]

これに對し講說者は, 空から有への進展という前提は承認したうえで,

---

31) 空心が觀察する對象は空性という眞理なので, 存在しないとみなすこともできる.

32)『成實論章』(S.2463, 67-70): "問曰. ……解心之生, 始空終有. 而照有之智, 以本攝末, 應是空心也. 答曰. ……有中之智不作緣空之意, 正作有觀, 境亦不無. 雖復以空解爲本, 有中之智非空心也."

33) 本稿第一節で確認したように, 智慧である三つの心のうち根本的なものは空を正しく理解する心であり, 空を正しく理解して初めて有を正しく理解することができる.

空を理解する智慧が觀察する對象は空性（無爲法）であり，有を理解する智慧が觀察する對象は假名と實法と（有爲法）であるので，兩者を同一視することはできないと回答する．

この問答から明らかなように，『成實論章』はたしかに空から有への轉換を主張している．つまり『成實論章』において空を正しく理解する智慧は，滅盡定（有餘涅槃）もしくは無餘涅槃に入って認識主體が消滅する（自利）ことに直結するのではなく，むしろ空の悟りにもとづいて有を正しく認識する（利他）ことに重點があると考えられる．

このように理解できるとすれば，『成實論章』が『成實論』の三つの心を六つの心に擴張した理由は，まさに空を正しく理解する智慧が有を正しく理解する智慧へと轉換するという大乘的な構造を確立するためであったという推論が成りたつ．

ただし『成實論章』自身が認めるように，『成實論』はあくまでも小乘の阿毘達磨論書である．したがって，『成實論』を大乘的に解釋しようと努力すればするほど，逆に『成實論』の限界性が自覺されていったのではないだろうか．[34]

34）『成實論章』（S.2463, 673-675）: "問曰．若眞俗之理，以包爲廣者，談眞俗之言，是滿教以不．答曰．依小乘之教，眞俗二理旣是其廣，談廣之言亦是滿教．但以未明常住故，雙林之唱，以昔半字耳．"

結語

本稿の考察結果をまとめると次のとおりである.

1. 三心と六心

『成實論章』は,『成實論』が説く假名心·實法心·空心という三つの心を敷衍して, 六つの心に細分する. 六つの心とは, 假名·實法·空を誤って理解する三つの煩惱と, 假名·實法·空を正しく理解する三つの智慧とである.

三つの煩惱のうち, 根本的な煩惱は俗諦つまり假名と實法とを誤って理解する二つの心であり, 衆生は俗諦を正しく理解することができないので, 眞諦つまり空を正しく理解することもできない.

三つの智慧のうち, 根本的な智慧は眞諦つまり空を正しく理解する心であり, 衆生はまず空を正しく理解して, 初めて俗諦つまり假名と實法とを正しく理解することができる.

このように三つの心を六つの心に細分するのは, 現存文獻による限り,『成實論章』にしかみられない特殊な說である.

2. 假名心滅と實法心滅

『成實論章』は, 假名と實法とを誤って理解する心を滅する具體的な方法について, 二つの解釋を提示する.

第一の解釋は『成實論』にもとづくものであり, 修行者はまず聞慧および思慧によって衆生 (假名) が空であることを觀察し, 假名 (衆生) を實體とみなす煩惱を滅する. 次に修慧によって諸法 (實法) が空であることを觀察し, 實法 (五陰) を實體とみなす煩惱を滅する. なお思慧は修慧の預備段階でもあり，不充分ではあるが諸法が空であることを觀察することができる.

第二の解釋は『成實論章』が主張する說であり，修行者は聞慧·思慧·修慧という三つの智慧によって衆生と諸法とが空であることを觀察し，假名と實法とを實體とみなす煩惱を滅する.

この二つの解釋は慧遠『大乘義章』「三慧義」にも見いだされるが,『成實論章』が二つの解釋を等しく肯定するのに對し，慧遠は第一の解釋を否定し，第二の解釋こそ正義であると主張する. この事實は,『成實論章』が慧遠『大乘義章』に先行することを示唆する.

3. 空心滅

『成實論』は，修行者が滅盡定 (有餘涅槃) もしくは無餘涅槃に入れば，空を認識する心と有 (假名と實法) を認識する心との兩方が消滅し，完全なる寂靜の境地が實現すると說く. これは自利を究極とする小乘の立場である.

一方,『成實論章』は，修行者が滅盡定に入れば，空を正しく理解する心は消滅するが，有を正しく理解する心は消滅しないと主張する. この『成實論章』の解釋は，空性を悟ることによってあらゆる現象 (有) の眞實のすがた (緣起) を正しく理解し，それをもとに衆生濟度の利他事業を實踐するという大乘的な見地にもとづくと考えられる.

略號および一次文獻 ABBREVIATIONS AND PRIMARY SOURCES

DBZ NANJŌ, Bunyū(南條文雄) ed.,『大日本佛教全書』[*The Complete Collection of Japanese Buddhist Writings*], 161 vols., Tokyo: 佛書刊行會 (Bussho Kankōkai), 1912-1922.

S STEIN, Marc Aurel (1862-1943) collection, Chinese Dunhuang Fragments in the British Library.

T TAKAKUSU, Junjirō(高楠順次郎) and WATANABE, Kaikyoku (渡邊海旭) ed.,『大正新脩大藏經』[*New Edition of the Entire Collection of Sutras Compiled During the TaishōReign Period*], 100 vols., Tokyo: 大正新脩大藏經刊行會 (Taishō Sinshū Daizōkyō Kankōkai), 1924-1934.

地論集成 Geumgang Center for Buddhist Studies ed.,『藏外地論宗文獻集成』[*The Collected Works of the Dilun School from Dunhuang Fragments*], Seoul: CIR, 2012.

訶梨跋摩 『成實論』T1646.

淨影寺慧遠 『大般涅槃經義記』T1764.

淨影寺慧遠 『大乘義章』T1851.

S.2463 『成實論章』(擬題).

二次文獻 SECONDARY LITERATURE

ARAMAKI, Noritoshi (荒牧典俊). 2000.「北朝後半期佛教思想史序説」[*"Preface to the History of Buddhist Thought in the Latter Half of Northern Dynasty"], ibid. ed.,『北朝隋唐 中國佛教思想史』[*The History of Chinese Buddhism from the Era of Northern Dynasty to Sui-Tang Period*], Kyoto: 法藏館 (Hōzōkan).

FUKUDA, Takumi (福田琢). 2000.「『成實論』の學派系統」[*"A Sectarian

Roots of the *Chengshi lun*"], ARAMAKI, Noritoshi (荒牧典俊) ed., 『北朝隋唐 中國佛教思想史』 [**The History of Chinese Buddhism from the Era of Northern Dynasty to Sui-Tang Period*], Kyoto: 法藏館 (Hōzōkan), 539-564.

FUKUHARA, Ryōgon (福原亮嚴). 1969. 『成實論の研究』 (*A Study on Jōjitsu Ron*), Kyoto: 永田文昌堂 (Nagata Bunshōdō).

IKEDA, Masanori (池田將則).

2014a. 「天津市藝術博物館舊藏敦煌文獻『成實論疏』(擬題, 津藝 024) と杏雨書屋所藏敦煌文獻『誠實論義記』卷第四 (羽 182)」 [*"The Dunhuang Manuscript *Chengshi lun shu* 成實論疏 (*jinyi* 津藝 024) Ordinaly Belonged to the Tianjin 天津 Art Museum and the Dunhuang Manuscript *Chengshi lun yiji* 誠實論義記 Fascicle 4 (*hane* 羽 182) Belonging to the Kyō'u 杏雨 Library"], 『杏雨』 (*Kyō'u*) vol. 17, 9-228.

2014b. 「國立臺灣圖書館所藏敦煌文獻『成實論義記』卷中 (臺北 131) について (一)」 ["On the Dunhuang Manuscript *Chengshi lun yiji* Fascicle 2 『成實論義記』卷中 (*taibei* 臺北 131) Belonging to the National Taiwan Library (I)"], 『淨土學研究』 (*Journal of the Pure Land Buddhism Studies*) vol. 21, 273-315.

2014c. 「國立臺灣圖書館所藏敦煌文獻『成實論義記』卷中 (臺北 131) 翻刻」 [*"A Text of the Dunhuang Manuscript *Chengshi lun yiji* Fascicle 2 『成實論義記』卷中 (*taibei* 臺北 131) Belonging to the National Taiwan Library"], 『佛教學レビュー (불교학리뷰)』 (*Critical Review for Buddhist Studies*) vol. 15, 299-356.

2015. 「國立臺灣圖書館所藏敦煌文獻『成實論義記』卷中 (臺北 131) について (二)」 ["On the Dunhuang Manuscript *Chengshi lun yiji* Fascicle 2 『成實論義記』卷中 (*taibei* 臺北 131) Belonging to the National Taiwan Library (II)"], 『東アジア佛教文化 (동아시아불교문화)』 (*Eastern-Asia Buddhist Culture*) vol. 22, 425-469.

2017. 「敦煌出土 地論宗教理集成文獻スタイン六一三V 第二一章「經辨五住地煩惱義」にみられるアビダルマ教理について」 [*"On the Abhidharma Doctrines Found in the 21st Chapter of the Dunhuang Manuscript

Stein 613 Verso of the Dilun School, '*Jingbian wuzhudi fannao yi*"], 『地論宗の研究』 [**A Study of the Dilun School*], Tokyo: 國書刊行會 (Kokusho Kankōkai), 323-356.

2022.「敦煌寫本スタイン2463『成實論章』校譯 (一) ― 四諦」["A Critical Edition and Translation of the Dunhuang Manuscript Stein 2463 *Chengshi lun zhang* (成實論章) (I): The Four Truths"],『佛敎學硏究 (불교학연구)』(*Korea Journal of Buddhist Studies*) vol. 72, 177-235.

MIYASHITA, Seiki (宮下晴輝). 2000.「『成實論』と説一切有部の教義學」 [*"*Chengshi lun* and the Religious Doctrines of Sarvāstivādin"], ARAMAKI, Noritoshi (荒牧典俊) ed.,『北朝隋唐 中國佛教思想史』[**The History of Chinese Buddhism from the Era of Northern Dynasty to Sui-Tang Period*], Kyoto: 法藏館 (Hōzōkan), 505-538.

【한글 요약문】

중국 남북조시대의 전반, 즉 유송(劉宋), 남제(南齊), 양(梁) 그리고 북위(北魏)에서 하리발마(訶梨跋摩, 4세기) 찬·구마라집(鳩摩羅什, 344?-413?) 역 『성실론(成實論)』의 연구가 성행했다는 것은 중국 아비달마 사상사의 가장 큰 특징 중 하나이다. 다만 당시 문헌이 대부분 산실되었다는 자료적 제약으로 인해 이 시기 『성실론』 연구의 실태는 아직 해명되지 않은 부분이 많다.

이러한 상황에서, 전세기 초엽 돈황과 투르판에서 발견된 여덟 점의 『성실론』 주석서 잔권(殘卷)은 주목할 만하다. 본고에서는 이 여덟 점의 잔권 중에서 스타인(Stein) 2463 『성실론장(成實論章)』(가제, 『성실론』에 대한 장[章] 형식 주석서)을 연구대상으로 삼아, 이 문헌에 나타난 삼심멸(三心滅) 사상의 특징을 밝히고자 한다. 본고의 고찰결과는 다음과 같다.

1. 삼심(三心)과 육심(六心)

삼심멸이란 가명심(假名心)·실법심(實法心)·공심(空心) 등 세 가지 마음이 소멸함을 가리킨다.

그 중 가명심(가명 즉 중생이 불변의 실체[實體]로 존재한다고 잘못 이해하는 마음)과 실법심(실법 즉 오음[五陰]이 불변의 실체로 존재한다고 잘못 이해하는 마음) 두 가지는 번뇌이며, 수행자가 공심(가명도 실법도 불변의 실체로서는 존재하지 않다는 공성 진리를 바르게 이해하는 마음)을 얻으면 바로 소멸된다.

또 공심은 공성을 깨닫는 지혜인데, 이 지혜도 수행자가 멸진정(滅盡定, 즉 유여열반[有餘涅槃]) 혹은 무여열반(無餘涅槃)에 들어가면 소멸된다.

『성실론장』은 『성실론』이 설한 이 세 가지 마음을 부연하여 여섯 가지 마음으로 세분한다. 여섯 가지 마음이란 가명·실법·공을 잘못 이해하는 세 가지 번뇌와 가명·실법·공을 바르게 이해하는 세 가지 지혜이다.

2. 가명심멸(假名心滅)과 실법심멸(實法心滅)

『성실론』에 의하면 수행자는 우선 문혜(聞慧)와 사혜(思慧)로 중생(가명)이 공임을 관찰하여 가명심을 없애고, 그 다음에 수혜(修慧)로 제법(실법)이 공임을 관찰하여 실법심을 없앤다.

『성실론장』은 『성실론』의 이 설에 더하고 다시 하나의 해석을 주장한다. 즉 수행자는 문혜·사혜·수혜 등 세 가지 지혜로 중생과 제법이 모두 공임을 관찰하여 가명심과 실법심을 없앤다.

3. 공심멸(空心滅)

『성실론』에 의하면, 수행자가 멸진정(유여열반) 혹은 무여열반에 들어가면 공을 인식하는 마음과 유(가명과 실법)를 인식하는 마음 둘 다 소멸되어 완전한 적정(寂靜) 경지가 이루어진다. 이것은 자리를 중시하는 소승의 입장을 나타낸다.

한편, 『성실론장』은 수행자가 멸진정에 들어가면 공을 바르게 이해하는 마음이 소멸될 뿐 유를 바르게 이해하는 마음은 소멸되지 않는다고 주장한다. 이것은 공성을 깨달음으로 인해 연기를 바르게 이해하고, 그것을 바탕으로 이타를 실천함을 중시하는 대승의 입장을 나타낸 것이다.

텍스트 전승의 불일치와 명상수행의 변용 :
영국국립도서관 소장 돈황 출토 티벳어 사본 IOL Tib J 648을 중심으로

차상엽
(경북대학교 인문학술원 동서사상연구소 전임연구원)

1. 서론

티벳의 역사서와 철학문헌 등에서는 8세기 말에 인도불교와 중국불교를 대표하는 까말라씰라(Kamalaśīla, 蓮華戒 740-795년경)와 和尙 摩訶衍(8세기 후반 활동) 사이에 벌어진 쌈얘(bSam yas) 사원의 논쟁이 용수(龍樹, Nāgārjuna, 150-250년경)의 견해를 근간으로 삼고 있는 인도불교 측의 승리로 끝났으며, 이후에 티쏭데짼(Khri srong lde brtsan, 742-797 재위 755-797) 왕이 티벳에서 인도불교 전통을 국교로 공식 채택하였다고 기술한다.[1)]

---

* 본 논문은 2024년 8월 2일과 3일 양일간 경북대학교 인문한국진흥관에서 개최된 국제학술대회 Yoga and Meditation in India, East Asia, and Tibet에서 영문으로 발표한 "Remarks on the Dunhuang Tibetan Manuscripts of Kamalaśīla's *First Bhāvanākrama* (Stages of Meditation)"의 내용을 한글로 옮긴 것입니다. 또한『동서인문』24집에 수록된 논문을 일부 수정한 것임을 밝힙니다. 그리고 이 논문을 작성하는데 아낌없는 제언을 해주신 방정란 선생님께 감사드립니다.

1) 티벳 논쟁과 관련해서는 수많은 연구 성과들이 있다. 대표적인 연구 업적으로는 Eugene Obermiller tr., *The History of Buddhism in India and Tibet* (Delhi : Sri Satguru Publications, 1932); idem, "A Sanskrit Ms. from Tibet-Kamalaśīla's *Bhāvanākrama*," *The Journal of the Greater Indi*

이 논쟁과 관련한 역사적 사실 여부나 세부사항의 진위 여부를 떠나,[2] 이 기록들은 인도불교와 漸修論을 주창하는 무리들과 중국 선불교와 頓悟論을 주창하는 또 다른 한편의 무리들 사이에 있었던 정치적 투쟁에서 인도불교를 주장하는 무리들이 이겼음을 의미한다.[3]

본고에서는 후대의 티벳 역사가와 사상가들에 의해 쌈얘 논쟁

---

an Society, 2.1 (1935), 1-11; *Paul Demiéville, Le concile de Lhasa: une controverse sur le quiétisme entre bouddhistes de l'Inde et de la Chine au VIIIe siècle de l'ère chrétienne*, Bibliothèque de l'Institut des Hautes Études Chinoises, vol. Ⅶ (Paris : Imprimerie Nationale de France, 1952); Giuseppe Tucci, *Minor Buddhist Texts Part II: First Bhāvanākrama of Kamalaśīla. Sanskrit and Tibetan Texts with Introduction and English Summary* (Roma : Is. M. E. O., 1958); Yoshiro Imaeda, "Documents tibétains de Touen-houang concernant le concile du Tibet," *Journal Asiatique*, 263 (1975), 125-146; 山口瑞鳳, 「吐蕃王国仏教史年代考」『成田山仏教研究所紀要』3 (1978), 1-52; David Seyfort Ruegg, *Buddha-Nature, Mind and the Problem of Gradualism in a Comparative Perspective on the Transmission and Reception of Buddhism in India and Tibet* (London : School of Oriental and African Studies, 1989); 上山大峻, 『敦煌佛教の研究』 (京都: 法藏館, 1990) 등이 있다. 이 논쟁과 관련한 구미 및 일본의 연구사를 이해하기 위해서는 차상엽, 「8세기 말 쌈얘 논쟁, 연구의 현황과 과제」『인도·티벳 문헌의 수행론』(서울: 다르샤나 출판사, 2022), 249-272를 참조하기 바란다.

2) 티벳 논쟁과 관련해서 까말라씰라의 티벳 입국이 실제로는 행해지지 않았으며, 어디까지나 티벳 전승에 지나지 않는다고 주장하는 학자로 Yoshiro Imaeda (ibid.)가 있다. 그리고 『명상수행의 점진적 단계』 마지막 편에서 비판하는 논적의 가르침이 화상 마하연이 주창한 '돈오'의 가르침을 전적으로 비판하고 있다는 전통적 입장에 대해 재고의 여지가 있음을 고찰한 논문인 차상엽, 「티벳 논쟁으로서 쌈얘 논쟁의 비판적 검토」『불교학연구』 75 (불교학연구회, 2013), 57-98을 참고. 차상엽은 구미 및 일본학자들이 '쌈얘 논쟁(쌈얘쬐빠 bsam yas rtsod pa)'을 '792년과 794년에 벌어진 논쟁'으로 한정하는 견해와 달리 '792-794년 그리고 794-822년 사이'에 쌈얘 사원으로만 한정되지 않고, '티벳 내에서 광범위하게 이루어진 논쟁', 즉 '티벳 논쟁(뵈쬐빠 Bod rtsod pa)'으로 정정해서 불러야 한다고 주장한다. '쌈얘 논쟁'이 아닌 '티벳 논쟁'으로 명명함에 대한 최초의 논의로는 Paul Demiéville, "Deux documents de Touen-houang sur le Dhyana chinois,"『塚本博士頌壽記念佛教史學論集』(京都 : 塚本博士頌壽記念會, 1961)이 있다.

3) 인도불교의 가르침을 따르는 무리와 중국 선불교의 가르침을 추종하는 무리 사

(bSam yas debate)에서 논적을 논파한 이후 티벳 왕의 요청으로 까말라씰라가 저작했다고 전해지는[4] 『명상수행의 점진적 단계』 첫 번째 편(Bhāvanākrama, 『修習次第』)의 산스크리트어 교정본(edition)[5]과 현재 영국국립도서관(British Library)에 소장된 돈황 막고굴 출토 티벳어 필사본

이에 벌어진 논쟁들이 정치권력의 재편과 밀접한 연관성이 있음을 설득력 있게 보여준 선행 연구로는 Hugh Richardson, *High Peaks, Pure Earth: Collected Writings on Tibetan History and Culture, edited with an Introduction by M. Aris* (London : Serindia Publications, 1998), 203-206과 차상엽, 바로 위의 논문, 66-70이 있다.

4) 필자가 티벳 역사서들을 역사적 층위를 나누어 검토한 결과에 의하면, 11세기 혹은 10-13세기 어느 때에 기록된 것으로 추정되는 현존하는 최초의 티벳 역사서인 『바의 진술/증언』(바셰 dBa' bzhed 24v2-31v6)에서는 이 논쟁에서 승리한 이후 티벳 왕의 요청으로 까말라씰라가 『명상수행의 점진적 단계』를 지었다는 내용이 전혀 등장하지 않는다. 14세기에 작성된 것으로 보이는 『바의 진술/증언』(sBa bzhed 63.5-10)에 이르러서 까말라씰라가 왕의 요청으로 청문과 사유 그리고 명상수행을 통해 일어나는 3가지 반야를 통해 모든 존재/현상(法, dharma)에는 경험하는 지속적인 자아가 없음, 즉 '무아(無我, anātman)'를 결정하는 내용을 밝힌 『명상수행의 점진적 단계』를 저작하게 되었다는 내용이 비로소 기술된다. 이후 『지자들의 향연』(캐빠가뙨 mKhas pa'i dga' ston Ja.119v2-5) 등에서는 『바의 진술/증언』(sBa bzhed)의 기술을 그대로 계승하고 확대 재생산해서 현재까지 하나의 역사적 사실로 전승되어 온 것처럼 보인다. 그리고 14세기(1323년)에 티벳의 석학 부뙨 린첸둡(Bu ston Rin chen grub, 1290-1364)이 쓴 인도 및 티벳의 불교사인 『부뙨 불교사』에서도 왕의 요청으로 까말라씰라가 『명상수행의 점진적 단계』를 저작하게 되었다는 내용은 전혀 등장하지 않는다는 점(Eugene Obermiller, op.cit., 195ff.)에 유의해야 한다. 흥미로운 점은 중국의 영향을 받아 역사(史)-물론 역사(history)라는 개념의 등장은 서양의 영향을 받은 근대에 이르러서이다-라는 개념이 티벳에 등장하기 이전에 티벳에서는 이 역사의 개념을 최초에 '셰(bzhed)', 즉 '진술/증언하다' 혹은 '말/이야기하다'라는 의미로 사용하고 있음에 주목할 필요가 있다. '셰'란 목격자 혹은 그 무리에 속하는 제3자 혹은 제3자의 무리들이 취사선택한 어떤 역사적 현장과 관련된 사건(event)을 기억(memory)에 의거해서 전승되어 내려져 오고 있다가, 후대의 어느 때에 이르러서 실타래가 얽히고설킨 그 전승된 기억의 편린들을 짜맞추면서 이야기하듯이 진술하는 것을 의미한다. 티벳인의 역사 개념에 대한 정의 및 그 전개에 대해서는 추후에 별도의 지면을 통해 논의하고자 한다.

5) Giuseppe Tucci, op.cit., 185-229. 쥬세뻬 뚜찌의 교정본은 1930년대에

(IOL Tib J 648)[6], 『影印 北京版 西藏大藏經(Q5310)』·『영인 데르게(sDe dge)판 서장대장경(D3915)』·『영인 나르탕(sNar thang)판 서장대장경(N3301)』·『영인 쪼네(Co ne)판 서장대장경(C dbu ma, ki)』·『영인 금사(Golden)판 서장대장경(G3309)』 등 影印本 티벳대장경 그리고 『대정신수대장경』에 수록된 施護(Dānapāla, ?-1017)가 1009년에 번역한 한문번역본 『廣釋菩提心論』(이하 T)을 상호 비교해서 독법 상 차이가 나는 귀경게와 저작목적으로 시작하는 도입부분과 함께 일승(一乘, ekayāna)과 관련된 E^T와 E^N의 산스크리트어 교정본에 대한 재구성 및 연민(悲)과 관련한 명상수행의 변천을 소개하고, 그러한 변천의 차이점이 어떤 의미를 지니는지에 대해

Rāhula Sāṅkṛityāyana와 함께 티벳의 뾔캉(sPos khang) 사원에서 발견한 『명상수행의 점진적 단계』 산스크리트어 필사본을 최초로 옮겨 적으면서 비판적으로 논의를 진행하고 있다는 점에서 큰 의미가 있다. 그리고 Gyaltsen Namdol, *Bhāvanākramaḥ of Ācārya Kamalaśīla* (*Tibetan Version, Sanskrit Restoration and Hindi Translation*), *Bibliotheca Indo-Tibetica Series IX* (Sarnath : Central Institute of Higher Tibetan Studies, 1985. Second edition 1997), 165-200도 참조. 본고에서는 Giuseppe Tucci의 교정본을 E^T, Gyaltsen Namdol의 교정본을 E^N으로 표기한다. 현재 서구 및 일본의 인도·티벳학 연구자들은 주로 투찌와 갤첸 남될의 산스크리트어 및 티벳어 교정본을 토대로 까말라씰라의 『명상수행의 점진적 단계』와 관련한 논의를 진행하고 있는 실정이다. 이와 관련한 대표적 업적으로는 Martin T. Adam, "Meditation and the Concept of Insight in Kamalasila's Bhāvanākrama,"(PhD diss., McGill University Libraries, 2002)과 一郷正道·小澤千晶·太田蕗子, 『瑜伽行中観派の修道論の解明-『修習次第』の研究』, 科学研究費補助金(基盤研究C)研究成果報告書(2011) 등을 열거할 수 있다. 이외에도 무수한 연구업적들이 E^T와 E^N을 토대로 한다.

6) Louis de La Vallée Poussin, *Catalogue of the Tibetan Manuscripts From Tun-huang in the India Office Library* (London : Published for the Commonwealth Relations Office [by] Oxford University Press, 1962), 206b-207b. 이 목록에는 IOL Tib J 648의 서지 사항이 간략히 언급되고 있다. 이 자리를 빌어서 이 사본의 디지털 이미지를 제공해준 영국국립도서관의 Cerys Savinkina 선생에게 감사드린다. 이메일로 최근 이 사본의 이미지를 본 논문에 수록하는 것이 가능한지에 대해 문의를 하였지만, 불가능하다는 답변을 받았다. 안타깝지만 사본 이미지를 수록하는 것은 다음 기회로 미룰 수밖에 없게 되었음을 밝힌다.

고찰하고자 한다. 특히 본고에서는 현존하는『명상수행의 점진적 단계』 중 아직 학계에 온전히 소개되지 않은 영국국립도서관에 소장된 돈황 필사본 IOL Tib J 648을 중심으로 이 사본이 지니고 있는 가치와 중요성을 논의하고자 한다.[7)]

2. IOL Tib J 648이 지니는 티벳 역경사적 의미

티벳 역경사에서 주목할 만한 점은 인도 산스크리트어를 티벳어로 번역하는 사업을 진행할 때, 번역어휘를 통일하는 작업을 국가 주도로 3차례 가량 시도했다는 것이다. 이를 '새로운 어휘표제어의 결정(깨싸르째 skad gsar bcad)'이라 부른다.

먼저 763년에 작성된『번역어휘 小목록』(Svalpavyutpatti)은 그 이전의 번역어휘와 관련한 원형을 기반으로 구성하였고, 이후『번역어휘 소목록』이『번역어휘 大목록』(飜譯名義大集, Mahāvyutpatti, 이하 Mvy)으로 아우러지고, 783년에 이들 어휘집 속에 있는 난해한 번역어를 해설한『번역어 해석집 2권』(二卷本譯語釋, 다조르밤뽀니빠 sGra sbyor bam po gnyis pa, 이하 GBny)이 작성되었으며, 마침내 814년의 세 번째 칙령(깨째 bkas bcad) 문서를 통해 목록이 더 확충되어 정비되었다는 것이 크리스티나

7) 돈황본『명상수행의 점진적 단계』에 대한 간략한 선행 연구로는 原田覺,「"Mahavyut-patti"の成立事情」『日本西蔵学会会報』25, 11-12; 斎藤明,「中観系資料」『講座敦煌6 敦煌胡語文献』(東京: 大東出版社, 1985), 335-341 등이 있다. 하지만 그들의 연구는 고대 번역어휘의 용례를 신역과 대비해서 약술할 뿐이다. 몇 가지 번역어휘의 제시 이외에 보다 심도 있는 연구를 더 이상 진행하지 못한 이유로는 돈황 필사본이 기존의 티벳어 문법이나 철자법 등과 적지 않은 차이가 나고, 문헌의 앞뒤 내용이 무질서하게 엉켜있는 경우도 빈번하고, 내용을 전개하다가 결락이 갑자기 나타나는 등의 난제가 사본 곳곳에 등장하기 때문이다. IOL Tib J 648에 대한 선행연구로는 차상엽,「돈황 출토 티벳어 사본『수습차제』IOL Tib J 648에 대한 예비적 고찰」『요가학연구』29 (한국요가학회, 2023), 49-82이 있다.

셰러-숍의 견해이다.[8]

그녀의 의견과 달리 야마구치 즈이호는 814년에 『번역어휘 대목록』과 『[난해한] 번역어 해석집 2권』이 작성된 것이라고 주장한다.[9] 양자의 입장 차이에도 불구하고 814년의 칙령 선포 이후 새로운 번역어휘가 정착되었다는 점은 공통적인 입장이다.

본고의 논의에서는 두 학자가 공통으로 하한선으로 삼고 있는 814년을 기준으로 삼고자 한다.

본장에서 중심적으로 살펴볼 현재 영국국립도서관에 소장된 돈황 출토 티벳어 필사본 IOL Tib J 648은 814년 이전의 舊譯을 반영하기 때문에, 고대 철자법의 특징과 오래된 번역어휘의 등장 그리고 번역문헌의 최초 도입구문에 나타나는 전형적 표현 등과 관련해서 新譯이전의 형태를 알 수 있는 자료를 제공하므로 티벳 역경사의 관점에서 중요한 의미를 지닌다.

먼저 『명상수행의 점진적 단계』의 도입부인 귀경게와 저작목적을 대조하면서 살펴보고자 한다.

<비명과 돈황 필사본을 轉寫할 때 사용하는 약호>[10]

$ 새로운 문헌의 시작을 알리는 익고(yig mgo)

(1r1) 1번째 folio 앞면(recto) 1번째 줄(folio and line number)

---

8) Cristina Scherrer-Schaub, "Enacting Words. A Diplomatic Analysis of the Imperial Decrees (*bkas bcad*) and their Application in the *sGra sbyor bam po gñis pa* Tradition," *Journal of the International Association of Buddhist Studies*, 30 (International Association of Buddhist Studies, 2002), 263-340.

9) 山口瑞鳳, 위의 논문, 12-18.

10) 고전 티벳어의 표기법과 관련해서는 Turrell Wylie, "A Standard System of Tibetan Transcription," *Harvard Journal of Asiatic studies*, 22 (1959), 261-267을 따른다. 하지만 돈황 필사본 및 티벳어 비명의 표기법과 관련한 사항은 Kazushi Iwao, Nathan Hill and Tsuguhito Takeuchi (eds.), *Old Tibetan Inscriptions*, Old Tibetan Documents Online Monograph Series, Vol. Ⅱ (Tokyo : Research Institute for Languages and Cultures of Asia and Africa, 2009), xviii-xix과 James B. Apple, "The Old Tibetan Ver-

(1v1) 1번째 folio 뒷면(verso) 1번째 줄(folio and line number)

: 쌍점(double tsheg)

I 거꾸로 된 모음 i (gi gu rlog)

⊕ 사본에 글자나 단어나 구절이 빠졌을 때, 필사자가 글자 상단부에 + 부호를 표기하고 아래 여백에 작은 글씨(yig chung)로 누락된 글자, 단어, 구문을 삽입할 때 사용한 부호

abc 아래 여백에 쓰인 글자, 단어, 구문

<표 1>『명상수행의 점진적 단계』의 도입부인 귀경게와 저작목적

IOL Tib J 648 (이하 A)	(1r1) ▫$: ‖ mdo: tsam: theg pa ched pho'i: ǀ ǀ mdo sde: dag gi: tshul: spyod pa' ǀ ǀ thog ma'I: las nas: kund: brtsams te ǀ ǀ bsgom ba'I: go rims bshad phar: bya' ‖ ǀ thams chad mkhyend: pa myur du: thob phar 'dod pas ǀ snying rje dang: byang chub gyi sems dang ǀ bsgrub pha'I: (1r2) gnas: gsum la: brtson bar bya'o ‖

sion of the Kāśyapaparivarta preserved in Fragments from Dunhuang (2)," 『創価大学国際仏教学高等研究所年報』21, 356이 있는데, 본고에서는 Kazushi Iwao와 James B. Apple의 표기법을 일부 수정 보완해서 사용한다. 예를 들면, 돈황 사본이나 비명에 드러나는 쌍점(:)을 그대로 표기해서 드러내고, 한 줄 세로선인 '칙쌔(chig bshad)'와 두 줄 세로선인 '니쌔(gnyis bshad)'의 경우에도 각각 '/'와 '//'가 아닌, 필사본과 비명 그대로 'ǀ'와 '‖'로 옮긴다. 이외에도 필자가 일부 수정한 본문의 약호를 통해 전사하고자 한다.

11) E^N 165.1-4. 『명상수행의 점진적 단계』의 귀경게와 저작 목적으로 시작하는 도입 구문은 현존하는 산스크리트어 필사본에는 결락된 상태이고, 걜쩬 남될이 티벳대장경에 수록된 내용(F)을 바탕으로 산스크리트어로 재구성하였다. E^T에서는 결락 부분에 대한 별도의 환범을 제시하지 않고 있다. E^T 187.1의 '...'이 결락 부분에 해당한다.

<table>
<tr>
<td>Gyaltsen Namdol
還梵[11]
(이하 B)</td>
<td>mahāyānasūtrāṇāṃ ya ādikarmikasya
caryāniyamaḥ |
tamadhikṛtya saṃkṣepād bhāvanākramastvabhidhīyate ‖

acireṇa sarvajñatāṃ prāptukāmaiḥ saṃkṣepataḥ karuṇā,
bodhicittam, pratipattiś ceti triṣu sthāneṣu prayatitavyam |</td>
</tr>
<tr>
<td>티벳대장경 수록
도입구문[12]
(이하 F)</td>
<td>$ ‖ slob dpon ka la ma shīlas mdzad pa'i bsgom[13] rim dang po'o ‖ [14] rgya gar skad du | bhāva na kra ma | bod skad du | bsgom[15] pa'i rim pa | [16] 'jam dpal gzhon nur gyur pa la phyag 'tshal lo ‖

theg pa chen po'i mdo sde yi ‖
tshul spyod las ni dang po pa ‖
de las brtsams[17] te bsgom[18] pa yi ‖
rim pa mdo tsam brjod par bya ‖

thams cad mkhyen pa nyid myur du thob par 'dod
pas mdor na
snying rje dang | byang chub kyi sems dang |
sgrub pa dang |
gnas 'di gsum la 'bad par bya'o ‖</td>
</tr>
</table>

12) Q22a3-5; D22a1-2; N22a2-4; C22a2-4; G31b1-2; E^T 229.7-16; E^N 1.1-9; E^P 65.1-6.

13) bsgom em. supported by IOL Tib J 648 D C] sgom Q N

14) slob dpon ka la ma shīlas mdzad pa'i bsgom rim dang po'o ‖ Q N] om. D C G E^T E^N E^P

15) bsgom D C E^T E^N E^P] sgom Q N G

16) | C D E^T E^N E^P] om. Q N G

17) brtsams Q D C G E^T E^N E^P] 'rtsams N

18) bsgom D C E^T E^N E^P] sgom Q N G

한역 『廣釋菩提心論』[19] (이하 T)	歸命三世一切佛 略集大乘諸法行 建立最初勝事業 我今廣釋菩提心 此中云何 若欲速證一切智者 總略標心住於三處 出生悲心 從悲發生大菩提心 所有最勝一切佛法 皆由悲心而爲根本 此悲所因爲觀衆生故

IOL Tib J 648에는 『영인 북경판 서장대장경』 등 후대의 영인본 티벳대장경에 전혀 등장하지 않는 음절분리기호 쌍점(첵니 tsheg gnyis)과 홑점인 첵(tsheg) 등이 혼용해서 사용되고 있으며, 이와 더불어 덧붙여진 da(다닥 da drag), ma에 밑글자로 덧붙인 ya(마야딱 ma ya btags), 뒷글자로 보조하는 'a(아뗀 'a rten), 거꾸로 된 모음 i(기구록 gi gu rlog) 등 고대 티벳 철자법의 특징들이 동시에 나타난다. 이러한 고대 철자법의 특징이 빈번하게 함께 사용되고 있기 때문에 이 필사본의 연대를 늦어도 9세기 초(814년 이전)로 추정할 수 있다.[20] 이러한 고대 티벳어 철자법의 특징들은 8세기에 건립된 쌈얘 사원의 石柱(쌈얘도링 bSam yas rdo rings) 등 고대 티벳의 碑銘[21] 등에 등장하기 때문에, 이 필사본(A)의 연대를 9세기 초 이전으로 추정할 수 있는 강력한 근거가 될 수 있다.

---

19) T1664.563a9-18.

20) 돈황 필사본(A)에 나타나는 티벳 고대 철자법 등의 외형적 특징에 대해서는 차상엽, 앞의 논문 (2023), 60-63도 있다.

21) 티벳의 역사적 사실을 기록한 자료들 중 하싸(lHa sa, 오늘날의 라싸) 지역의 쇨 石柱(쇨도링 Zhol rdo rings)와 쌈얘사원의 석주 등의 비문에는 쌍점(:)과 홑점(·), 덧붙여진 da, ma에 밑글자로 덧붙인 ya 등 본문에서 언급한 특징들이 온전히 드러난다(필자가 찍은 쌈얘 석주 사진을 참조). 고대 티벳제국의 석주에 대한 연구로는 Richardson, H. E., *A Corpus of Early Tibetan Inscriptions* (London : Royal Asiatic Society, 1985), 1-31이 있다.

<쌈애 석주(쌈애도링 bSam yas rdo rings)-사진(photo): 차상엽>

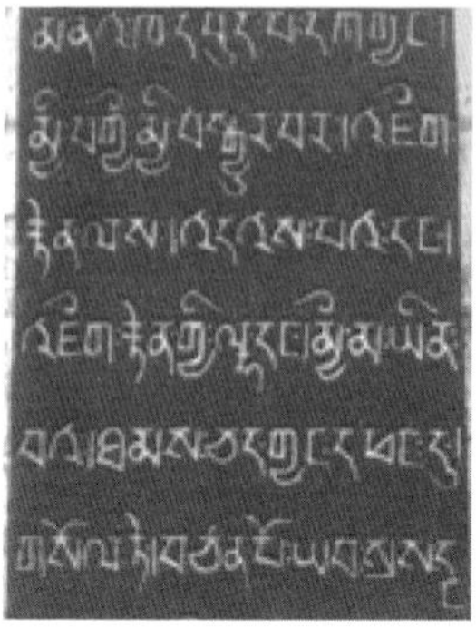

위 오른쪽 사진의 석주 轉寫: 아래의 아라비아 숫자는 석주의 줄(line)을 지시[22]

13, mna': kha: dbud: pa: dag: gyang: |

14, myi: bgyI: myi: bsgyur: bar: | 'jIg:

15, rten las: | 'da's: pa': dang |

16, 'jIg: rten gyi: lha dang | myI ma: yin:

17, ba': | thams: cad gyang: dphang: du |

18, gsol: te | btsan po: yab: sras: da*ng*

22) 이 오래된 석주에 보이는 특징 중의 하나가 음절 분리기호인 홑점(tsheg,·)과 쌍점(:) 그리고 중간점(·)이 동시에 사용되고 있다는 점이다. 15번째 줄의 제일 끝 글자인 'dang' 뒤에 '홑점'의 위치가 일반적인 티벳어 글자의 철자법처럼 오른쪽 상단에 위치하는 것이 아니라 중앙에 위치, 즉 중간점으로 사용되고 있다. 홑점의 위치가 중앙인 경우는 16번째와 17번째 줄의 'lha'와 'dang', 그리고 'cad'와 'du' 등의 뒤에도 나타난다. 홑점의 위치가 중앙에 놓인 것이 단지 장식을 위한 것인지, 아니면 다른 별도의 어떤 역할을 지니고 있는지에 대해 현재로서는 알 수 없다. 이러한 중간점의 사용은 하싸의 뽀딸라(Potala) 궁 앞에 위치한 쇨 석주에도 보이며, 현재 영국국립도서관에 소장된 돈황 필사본 IOL Tib J 170 등에도 나타나는 특징이다.

779 혹은 782년경 사이에 세워진[23] 이 오래된 석주에 '쌍점'과 '홑점인 첵(tsheg)'의 혼용, 'ma에 밑글자로 덧붙인 ya(마야딱 ma ya btags)', '뒷글자로 보조하는 'a(아뗀 'a rten)', '거꾸로 된 모음 i(기구록 gi gu rlog)' 등의 특징이 명료하게 나타난다.

쌈애 석주와 마찬가지로 IOL Tib J 648에도 동일한 고대 철자법의 특징들이 나타나기 때문에, 이 필사본의 연대가 9세기 초 이전이라 추정할 수 있는 근거가 된다.

<표 1>의 돈황 필사본(A)에는 고대 티벳어 철자법의 특징들 이외에도 번역어휘 등과 관련해서도 舊譯의 특징들이 보인다. 먼저 『명상수행의 점진적 단계』 중 가장 오래된 필사본(A)의 한글번역을 제시하고자 한다.

> 대승경전들에서 설하는 교리를
> 실천하는 초심자의 입장에서
> 모든 내용을 작성하였다네.
> 『명상수행의 점진적인 단계』(修習次第, bhāvanākrama)를 설명할 것이라네.
>
> 모든 방면을 꿰뚫은 상태를 신속히 얻고자 원하는 이는 연민(悲, karuṇā)과 깨달음을 추구하는 마음인 보리심(菩提心, bodhicitta)과 실질적인 수행(行, pratipatti)이라는 3가지 요점(處, sthāna)을 향해 노력해야 한다.

<표 1>의 산스크리트어본(B)의 '큰 수레/탈 것'을 의미하는 'mahāyāna(大乘)'를 9세기 초 이전의 돈황 필사본(A)에서는 '텍빠체포(theg pa ched pho)'로 번역한 흔적이 보인다. 현재 유통되고 있는 티벳어인 '텍빠첸뽀(theg

---

23) 쌈애 석주의 건립 연도 추정에 대해서는 Richardson, H. E., ibid., 26-27 참고. 쌈애 사원의 건립 연도에 대해 山口瑞鳳, 앞의 논문 (1978), 2-6은 775년에 定礎, 787년에 완공된 것으로 보고 있다.

pa chen po)'[24]가 정립되기 이전에 'theg pa ched po'라는 용어를 사용했음을 알 수 있다. 돈황 필사본(A)에서는 'theg pa ched po (1r1)'가 1차례, 'theg pa chen po:(1r7, 5r7, 5r8 등)'가 10차례 등장하는데, 이를 통해 'theg pa ched po'가 3차례 이루어진 '어휘 표제어의 결정'(깨싸르째 skad gsar bcad) 이후에 'theg pa chen po'로 정립된 것이 아니라, 'theg pa ched po'와 'theg pa chen po'가 혼용해서 사용되다가 빈번하게 사용되던 'theg pa chen po'로 후대에 정립된 것임을 알 수 있다.[25] 그리고 '초심자/초보자'라는 의미인 산스크리트어본(B)의 'ādikarmika'에 대한 번역어가 F처럼 'las dang po pa'[26]로 정착되기 이전에 돈황 필사본(A)에서는 'thog ma'I: las'로 사용한 흔적을 발견할 수 있다.

이외에도 〈표 1〉의 돈황 필사본(A)과 영인본 티벳대장경(F)를 비교해서 구역과 신역의 번역어휘를 대조하면 아래의 〈표 2〉와 같다.

<표 2> 도입구문에 나타난 번역어휘

구역: A(814년 이전 어휘)		신역: 북경판 티벳대장경(이하 Q)
theg pa ched pho	혼용	theg pa chen po
theg pa chen po:[27]		
thog ma'I: las		las dang po pa
kund: brtsams		de las brtsams

24) Mvy no.1250.

25) 현재 프랑스 국립도서관(Bibliothèque Nationale de France)에 소장된 돈황 필사본 Pelliot tibétain 116에는 'theg pa chen po'로 통일되고 있으며, 쌍점(:)의 흔적이 전혀 보이지 않는다. 이를 통해 돈황 필사본 중에서도 고대 철자법의 특징 등을 통해 필사본의 연도가 9세기 초 이전인지 그 이후인지를 추정할 수 있다. 결국 돈황 필사본 IOL Tib J 648는 Pelliot tibétain 116보다 이전에 작성된 사본임을 알 수 있다.

26) Mvy no. 9242. B에는 'las ni dang po pa'로 기술되고 있는데, 이때 'ni'는 4행의 시구 중 7음절로 이루어진 게송 운율을 맞추기 위해 삽입된 것이다.

27) 'theg pa chen po'의 경우, 쌍점이 들어가는 경우와 그렇지 않은 경우가 혼재해서 사용되고 있다.

bsgom ba'I: go rims	sgom pa'i rim pa
bshad phar: bya'	brjod par bya
thams chad mkhyend: pa	thams cad mkhyen pa nyid
thob phar 'dod pas	thob par 'dod pas
bsgrub pha	sgrub pa
brtson bar bya'o	'bad par bya'o

후대에 환범된 산스크리트어 'caryāniyamaḥ'라는 (B)의 복합어구문에 대해 돈황 필사본(A)에서는 '췰쬐빠(tshul: spyod pa')'라는 티벳어가 등장한다. 돈황 필사본(A)에 등장하는 'tshul: spyod pa''는 'nayacarya'에 대한 번역어인데, '교리(doctrine)'의 의미인 'naya'가 쌍점을 덧붙인 'tshul:'로,[28] '실천/행위'를 의미하는 'carya'가 'spyod pa'라는 티벳어로 번역된 것이다. 돈황 필사본(A)을 통해 'caryāniyamaḥ'라는 산스크리트어본을 '교리를 실천하는'이라는 의미의 'nayacarya'로 교정할 수 있다.[29] 현존하는 『명상수행의 점진적 단계』 중 가장 오래된 필사본이라 할 수 있는 돈황 필사본(A)을 통해 현재 유통되고 있는 산스크리트어본을 일정 부분이나마 교정할 수 있다는 점에서 돈황 필사본(A)이 지니는 의미는 적지 않다고 평가할 수 있다.

귀경게와 관련해서 좀 더 살펴보면, <표 1>의 A와 B와 F와 T사이에 차이가 난다. 돈황 필사본(A)에서는 후대에 영인된 티벳대장경에 나타나는 <표 1>의 F의 내용에 밑줄 친 구절이 등장하지 않는다.

---

28) 一郷正道(앞의 보고서, 2의 각주 4)는 티벳어 'tshul:'이 산스크리트어본 'naya'의 번역어에 해당한다는 점을 지적하고 있다.

29) <표 1>의 (B)에서 첫 번째와 두 번째 句(pāda)는 각 구가 8음절로 구성된 아누슈뚭(anuṣṭup)에서 음절을 초과하게 되는 현상이 일어나게 되는데, 게송 운율에 맞춰 수정할 필요성이 대두된다. 예를 들면 첫 번째 구를 아누슈뚭에 맞춰 'yo mahāyānasūtrāṇāṃ nayacaryādikarmikaḥ'나 'mahāyānasūtrāṇāṃ yo nayacaryādikarmikaḥ'로 재구성할 수 있다.

"스승 Kamalaśīla가 작성하신 『명상수행의 점진적 단계』 첫 번째 편 인도말로 '바바나끄라마(bhāvanakrama)', 티벳말로 '곰빠림빠(bsgom pa'i rim pa)'
문수사리왕자에게 귀의합니다."(<표 1>의 F의 밑줄 친 구절에 대한 한글번역)

F의 도입구문에서는 인도말로(갸가르깨두 rgya gar skad du|), 즉 산스크리트어로 경전명칭인 'bhāvanakrama'를 제시한 후, 티벳말로(뵈깨두 bod skad du|) 번역된 경전명칭인 '곰빠림빠(bsgom pa'i rim pa)' 즉 『명상수행의 점진적 단계』라는 텍스트 명칭이 등장한다. 고대문헌을 번역하는 경우, 시작부분에 "인도말로(갸가르깨두 rgya gar skad du|) ○○○○ 티벳말로(뵈깨두 bod skad du|)○○○○"로 출발하는 것이 전형적 표현인데, 이러한 표현은 왕의 칙령으로 결정된(깨째 bkas bcad) 『[난해한] 번역어 해석집 2권』 이후에 등장하는 전형적 구문이다.[30] 이 돈황 필사본(A)에는 바로 이러한 전형적 구문이 나타나지 않으므로, 이 사본(A)의 작성 연대가 늦어도 814년 이전에 성립된 것임을 다시 한 번 확인할 수 있다.[31]

번역문헌에 있어서 그 이전에 등장하지 않았던 전형적 구문, 즉 "인도말로"와 "티벳말로"라는 표현이 814년 이후에 등장하게 되는 것은 이 문헌이 티벳인의 저서가 아닌 의지하고 신뢰할 만한 인도의 정신적

30) GBny.3-8. 산스크리트어 문헌을 티벳어로 번역하는 경우의 번역 규칙에 대한 칙령(깨째 bkas bcad) 내용에 대한 설명으로는 4-7 참고.

31) 이에 반해 돈황 필사본 Pelliot tibétain 116. Plate 21.3-4의 경우에는 동아시아에서 대중적으로 유통된 『金剛般若經』(이하 『금강경』)을 필사해서 소개하고 있는데, 서두에 "인도말(rgya gar skad du|)로 a rya va jra che ti ka prad ña pa ra myI ta|ma ha ya na su tr'a|, 티벳말로(bod skad du|) 'phags pa shes rab kyI pha rol du (21.4) phyind pa‖rdo rje gcod pa theg pa chen po'i mdo‖"라는 『금강경』의 경전명칭을 읊조리며 시작한다. '인도말'과 '티벳말'로 『금강경』의 내용을 본격적으로 시작한다는 점에서 814년 이후에 작성된 필사본임을 알 수 있다. 필사본의 제작 연대와 관련해서 이러한 정형구적인 표현의 삽입여부가 작은 실마리가 될 수 있음을 알 수 있다.

스승(Skt. ācarya)이 저작한 저서이며, 인도말에서 티벳말로 공신력이 있게 번역된 것임을 밝히기 위한 것이다.[32)]

그리고 각주14에 나오는 저술자와 문헌명칭에서 알 수 있듯이, 현재 유통되고 있는 영인본 티벳대장경의 출발이라 할 수 있는 18세기 초(1717-1720년)의 『북경판 티벳대장경』(Q)과 그 이후인 1730-1732년 사이에 판각된 『나르탕판 티벳대장경』(N)에는 "스승 Kamalaśīla가 작성하신 『명상수행의 점진적 단계』 첫 번째 편($ ‖ slob dpon ka la ma shīlas mdzad pa'i bsgom rim dang po'o ‖ rgya gar skad du | bhāva na kra ma | bod skad du | bsgom pa'i rim pa | 'jam dpal gzhon nur gyur pa la phyag 'tshal lo ‖ [33)])"이라는 구절이 첫머리에 등장한다. 가장 오래된 돈황 필사본(A)과 『데르게판 티벳대장경』(D), 『쪼네판 티벳대장경』(C), 『금사판 티벳대장경』(G), 투찌의 티벳어 교정본(E^T), 갤쩬 남갤의 티벳어 교정본(E^N)과 뻬두르마 교정판(E^P)에는 이 구문이 전혀 등장하지 않는다는 점이 눈에 띠는 차이점이다.

흥미로운 점은 824년에 작성된 것으로 추정되는 가장 오래된 『댄까르마 목록』(까르착 댄까르마 dKar chag ldan dkar ma)의 내용이다.[34)]

---

32) 물론 예외의 경우도 있다. 싸꺄(Sa skya) 학파의 대학승인 싸꺄빤디따 뀐가갤챈(Sa skya paṇḍita, 1182-1251)은 자신이 저작한 『명료하게 밝힌 성자(=붓다)의 의도』(툽빠공빠랍뚜쌜와 *Thub pa'i dgongs pa rab tu gsal ba*)라는 문헌에서 "인도말로(rgya gar skad du)"와 "티벳말로(bod skad du)"를 삽입하고 있다. 이에 대해서는 ThGS 1v3-4 참조. 싸꺄빤디따가 중국 和尙 摩訶衍(8세기 후반 활동)의 선사상과 당시에 티벳에 유행하던 마하무드라(Mahāmudrā) 수행의 유사성을 논의하며 비판한 내용에 대해서는 차상엽, 「싸꺄빤디따(Sa skya paṇḍita)의 마하무드라(Mahāmudrā) 비판 -『붓다의 의도를 명료하게 밝힘(*Thub pa'i dgongs pa rab tu gsal ba*)』「반야바라밀」장을 중심으로-」『보조사상』 37 (보조사상연구원, 2012), 412-422이 있다.

33) 각 판본과 교정본의 차이에 대해서는 각주 13에서 18까지 참조.

34) 『댄까르마 목록』의 작성 연대와 관련한 다양한 논의에 대해서는 Shuki Yoshimura, *The Denkar-Ma, An Oldest Catalogue of the Tibetan Buddhist Canons* (Kyoto : Ryukoku University, 1950), 109-114 및 山口瑞鳳, 위의 논문, 18-20이 있다.

sgom pa'i rim pa rnam pa gsum |

slob dpon ka ma la shīlas mdzad pa |[35]

스승(Tib. slob dpon, Skt. ācarya) Kamalaśīla가 작성하신(mdzad pa) 『명상수행의 점진적 단계』(sgom pa'i rim pa) [첫 번째 편과 두 번째 편과 세 번째 편] 3가지(rnam pa gsum)

가장 오래된 돈황 필사본(A)에는 등장하지 않던 『명상수행의 점진적 단계』의 저자와 문헌 명칭이 『댄까르마 목록』이 작성된 824년 이후의 어느 때나 14세기의 『바의 진술/증언』(sBa bzhed 63.5-10) 이후에 널리 유포되어서 18세기 이후 Q와 N에 이르러서 티벳대장경에 수록되었다가, Q와 N의 티벳대장경 계통과 미세하게 차이가 나는 D와 C와 G에서는 저작자의 이름과 문헌명칭이 삽입되지 않고 있다. 티벳대장경 『論疏部』(bstan 'gyur)의 계통도와 연결되는 작은 실마리가 될지도 모른다. 즉, 『명상수행의 점진적 단계』라는 문헌과 관련해서 Q와 N이 DCG와는 대장경 계통 혹은 계보(stemma)가 미세하게 차이가 나는 하나의 흔적일 수도 있다.

F에는 '문수사리왕자에게 귀의합니다.('jam dpal gzhon nur gyur pa la phyag 'tshal lo ‖)'라는 구문이 등장하는데, 돈황 필사본(A)과 산스크리트 어본(B)에는 이 구문이 전혀 등장하지 않는다. F의 티벳어 번역을 참조해서 산스크리트어로 재구성한다면, 'namo mañjuśriye kumārabhūtāya' 정도의 문장이 될 것이다. 그런데 한역(T)에서는 '문수사리보살'에게 귀의하는 내용이 아니라, '과거·현재·미래 3세에 걸친 모든 붓다에게 귀명한다'고 번역하면서 귀경게에 이 내용을 포함시킨다.[36] T는 F의 경우처럼 귀의의 대상이 문수보살로만 한정되는 것이 아니라 3세의 모든 붓다에게 귀의한다는 점에서 차이가 난다. 또한 1009년에 施護(Dānapāla, ?-1017)

35) Shuki Yoshimura, ibid., 58의 no.607.

36) T1664.563a13-14.

가 한문으로 번역한 이 문헌의 도입구문에서 특히 두드러진 차이점은 A·B·F와 T의 제명이 다르다는 점이다.

A의 제명: bsgom ba'I: go rims ⇒ 명상수행의(bsgom ba'I:) 점진적 단계(go rims)

B의 제명: bhāvanākrama ⇒ 명상수행(bhāvanā)의 점진적 단계(krama)

F의 제명: bsgom pa'i rim pa ⇒ 명상수행의(bsgom pa'i) 점진적 단계(rim pa)

T의 제명: 廣釋菩提心[論] ⇒ 깨달음을 향한 마음, 즉 보리심을 자세하게 설명[한 논서]

A·B·F에 나타난 티벳어와 산스크리트어 제명을 가지고 한역으로 굳이 옮긴다면, 『修習(/修行)次第』 정도의 의미일지도 모른다. 하지만 T에서는 어떤 연유에서인지 제명에서 '명상수행의 점진적 단계/순서'라는 의미가 아닌 아래 인용문 중 귀경게의 밑줄 친 부분처럼 '보리심'을 전면에 부각시킨다.

귀경게

[과거·현재·미래] 3세의 모든 붓다에게 귀의합니다.

대승의 가르침들과 관련된 실천 행위를 간략히 모으는

수승한 첫 사업을 건립하기 위해

저는 이제 깨달음을 향한 마음인 보리심을 자세하게 설명(『廣釋菩提心論』)하고자 합니다.

저작목적[37]

이 논서에서 무엇을 말하고자 하는가. 만약에 모든 방면을 꿰뚫은

37) 본 인용문의 귀경게와 저작목적이라는 분류는 한역원문에 부가된 것이 아니라 내용상의 이해를 위해 잠정적으로 필자가 붙인 이름일 뿐이다. 원문은

상태를 신속히 터득하고자 한다면, 모두 간략히 마음이 3가지 표준에 머물러야 함을 드러내고자 한다. ① 연민의 마음(悲心)으로부터 출생하고 연민으로부터 큰 ② 깨달음을 향한 마음, 즉 보리심이 일어난다. 가장 수승한 모든 붓다의 법은 모두 연민의 마음에서 연유하며, 연민의 마음이 뿌리로서의 토대가 된다. 이 연민이 원인이 되어 중생들을 살피기 때문이다. (〈표 1〉의 T 도입구문에 대한 한글번역)

위 인용문(T의 한글번역) 중 저작목적에서는 3가지 표준(處)을 언급하지만 직접 3가지를 열거하고 있지 않다. 단지 뒤이어서 연민의 마음과 보리심이 언급될 뿐이다. 시호의 한문번역의 스타일은 산스크리트어를 의역해서 한문으로 번역한 것이지, 문자 그대로를 옮기는 직역의 스타일은 아닌 것처럼 보인다.

그리고 〈표 1〉의 A·B·F에서는 명료하게 3가지 주제(Skt. sthāna, Tib. gnas), 즉 연민(悲, Skt. karuṇā, Tib. snying rje), 보리심(菩提心, Skt. bodhicitta, Tib. byang chub gyi/kyi sems), 실질적인 수행(行, Skt. pratipatti, Tib. bsgrub/sgrub pa)을 연속적으로 열거하고 있다는 점에서 시호의 한문번역(T)과는 차이가 난다.

이상으로 티벳 역경사의 관점을 염두에 두고 『명상수행의 점진적 단계』의 도입구문에 나타나는 고대 티벳어 철자법의 특징, 신역과 대비되는 구역의 번역어휘, 번역구문의 도입구문에 등장하는 "인도말로"와 "티벳말로"라는 정형구 표현의 유무에 의해 IOL Tib J 648의 제작연대를 늦어도 9세기 초반으로 추정하였다. 그리고 『명상수행의 점진적 단계』의 현존하는 다양한 산스크리트어, 티벳어, 한문으로 작성된 필사본과 교정본 그리고 『영인 북경판 서장대장경』 등 다양한 영인본 티벳대장경들을 비교하면서 드러난 차이점 등을 살펴보았다.

〈표 1〉의 T 참조.

3. 연민 명상수행

본 장에서는 『명상수행의 점진적 단계』에서 핵심적으로 논하고 있는 3가지 주제 중 명상수행의 출발점이자 근간인 '연민'과 '一乘(ekayāna)'의 관계를 언급한 후, 연민명상의 내용이 후대에 어떻게 변용되는지를 살펴보고자 한다. 아울러 현재 유통되고 있는 쥬세뻬 뚜찌와 걜 남걜의 산스크리트어 교정본(각각 E^T와 E^G)의 관련 구문에 대한 비판교정을 일부 제시하고자 한다.

1) 연민과 일승

『명상수행의 점진적 단계』에서는 '위대한 연민(大悲)'과 붓다를 모범이 되는 분(role model)으로 여기며 붓다의 깨달음으로 '곧장 향하는 방식', 즉 '一乘(ekayāna)'[38]의 결합을 엿볼 수 있다. '연민'과 '일승'의 결합이야말로 까말라씰라의 핵심적인 저작의도 중 하나라 할 수 있다.

먼저 티벳의 뽀캉(sPos khang) 사원에서 발견한 『명상수행의 점진적 단계』 산스크리트어 필사본을 최초로 옮겨 적어서 학계에 소개한 쥬세뻬 뚜찌의 교정본(E^T)에는 앞에서도 설명하였듯이 앞 구절의 필사본 부분이 결락된 상태이다.

> … dharmāṇāṃ pravṛttir bhavati | … 특질(法, dharma)들이 일어나게 된다.[39]

38) 일승(ekayāna)의 선행연구 검토, 다양한 용례 분석 및 그 의미에 대해서는 Jan Nattier, "One Vehicle"(一乘) in the Chinese *Āgamas*: New Light on an Old Problem in Pāli," 『創価大学国際仏教学高等研究所年報』 10 (Tokyo : 創価大学国際仏教学高等研究所, 2007), 181-200 특히 199 참조. 그리고 이영진, 「ekāyano mārgaḥ(一趣道)」의 해석에 관하여-분석과 비유를 중심으로-」 『불교학리뷰』 9 (금강대학교 불교문화연구소, 2011)도 참고.

39) E^T 187.1.

E^{T}의 결락부분(위의 인용문 중 …에 해당하는 구문)을 걜쩬 남걜은 다음과 같이 산스크리트어로 재구성한다.

[buddhatvasya aśeṣadharmahetumūlaṃ karuṇaiveti jñātvā sādāveva bhāvayitavyā ǀ yathoktam āryadharmasaṃgītisūtre- "atha khalvav alokiteśvaro bodhisattvo mahasattvo bhagavantam etad avocat- na bhagavan bodhisattvena atibahuṣu dharmeṣu śikṣitavyam ǀ eko dharmo bhagavan bodhisattvena svārādhitaḥ supratividdhaḥ kartavyaḥ ǀ tasya sarvabuddhadharmāḥ karatalagatā bhavanti ǀ katama ekadharmaḥ? yaduta mahākaruṇā ǀ mahākaruṇayā bhagavan bodhisattvānāṃ sarvabuddhadharmāḥ karatalagatā bhavanti ǀ tadyathābhagavan yena rājña ścakravartinaś cakraratnaṃ gacchati tena sarvo balakāyo gacchati, evam eva bhagavan yena bodhisattvasya mahākaruṇā gacchati, tena sarve buddhadharmā gacchanti ǀ tadyathā bhagavan jīvitendriye sati anyeṣām indriyāṇāṃ pravṛttir bhavati, evam eva bhagavan mahākaruṇāyāṃ satyāṃ anyeṣāṃ bodhisattvānām][40] dharmāṇāṃ pravṛttir bhavati ǀ [41]

한글번역: 불성(buddhatva)의 모든 특질(法, dharma)을 일으키는 원인으로서의 뿌리가 연민(悲, karuṇā)이라고 알고, 바로 그 연민을 늘 반복해서 익혀야 한다(bhāvayitavyā). 다음과 같이 『성자의 가르침을 암송한 경』(聖法集經, Āryadharmasaṃgītisūtra)에서도 설명한다. 그때 세존에게 관자재보살마하살이 이와 같이 여쭈었다. "세존이시여, 보살은 지나치게 많은 가르침들을(dharmeṣu) 배우지 않아야 합니다(na~śikṣitavyam ǀ). 세존이시여, 보살이 잘 이해해서 완전하게 꿰뚫은 하나의 가르침을 행한다면,

---

40) [ ] 안의 내용이 걜쩬 남될이 산스크리트어로 재구성한 부분.
41) E^G 165.5-16.

모든 붓다의 특질들을 명백히 그 보살의 수중에 지니게 됩니다(掌中得, karatalagatā bhavanti). 하나의 가르침이란 무엇인가라고 묻는다면, 위대한 연민(大悲, mahākaruṇā)입니다. 세존이시여, 위대한 연민을 통해 모든 붓다의 특질을 명백히 보살의 수중에 지니게 됩니다. 세존이시여, 예를 들면 전륜성왕의 고귀한 바퀴(輪寶, cakraratna)가 지나가는 그 방향에 모든 군대의 무리가 뒤따릅니다. 세존이시여, 이와 같이 보살의 위대한 연민이 존재하는 그곳에 모든 붓다의 특질이 뒤따릅니다. 세존이시여, 예를 들면 생명력(命根, jīvitendriya)이 있으면 다른 감각작용들이 일어나게 됩니다. 세존이시여, 이와 같이 위대한 연민이 존재할 때, 보살들의 다른 특질들이 일어나게 됩니다).

여기에서는 붓다가 지니는 위없는 최상의 깨달음 혹은 불성(buddhatva)이라는 특질을 야기하는 근본이 연민이며, 바로 이러한 연민을 명상수행의 동기로 삼아 반복적으로 익히라고 까말라씰라는 강조하면서『성자의 가르침을 모은 경』을 인용한다. 이때 무수한 붓다의 가르침들을 오랫동안 반복해서 배울 것이 아니라, 붓다의 경지를 신속히 획득하고자 하는 이는 가장 핵심적인 가르침인 '연민'을 토대로 삼아서 익히면 붓다의 여러 특질들을 자연스럽게 구비하게 된다는 내용을 설명한다.

위의 2가지 인용문에 나타나는 E^T와 E^G의 산스크리트어 구문과 한글번역에 밑줄 친 실선의 내용에 주목해보자. 영인본 티벳대장경(Q22b2-3; D22a6; N22b1-2; C22b1; G32a2)과 후대의 교정본(E^T 230.12-14; E^N 2.8-9; E^P 66.11.)에도 이 구문이 예외 없이 동일하게 나타난다.[42] 특히 마지막 구문에 주의를 기울여보자.

… byang chub sems pa'i chos gzhan rnams kyang 'byung bar 'gyur ro

42) Martin T. Adam, op.cit., 117의 영어번역 및 160의 티벳어 번역 문장도 동일하게 이해하고 있다.

zhes 'byung ngo ‖ [43)]

한글번역: … 보살의 다른 특질들도 일어나게 됩니다"라고.

그런데 현행하는 산스크리트어본과 다양한 영인본 티벳대장경 그리고 후대의 교정본을 그대로 따를 경우, 앞뒤의 문맥이 서로 충돌하게 되는 모순에 빠진다. 즉 위대한 연민을 통해 '보살의 특질들이 일어나는 것(인용문 중 밑줄 친 실선 구문)'과 '모든 붓다의 특질들을 보살이 수중에 지니게 된다(인용문 중 점선 구문)'는 내용이 상충하게 된다. 다시 말하자면, '보살의 특질'과 '붓다의 특질'이라는 구문이 서로 맞지 않고 어그러지게 되는 것이다.

현존하는 『명상수행의 점진적 단계』 중 가장 오래된 사본인 돈황 필사본(A)을 이용할 경우, 이러한 충돌지점을 해결할 수 있는 실마리가 보인다. 상충하는 이 마지막 구문을 돈황 필사본(A)에서 인용해보자.

> 세존이시여, 이와 같이 보살에게 위대한 연민이 존재할 때, 붓다의 깨달음을 구현하는 다른 특질들이 일어나게 됩니다.[44)]

이 돈황 필사본(A)에 나타나는 구문을 산스크리트어로 재구성하면, 쥬세뻬 뚜찌의 결락부분(E^T)과 걜쩬 남걜의 산스크리트어 재구성본의 내용(E^G)을 아래와 같이 비판적으로 교정할 수 있다.

anyeṣāṃ bodhikarānāṃ dharmāṇāṃ pravṛttir bhavati |

결국 쥬세뻬 뚜찌의 결락부분(E^T)과 걜쩬 남걜의 산스크리트어 재구

43) ‖D E^N E^P] | N; om. Q C G E^T. 세로 두 줄선(니쌔 nyis shad)은 서술문의 종지형 조사 뒤에 사용된다.

44) IOL Tib J 648.1r6, "byang chub du byed: pa'I chos: gzhan gyang: 'byung bar: 'gyur ro ‖"

성본의 내용(E^G)인 '보살들의(bodhisattvānāṃ)'에 해당하는 구문을 가장 오래된 9세기 초(814년) 이전의 돈황 필사본(A)을 통해 '깨달음을 구현하는(bodhikarānāṃ)'으로 수정할 수 있게 된다. 그럴 경우, 앞뒤 문맥상에 상충하는 지점이 없게 되며, 聲聞(śrāvaka)과 緣覺(pratyekabuddha)과 보살(bodhisattva)이라는 三乘(yānatraya) 각각의 깨달음이 아닌 모두 '一乘' 즉 붓다의 깨달음과 연관된 특질들을 구비하게 되는 것으로 귀결된다. 이는 까말라씰라가 일관되게 주창하는 '일승'의 가르침과도 부합하고, 위 인용문에 나타나는 『성자의 가르침을 암송한 경』의 내용과도 정확히 일치한다.

이러한 필자의 제안을 강력하게 뒷받침할 수 있는 또 다른 근거가 존재한다. 티벳 샤루(Zhwa lu) 사원에 소장되어 있던 『명상수행의 점진적 단계』의 산스크리트어 필사본을 현장답사해서 소개하고 있는 일본학자들의 연구논문에서도 '…dhikarānāṃ'을 지지하고 있기 때문이다.[45] 이 필사본에서는 쥬세뻬 뚜찌의 轉寫처럼 '… dharmāṇāṃ'이 아니라, '…dhikarānāṃ pravṛttir bhavati'를 지지한다. 그들이 발견한 샤루 사원의 산스크리트어 필사본에 대한 전사가 지니는 의미는 쥬세뻬 뚜찌가 뾔캉(sPos khang) 사원에서 발견한 산스크리트어 필사본에 대한 전사의 오류를 시정하는 역할을 한다고 할 수 있으며, 필자의 논지를 뒷받침할 수 있는 또 다른 강력한 근거가 된다. 그리고 한문번역에서도 '乃能令諸菩薩法而得轉故'이 아니라 '乃能令諸菩提行法而得轉故'이라고 명기하고 있기 때문에[46] 이 구문을 'anyeṣāṃ bodhisattvānāṃ dharmāṇāṃ pravṛttir bhavati |'이 아닌 'anyeṣāṃ bodhikarānāṃ dharmāṇāṃ pravṛttir bhavati |'로 수정하는 것이 유가행중관학파 소속 까말라씰라의 '일승'을 중심으로 한 그의 교리적 이해와도 정확하게 부합하며, 까말라씰라가 인

45) 木村高尉·松濤泰雄·矢板秀臣·米澤嘉康, 「シャル写本「修習次第」初篇について」『大正大学綜合佛教研究所年報』20 (大正大学綜合佛教研究所, 1998), 194 (111).

46) T1664.563a26-27.

용하고 있는 『성자의 가르침을 모은 경』의 내용과도 명확하게 일치한다.

9세기 초 이전에 필사된 돈황 필사본(A)이 쥬세뻬 뚜찌의 산스크리트어 교정본(E^T), 갤첸 남될이 산스크리트어로 재구성한 부분(E^G), 영인본 티벳대장경(QDNCG), 그리고 현대 중국학계에서 강력하게 유통되고 있는 뻬두르마(dPe bsdur ma) 버전(E^P)의 오류를 시정하는데 의미가 있는 역할을 담당할 수 있음을 보여주는 하나의 실질적인 예라고 할 수 있다. 그리고 이러한 전사 상에 벌어진 오류를 시정할 경우에야 비로소 까말라씰라와 『성자의 가르침을 모은 경』의 '일승'을 중심으로 한 교리체계와 명확하게 일치하게 된다는 것을 알 수 있다.

2) 연민을 뿌리로 한 명상수행: '중생과 자기 자신의 평등'에서 '마음의 평등'으로

성문, 연각, 보살이라는 '三乘' 각각의 개별적 깨달음이 아닌 '一乘', 즉 '붓다의 깨달음으로 곧장 지향하는 방식'으로 '大悲心', 즉 '위대한 연민'이야말로 정각으로 향하기 위한 뿌리이자 근본이며, 보살이 수행하는 데 있어서 핵심적인 '동기'임을 앞 장에서 살펴보았다.

『명상수행의 점진적 단계』에서 연민을 뿌리로 삼고 명상수행을 실천한다는 것은 구체적으로 어떻게 구현한다는 것인가. 먼저 영인본 티벳대장경에 수록된 내용을 살펴보고자 한다.

> 한글번역 (가): 그와 같이 ① 모든 중생들이 거주하는 세상(Skt. jagat, Tib. 'gro ba)은 괴로움의 불길로 둘러싸여있는 땅이라고 보고(avetya, bltas la), ② 자기 자신의 괴로움을 달가워하지 않듯이 타인의 괴로움도 또한 그와 같이 달가워하지 않음을 사유하고(cintayatā, sems shing), ③ 모든 중생들을 향해 오직 연민(kṛpā)을 명상수행해야 한다. 무엇보다 우선적으로 ㉮ 벗(mitra, mdza' bshes)의 입장에서, 앞에서 묘사된 갖가지 고통을 [중생들이] 경험한다고 보면서 연민을 명상수행해야 한다. 그 후 ㉯ 마음이 평정(cittasamatā, sems mnyam pa)하기 때문에 [자기 자신과

중생들 사이에는] 차이가 없다고 보며(paśyatā, lta ste), "시작이 없는 무한한 과거로부터 야기된 윤회를 백 번씩 경험하는 동안에도 나의 벗이 된 적이 없었던 중생은 어떤 경우에라도 존재하지 않는다"고 두루 사유함을 통해(paricintayatā, snyam du sems pas) 일반 중생들을 향해 연민을 수행해야 한다.[47]

여기에서 까말라씰라가 핵심적으로 제안하고 있는 연민수행을 정리하면 다음과 같다.

① 우리가 살고 있는 이 세상은 마치 불난 집처럼 괴로움으로 가득 차 있다고 보고, ② 내가 괴로움을 원하지 않듯이 상대방도 예외 없이 괴로움을 원하지 않는다는 점, 이를 명백하게 반복적으로 사유하는 것이다. 반대의 경우를 예로 들자면, 내가 행복을 원하듯 상대방도 누구나 다 행복을 원한다는 것이다. 나만 행복을 원하고, 다른 존재들은 행복을 싫어하고 괴로움을 행복으로 받아들이려고 하는 것이 아니라는 것이다. 이를 반복적으로 사유하는 것이 연민수행의 중요한 포인트이다. 그래서 결과적으로 상대방의 괴로움을 절대 외면하지 말고 ③ 지속적으로 연민 명상을 반복적으로 익히라는 것이다. 예를 들면, 괴로움의 바다에 빠져 허우적거리고 있는 이들을 절대 외면하지 말고 ㉮ 친한 벗이 강물이나 바다에 빠진 것처럼 여기라는 것이다. 이때 그 강물이나 바다에 아무 준비 없이 헤엄을 칠 줄 모르는 이가 그 벗을 구하겠다고 들어가면 함께 물에 빠

47) Q24a2-5; D23b4-6; N24a1-3; C23b5-24a1; E^{P} 69.16-70.2, "de ltar 'gro ba thams cad sdug bsngal gyi me lce'i phreng ba'i sa yin par bltas la | ji ltar bdag nyid kyi sdug bsngal mi sdug pa ltar gzhan dag gi yang de dang 'dra ba sems shing sems can thams cad la snying brtse ba kho na bsgom par bya ste | thog ma kho nar mdza' bshes kyi phyogs la gong du smos pa'i sdug bsngal sna tshogs myong bar lta zhing bsgom par bya'o ‖ de nas sems mnyam pas bye brag med par lta ste | thog ma med pa can gyi 'khor ba lan brgyar yang bdag gi gnyen du ma gyur pa'i sems can gang yang med do snyam du sems pas phal pa la bsgom par bya'o ‖"

져 죽는 것처럼 그러한 어리석음을 범하지 말고, 연민을 명상수행의 동기로 삼아 반복적으로 익혀 붓다의 깨달음으로 향해 나아가는 마음, 즉 보리심을 잘 구비해서 실질적이고 구체적인 수행 – 비유하면 헤엄치는 법이나 밧줄 등을 통해 물에 빠진 이를 구출하는 법 등 – 을 익히라는 것이다. 이때 가장 중요한 토대이자 뿌리가 바로 '연민'이다.

'연민(kṛpā)'에 이어 '벗(mitra)'이 뒤이어 등장한다. 어원적으로 '자애'라는 의미의 산스크리트어 '마이뜨리(maitrī)'에서 '벗'이라는 의미의 '미뜨라(mitra)'가 출현했다는 것은 의미심장하다. ㉮ 벗의 입장에서 연민 명상을 반복적으로 수행하고, 이후 ㉯ 마음의 평정(cittasamatā, sems mnyam pa)[48]으로 중생과 자기 자신이 차별이 없는 무차별한 존재라고 여기고 반복해서 명상수행을 하라고 까말라씰라는 설명한다. 중생과 자기 자신을 차별이 없는 존재로 인식하는데, '마음의 평정'이 주요한 명상수행의 맥락으로 도출됨을 알 수 있다.

그런데 현존하는 『명상수행의 점진적 단계』 중 가장 오래된 필사본인 돈황 출토 티벳어 필사본(A)와 산스크리트어 교정본(E^T와 E^G)에서는 다른 읽기가 존재한다. 바로 위의 한글번역 (가)와 아래의 한글번역 (나)에서 밑줄 친 부분을 대조해서 보면, 그 차이가 명백하게 드러난다.

> 한글번역 (나): 그러므로 모든 세상은 괴로움이라는 불길로 윤회한다는 것을 본 후, 자기 자신의 몸에 일어나는 괴로움을 즐거워하지 않듯이 다른 이의 경우에도 즐거워하지 않는다는 것을 사유하고, 모든 중생을 향해 연민(Tib. snying brtse ba:, Skt. kṛpā)을 명상수행해야 한다. 먼저 벗의 입장에서 앞에서 묘사된 많은 괴로움을 경험한다고 보고, 명상수행해야 한다. 그 후 [자기 자신과] 중생이 평등(Tib. sems chan[49] mnyam ba, Skt.

48) 한역에서도 영인본 티벳대장경과 같이 마음의 평등을 언급한다. T1664.563c 17-23의 '平等心' 관련 내용 참조.

49) '쎔챈(sems chan)'이라는 용어는 산스크리트어 '중생(sattva)'에 대한 티벳어 번역인 '쎔짼(sems can)'의 舊譯에 해당한다.

> sattvasamatā)하기 때문에, [자기 자신과 중생 사이에는] 차별이 없다고 보고, 시작이 없는 때부터 윤회하면서 백 번 동안 자신의 벗이 되지 않았던 중생은 어떤 경우에도 없다고 사유하고 일반 중생에 대해 수행해야 한다.[50]

한글번역 (나)를 통해 영인된 티벳대장경의 번역(한글번역 (가)에 해당)인 '마음의 평정'이라는 구문 대신에 A와 E^T와 E^G에서는 '자기 자신과 중생이 평등'이나 '자기 자신과 중생이 동일함'으로 기술된다.

대승 아비다르마(abhidharma) 문헌에서는 '마음의 평정(cittasamatā)'이 다음과 같은 맥락에서 사용되기 때문에, 한문번역본과 영인본 티벳대장경이 지칭하는 의미와는 적지 않은 차이가 난다.

> 평정(Skt. upekṣā, Tib. btang snyoms)이란 마음이 평정한 상태(cittasamatā, sems mnyam pa nyid), 마음이 평정에 머무름(praśaṭhatā, sems rnal du 'dug pa nyid), 마음이 별도의 노력을 가미하지 않은 상태(anābhogatā, sems lhun gyis grub pa nyid)이다. 이 세 가지 단어들로 평정의 시작과 중간과 끝의 상태들이 설명되었다. 그 중 가라앉음(沈沒 laya, bying ba)이나 고양(掉擧 auddhatya, rgod pa)은 마음이 평정하지 않은 상태이다. 이러한 마음이 평정하지 않은 상태가 존재하지 않기 때문에, 처음엔 마음

50) IOL Tib J 648.2v1-3, "de ltar 'gro ba: thams chad: sdug sngal gyI: mye: lces: 'khor par: blta' ste | ji ltar: bdag gi: lus la: sdug bsngal: myi bde *ba* bzhin du: gzhan la yang: (2v2) myI bde ba: snyam du sems shing: | sems chan: thams chad la: snying brtse ba: bsgom mo ‖ thog: mar mdza bo'i: phyogs su: gong du: smos pa'I sdug bsngal: | mang: po: myong bar: blta: zhing | bsgom mo ‖ de nas sems chan mnyam bas bye brag: myed par: blta ste: | thog ma myed pa: (2v3) nas: 'khor ba*r*: ⊕*'khor ba* na: lan brgya'r bdag gi gnyen: du ma gyurd: pa'i sems chan gang yang myed do snyam du: sems pas | pal: la: bsgom mo ‖" E^T 189.19-190.2; E^G 168.5-8 중 특히 'sattvasamatayāviśeṣam apaśyatā(한글번역: [자기 자신과] 중생이 평등하기에 차별을 보지 않으면서)'을 참조.

의 평정(cittasamatā, sems mnyam pa nyid)이다.[51]

마음의 평정, 즉 마음이 평정하다는 것은 3가지 상태로 언급되는데, 마음이 가라앉거나 고양됨이 제거된 상태를 지시하는 용어이다. 이 상태가 '평정' 중 첫 번째 상태라 한다. 여기서 '가라앉음'이란 수행자의 마음이 아주 미세하게 침몰한 상태를 의미한다. 마음의 까부라짐(昏沈)이 원인이 되어 나타나는 결과가 명상수행 중에 나타나는 가라앉음의 상태인데, 너무나 미세해서 쉽게 알아차릴 수 없으며 보통 이 상태를 수행자가 명상 상태라 착각하기 쉽다. 이러한 '가라앉음'이나 '고양'의 상태가 완전히 제거되면, 마음이 평정한 상태를 얻게 된다는 것을 의미한다. 이러한 마음의 평정은 수행자의 거칠거나 미세한 마음 작용이 그치어서 쉬게 된다는 것을 가리킨다. 다시 말하자면, 자기 자신과 중생을 동일하게나 평등하게 본다는 의미와는 차이가 남을 알 수 있다.

지루가참(支婁迦讖, Lokakṣema 2세기 후반)이 번역한 최초기의 대승경전 중 하나인 『팔천송반야경』(Aṣṭasāhasrikāprajñāpāramitāsūtra)[52]에서도 '중생과 자신의 동일성 혹은 평등성'을 강조한다. 특히 개념적 인식작용(想, saṃjñā)을 이용해서 중생을 다름 아닌 바로 어머니, 아버지, 아들, 딸로 생각(想, saṃjñā)하라는 점을 언급하는데, 내 자신이 고통으로부터 벗어나기를 원하는 것처럼 내 가족과 같은 중생들도 마찬가지로 고통으로부터 동일하게 벗어나기를 원한다는 황금률을 연상시키는 내용이 등장한다.

그러므로 보살마하살은 모든 중생들에 대해 어머니, 아버지, 아들,

---

51) TrBh 80.17-82.2, "upekṣā cittasamatā cittapraśaṭhatā cittānābhogatā | ebhis tribhiḥ padair upekṣāyā ādimadhyāvasānāvasthā dyotitā | tatra layauddhatyaṃ vā cetaso vaiṣamyam | tasyābhāvād ādau cittasamatā |"

52) 지루가참은 『팔천송반야경』을 『道行般若經』(T224)이라는 제목으로 번역하였다.

딸이라고 생각하며, "내가 모든 것에 의해 모든 방식으로 모든 고통들로부터 벗어나야만 하는 것과 같이 모든 중생들도 모든 것에 의해 모든 방식으로 모든 고통들로부터 벗어나야 한다"라고 [모든 중생들과] 자신[이 동일하다]고 생각할 때까지 일으켜야 한다."[53]

모든 생명이 있는 존재를 자기 자신의 '가족'으로 생각하라는 내용이 등장한다. 언어와 결합한 개념적 인식작용(想, saṃjñā)을 '분별'이라 여기고 소거해버리는 방식의 명상수행이 아니라, 개념적 인식작용을 긍정적으로 활용해서 자신의 가족처럼 어머니나 아버지나 아들이나 딸과 같은 구체적 '이미지'로 떠올려서 가슴에 새겨서 외면하지 말고, 적극적으로 자기 자신과 동일하다고 보아야 한다(ātmasaṃjñotpādayitavyā)는 것이다.

그런데 단지 최초기의 대승경전에서만 '중생과 자신의 동일성 혹은 평등성'이 언급되고, 그 이후에 인도 땅에서 사라진 전통이 아님을 샨티데바(Śāntideva/Śāntadeva, 690-750년경)가 저술한 『입보리(/보살)행론』[54]에서도 확인할 수 있다.

그리고 까말라씰라가 『명상수행의 점진적 단계』에서 언급한 '자기 자신과 중생의 동일성 혹은 평등성'이라는 주제의 명상내용이 『입보리행

53) Aṣṭa 14.16-19, "tasmān mātṛsaṃjñā pitṛsaṃjñā putrasaṃjñā duhitṛsaṃjñā bodhis attvena mahasattvena sarvasattvānām antike yāvad ātmasaṃjñotpādayitavyā | yathā ātmā sarveṇa sarvaṃ sarvathā sarvaṃ sarvaduḥkhebhyo mocayitavyaḥ | evaṃ sarvasattvā sarveṇa sarvaṃ sarvathā sarvaṃ sarvaduḥkhebhyao mocayitavayā iti | " AAA 117.14에 의해 'ātmasaṃjña utpādayitavyā'를 'ātmasaṃjñotpādayitavyā'로 교정하였다.

54) 이 문헌은 『깨달음을 구현하는 실천수행 입문』(Skt. Bodhicaryāvatāra, Tib. Byang chub kyi spyod pa la 'jug pa), 즉 ① 『入菩提行論』과 『보살의 실천수행 입문』(Bodhisattvacaryāvatāra, Byang chub sems dpa'i spyod pa la 'jug pa), 즉 ② 『入菩薩行論』이라는 2가지 제목으로 전승되어져 오고 있다. 宋나라 때 天息災(980-1000년경 활동)는 논서가 아닌 경전의 지위로 격상시켜서 『菩提行經』(T1662)이라는 제명으로 번역하였다. 저자의 이름과 각 전승의 차이에 대한 선행 연구로는 斎藤明, 「Akṣayamati作·異本 *Bodhisattvacaryāvatāra*について」 『日本西蔵学会々報』 32, 1-7 참조.

론』에서도 언급된다.[55]

『입보리행론』의 돈황 필사본에 언급된 '자기 자신과 중생의 동일성 혹은 평등성'과 관련한 내용을 소개하고자 한다.

> "게으름과 무관심의 힘을 제압한 후, 자기 자신을 제어하고서
> 자기 자신과 타인을 향한 평등성(parātmasamatā)과 타인과 자기 자신을
> [평등하게] 치환하는 것(parātmaparivartana)을 행하기를"[56]

『입보리행론』을 통해서도 '마음의 평정(cittasamatā, 心平等)'이 아닌 '자기 자신과 타인의 평등성(parātmasamatā)' 혹은 '타인과 자기 자신의 치환(parātmaparivartana)'이라는 명상법이 구체적으로 언급되고 있음을 알 수 있다. 대승보살에게 명상수행의 뿌리가 되는 '연민'을 토대로 삼아 '자기 자신과 타인의 평등(/동일)성'이나 '타인과 자기 자신을 평등하게 치환하기'를 반드시 수행해야 한다는 점을 이 문헌에서는 강조한다. 이 명상수행법이야말로 대승보살이 반드시 익혀야 할 핵심적인 실천덕목이고, 쉼 없이 노력해야 할 구체적인 명상수행법의 내용으로 언급된다.

그렇다면 여기에서 『명상수행의 점진적 단계』의 명상수행 관련 내용이 왜 '자기 자신과 중생의 평등성(sattvasamatā)'에서 '마음의 평정성(cittasamatā)'로 전환하게 된 것일까라는 의문을 던져볼 수 있다.

---

55) 斎藤明, 「シャーンティデーヴァ作『入菩薩行論』の伝承と変容—初期本テクストの発見秘話」『古典学の再構築』 8, 11-19. 斎藤明의 논문은 『입보리행론』의 돈황 출토 티벳어 필사본이 지니고 있는 의미를 학계에서 처음으로 전면 부각시켰다는 점에서 큰 의미가 있다. 그는 현재 유통되고 있는 산스크리트어본 및 한문번역과 돈황 필사본이 많은 부분에 있어서 차이가 나고 있음을 지적하고 있다.

56) IOL Tib J 628.14v7-8, "sgyid lug snyom pa'I stobs bcom ste ‖ bdag nyid dbang du gyurd (14v8) pa dang ‖ bdag dang gzhan du mnyam ba dang ‖ gzhan dang bdag du brje bar gyis ‖" 이 구문에 해당하는 산스크리트어본(BCA 119.29-30)과 한문번역(T1662.551a4-5)도 돈황 필사본의 내용과 차이가 난다.

앞에서도 누차 강조하였듯이 현존하는 『명상수행의 점진적 단계』 필사본(IOL Tib J 648) 및 한문번역본과 영인본 티벳대장경들 중 가장 이른 시기에 작성된 것은 늦어도 9세기 초반(814년 이전)에 작성된 것으로 여겨지는 돈황 필사본(A=IOL Tib J 648)이다. '자기 자신과 중생의 평등성(Skt. sattvasamatā, Tib. sems chan mnyam ba)'을 원인으로 삼아서 '자기 자신과 중생이 차별이 없는 무차별(bye brag: myed pa)'로 본다는 것이 돈황 필사본(A)의 핵심적 내용이다. 마치 친한 벗의 경우처럼 말이다. 이는 현존하는 산스크리트어 필사본을 전사하고 교정한 쥬세뻬 뚜찌의 텍스트(E^{T})와 갤젠 남갤의 교정본(E^{G})에 등장하는 '자기 자신과 중생이 평등하기에 차별을 보지 않으면서(sattvasamatayā viśeṣam apaśyatā)'라는 구문과도 정확히 일치한다.

그런데 한문번역본과 18세기 초반에 이루어진 『영인 북경판 티벳대장경』 등의 다양한 목판본 티벳대장경에서는 예외 없이 '마음이 평정(cittasamatā, sems mnyam pa)하기 때문에, 자신과 중생들 사이에는 차이가 없다고 보며(paśyatā, lta ste)'로 그 내용이 변경된 것은 명상수행과 관련한 가르침이나 실질적인 수행이 후대에 들어서 어떤 시대적 요청이나 지역의 특수한 환경에 의해 '자기 자신과 중생(sattva)'이 아닌 '마음(citta)'을 강조하는 것으로 그 핵심이 변경된 것이다. 어쩌면 '자기 자신과 중생을 평등하게 바라보기'라는 언어가 수반된 개념적 인식작용(想, saṃjñā)과 연관된 명상수행의 보다 근본적인 원인이 '마음의 평정'이라고 간주하게 된 결과의 부산물일지도 모른다.

이상의 내용을 통해 인도에서 출발한 명상수행과 관련한 체계를 담고 있는 문헌이 단일하게 올곧이 전승되어져 온 것이 아니라, 시대의 요구에 따라 지역성을 고려함에 의해서 또는 번역자의 어떤 의도에 의해[57]

---

57) 『명상수행의 점진적 단계』의 해당구문은 필사자의 단순한 오기에 의해 'sattvasamatā'가 'cittasamatā'로 변경되었다고 보기는 어려울 것이다. 왜냐하면 'sattva'와 'citta'의 산스크리트어 및 티벳어 표기가 서로 다르기 때문이다. 아울러 단지 한두 가지 버전의 영인본 티벳대장경에서만 이러한 예가 등장하

끊임없이 살아서 움직이면서 변화되고 수용되어져 왔음을 알 수 있다. 인도에서 성립한 고전문헌의 가르침이 인도 내에서 혹은 티벳이나 중국 등의 지역에서 번역된 후 그 가르침을 수용하면서 마치 그 문헌이 살아있는 생명체처럼 끊임없이 변하면서 새롭게 창조되고 이해되고 재해석되는 것을 이러한 예시를 통해 확인할 수 있다.

4. 결론

본론에서 논의한 내용을 정리하는 것으로 결론을 대신하고자 한다.

까말라씰라가 저술한 『명상수행의 점진적 단계』는 산스크리트어에서 티벳어와 한문 등으로 번역되어 현재까지 유통되고 있다. 현존하는 『명상수행의 점진적 단계』의 다양한 버전들 중 영국국립도서관에 소장된 돈황 출토 티벳어 사본인 IOL Tib J 648은 가장 오래된 필사본이라 추정된다. IOL Tib J 648에는 음절분리 기호인 '쌍점'과 고대 철자법의 특징들인 '덧붙여진 da', 'ma에 밑글자로 덧붙인 ya', '뒷글자로 보조하는 'a', '거꾸로 된 모음 i' 등이 발견된다는 점, 그리고 새로운 번역어휘들을 제정하고 확충한 왕의 세 번째 칙령(깨째 bkas bcad) 이전에 작성된 고대 번역어휘들의 특징들이 동시에 나타나기 때문에 늦어도 9세기 초반(814년 이전)에 작성된 필사본이라 여겨진다. 그리고 이 사본에는 제목도 콜로폰(colophon)도 기재되어 있지 않아서 여타의 돈황 필사본들에 비해 시대적으로 일찍 작성된 것이라 여겨진다. 이러한 특징들이 IOL Tib J 648에 나타나기 때문에, 티벳 譯經史라는 측면에서 이 필사본이 지니는 가치는 크다고 할 수 있다.

그리고 돈황 출토 티벳어 사본인 IOL Tib J 648을 산스크리트어본과

는 것이 아니라, 예외 없이 후대의 모든 영인본 티벳대장경에서 '중생의 평등성'이 아닌 '마음의 평정성'을 언급한다는 것은 필사자의 단순한 오기 가능성을 일축하는 것으로 보인다. 이는 한문번역본의 경우도 마찬가지이다.

티벳어 번역본 그리고 한문번역본을 대조함으로써 현재 유통되고 있는 산스크리트어본과 티벳어 번역본의 일부 구문에 대한 수정이 필요하다는 점을 제안하였다.

또한 이 문헌에서 언급하고 있는 명상수행법 중 가장 핵심수행인 연민(悲)명상의 구체적인 내용들이 시대를 지나 다른 문화권역에 유입된 이후 어떻게 재해석되고 변용이 되는지를 살펴보았다. 대표적 예시를 열거하면, IOL Tib J 648과 산스크리트어본에는 '자기 자신과 중생에 대한 평등성(sattvasamatā)'이라는 구문이 등장하는데, 『영인 북경판 서장대장경』과 『영인 데르게판 서장대장경』과 『영인 나르탕판 서장대장경』과 『영인 쪼네판 서장대장경』 그리고 『영인 금사판 서장대장경』 등과 같은 다양한 티벳대장경들과 『대정신수대장경』에 수록된 施護(?~1017)의 한문번역본에서는 예외 없이 '마음의 평등성(cittasamatā)'이라는 구문으로 대체된다. 인도에서 기원한 '자기 자신과 중생을 평등하게 바라보기'라는 초기의 명상수행이 후대에는 명상 수행자 자신의 '마음을 평등하게 유지하기'로 강조점을 옮기게 된 것이다. 이를 통해 인도라는 토양에서 출발한 명상수행의 이론과 실천체계가 담긴 하나의 고전문헌이 티벳과 중국 등의 다른 문화권역으로 번역되고 수용될 때, 그 문헌의 명상수행과 관련한 이론과 실천체계가 고정되고 단일한 형태로 보존되고 유지되는 것이 아니라, 살아있는 생명체처럼 그 지역의 토대에 맞게 그리고 시대적 요청에 따라 새롭게 변용되고 재창조되어 가는 흔적을 이 문헌의 다양한 버전들을 비교함으로써 확인할 수 있다.

끝으로 산스크리트어와 티벳어 그리고 한문이라는 고전 문자로 쓰인 다양한 필사본과 비명, 목판인쇄물 그리고 교정본들을 각각의 역사적 층위에 따라 나누어서 종합적으로 상호 비교하는 문헌학적 방법론을 통해, 인도와 티벳 그리고 중국문화가 맞대면한 순간과 그 이후에 벌어지는 필연적 변곡점을 수반한 인문적 횡단 및 문화교류의 한 본보기를 본 논문을 통해 확인할 수 있다.

|참고문헌|

1. 약호 및 일차 문헌 Abbreviations and Primary Sources

AAA *AbhisamayālaṃkārālokāPrajñāpāramitāvyākhyā*: The Work of Haribhadra Vo.1, ed. U. Wogihara, Tokyo: Toyo Bunko, 1932 (repr. 1973).

Aṣṭa *AṣṭasāhasrikāPrajñāpāramitāwith Haribhadra's commentary called Āloka,* ed. P. L. Vaidya, Darbhanga: The Mithila Institute of Post-Graduate studies and Research in Sanskrit Learning, 1960.

BCA *Bodhicaryāvatāra of Śāntideva with the Commentary Pañjikā of Prajñākaramati*, ed. P. L. Vaidya, Darbhanga: The Mithila Institute of Post-Graduate studies and Research in Sanskrit Learning, 1960.

dBa' bzhed, Pasang Wangdu and Hildegard Diemberger 2000.

GBny 石川美恵 1993.

sBa bzhed Stein, Rolf Alfred 1961.

C Cone woodblock print edition from the Tibetan Tengyur. Buddhist Digital Resource Center (BDRC), purl.bdrc.io/resource/W1GS660 30. [BDRC bdr:W1GS66030]

D *The Tibetan Tripitaka, Taipei Edition* (=*sDe dge*), ed. A. W. Barber, 72 vols., Taipei: SMC Publishing Inc., 1991.

em. 저자의 교정

E^N Gyaltsen Namdol, 1997.

E^P dPe bsdur ma bstan 'gyur, 109 vols., Pe cin: Krung go'i bod rig pa'i dpe skrun khang, 2006-2009.

E^T Tucci, Giuseppe 1958.

G Ganden (dGa' ldan) or 'Golden Manuscript' Tengyur. Buddhist Digital Resource Center (BDRC), purl.bdrc.io/resource/MW23702. [BDRC bdr:MW23702] idem 방금 언급한 것과 같은 책 혹은 저자

IOL India Office Library Tibetan (now preserved in the British Library)

mKhas pa'i dga' ston dPa' bo gtsug lag 'phreng ba, *Chos 'byung mkhas pa'i dga' ston*, Delhi Karmapae Chodey Gyalwae Sungrab Partun Khang, 1980. Buddhist Digital Resource Center (BDRC), purl. bdrc.io/resource/MW28792. [BDRC bdr:MW28792].

Mvy *Mahāvyutpatti* 榊亮三郎 編纂 1916.

N Narthang (sNar thang) Kanjur and Tengyur. (http://www.rkts.org/cat.php?id=4228&typ=2)

om. omits

Q *The Tibetan Tripiṭaka, Peking Edition*, ed. D. T. Suzuki, 168 vols., Tōkyō & Kyōto: Tibetan Tripiṭaka Research Institute, 1955-1961.

Skt. Sanskrit

T 『大正新脩大藏經』高楠順次郎 等 編纂, 88巻, 東京: 大正一切経刊行会, 1924-1934.

Tib. Tibetan

ThGS *Thub pa'i dgongs pa rab tu gsal ba, in The Complete Works of the Great Masters of the Sa skya Sect of the Tibetan Buddhism Vol.5 The Complete Works of Paṇḍita Kun dga' rgyal mtshan*, compiled by bSod nams rgya mtsho, Tokyo: The Toyo Bunko, 1968, tha 1r1-99r6.

TrBh Buescher, Helmut 2007.

2. 이차 문헌 Secondary Literature

1) 단행본 Books

一郷正道·小澤千晶·太田蕗子,『瑜伽行中観派の修道論の解明-『修習次第』の研究』, 科学研究費補助金 (基盤研究C)研究成果報告書, 2011.

石川美恵,『sGra sbyor bam po gnyis pa 二巻本譯語釋 -和訳と注解-』, 東京: 東洋文庫, 1993.

上山大峻,『敦煌佛教の研究』, 京都: 法藏館, 1990.

榊亮三郎 編纂,『翻訳名義集』, 2 vols, 京都: 京都大學校, 1916 (repr.: idem 京都: 臨川書店, 1983).

Buescher, Harmut, *Sthiramati's Triṃśikāvijñaptibhāṣya: Critical Editions of the Sanskrit Text and its Tibetan Translation*, Wien : Österreichische Akademie der Wissenschaften, 2007.

Demiéville, Paul, *Le concile de Lhasa: une controverse sur le quiétisme entre bouddhistes de l'Inde et de la Chine au VIIIe siècle de l'ère chrétienne*, Bibliothèque de l'Institut des Hautes Études Chinoises, vol. Ⅶ, Paris : Imprimerie Nationale de France, 1952.

Gyaltsen Namdol, *Bhāvanākramaḥ of Ācārya Kamalaśīla* (*Tibetan Version, Sanskrit Restoration and Hindi Translation*), Bibliotheca Indo-Tibetica Series IX, Sarnath : Central Institute of Higher Tibetan Studies, 1985. Second edition 1997.

Iwao, Kazushi, Nathan Hill and Tsuguhito Takeuchi (eds.), *Old Tibetan Inscriptions*, Old Tibetan Documents Online Monograph Series, Vol. Ⅱ, Tokyo: Research Institute for Languages and Cultures of Asia and Africa, 2009.

de la Vallée Poussin, Louis, *Catalogue of the Tibetan Manuscripts From Tun-huang in the India Office Library: With an appendix on the Chinese Manuscripts by Kazuo Enoki*, London : Published for the Commonwealth Relations Office [by] Oxford University Press, 1962.

Obermiller, Eugene (tr.), The History of Buddhism in India and Tibet, Delhi : Sri Satguru Publications, 1932.

Pasang Wangdu and Hildegard Diemberger, *dBa' bzhed: The Royal Narrative Concerning the Bringing of the Buddha's Doctrine to Tibet*, Wien : Verlag der Österreichischen Akademie der Wissenschaften, 2000.

Richardson, H. E., *A Corpus of Early Tibetan Inscriptions*, London : Royal Asiatic Society, 1985.

Richardson, Hugh, *High Peaks, Pure Earth: Collected Writings on Tibetan History and Culture*, edited with an Introduction by M. Aris, London : Serindia Publications, 1998.

Scherrer-Schaub, Christina, "Enacting Words. A Diplomatic Analysis of the Imperial Decrees (*bkas bcad*) and their Application in the *sGra sbyor bam po gñis pa Tradition*," *Journal of the International Association of Buddhist Studies*, 30, 2002.

Seyfort Ruegg, David, *Buddha-Nature, Mind and the Problem of Gradualism in a Comparative Perspective on the Transmission and Reception of Buddhism in India and Tibet*, London: School of Oriental and African Studies, 1989.

Stein, Rolf Alfred, *Une chronique ancienne de bSam-yas: sBa-bžed*, Paris : Publications de l'Institut des Hautes Études chinoises, 1961.

Tucci, Giuseppe, *Minor Buddhist Texts Part II: First Bhāvanākrama of Kamalaśīla. Sanskrit and Tibetan Texts with Introduction and English Summary*, Roma : Is. M. E. O., 1958.

Yoshimura, Shuki, *The Denkar-Ma, An Oldest Catalogue of the Tibetan Buddhist Canons*, Kyoto : Ryukoku University, 1950.

2) 논문 Papers

이영진, 「ekāyano mārgaḥ(一趣道)」의 해석에 관하여 - 분석과 비유를 중심으로 -」, 『불교학리뷰』 9, 금강대학교 불교문화연구소, 2011.

차상엽, 「싸꺄빤디따(Sa skya paṇḍita)의 마하무드라(Mahāmudrā) 비판 - 『붓다의 의도를 명료하게 밝힘(*Thub pa'i dgongs pa rab tu gsal ba*)』 「반야바라밀」 장을 중심으로-」, 『보조사상』 37, 보조사상연구원, 2012.

_____, 「8세기 말 쌈애 논쟁, 연구의 현황과 과제」, 『인도·티벳 문헌의 수행론』, 서울: 다르샤나 출판사, 2022.

_____, 「돈황 출토 티벳어 사본 『수습차제』 IOL Tib J 648에 대한 예비적 고찰」, 『요가학연구』 29, 한국요가학회, 2023.

_____, 「티벳 논쟁으로서 쌈애 논쟁의 비판적 검토」, 『불교학연구』 75, 불교학연구회, 2023.

木村高尉·松濤泰雄·矢板秀臣·米澤嘉康, 「シャル写本「修習次第」初篇について」, 『大正大学綜合佛教研究所年報』 20, 大正大学綜合佛教研究所, 1998.

三宅伸一郎, 「カ゛ンテ゛ン寺所蔵金写テンキ゛ュールについて」, 『日本西蔵学会会報』 41/42, 日本西蔵学会, 1997.

原田覺, 「"Mahavyutpatti"の成立事情」, 『日本西藏学会会報』 25, 日本西藏学会, 1979.
斎藤明, 「中観系資料」, 『講座敦煌6 敦煌胡語文献』, 東京 : 大東出版社, 1985.
______, 「Akṣayamati作·異本 *Bodhisattvacaryāvatāra*について」, 『日本西藏学会々報』 32, 1986.
______, 「シャーンティデーヴァ作『入菩薩行論』の伝承と変容-初期本テクストの発見秘話」, 『古典学の再構築』 8, 2000.
山口瑞鳳, 「吐蕃王国仏教史年代考」, 『成田山仏教研究所紀要』 3, 1978.
Adam, Martin T., "Meditation and the Concept of Insight in Kamalasila's *Bhāvanākrama*," PhD diss., McGill University Libraries, 2002.
Apple, James B., "The Old Tibetan Version of the Kāśyapaparivarta preserved in Fragments from Dunhuang (2)," 『創価大学国際仏教学高等研究所年報』 21.
Demiéville, Paul, "Deux documents de Touen-houang sur le Dhyana chinois," 『塚本博士頌壽記念佛教史學論集』, 京都 : 塚本博士頌壽 記念會, 1961.
Imaeda, Yoshiro, "Documents tibétains de Touen-houang concernant le concile du Tibet," *Journal Asiatique*, 263, 1975.
Nattier, Jan, "One Vehicle"(一乘) in the Chinese *Āgamas*: New Light on an Old Problem in Pāli," 『創価大学国際仏教学高等研究所年報』 10, 2007.
Obermiller, Eugene, "A Sanskrit Ms. from Tibet-Kamalaśīla's *Bhāvanākrama*," *The Journal of the Greater Indian Society*, 2.1, 1935.
Wylie, Turrell, "A Standard System of Tibetan Transcription," *Harvard Journal of Asiatic studies*, 22, 1959.

- *Tantrasadbhāva* 1장의 문헌학적 논의를 통해 본 -

샤이바 딴뜨라 전통에서 꾼달리니(kuṇḍalinī) 개념의 탄생과 발전

방정란
(경상국립대학교 인문학연구소)

0. 들어가며

인도수행전통에서는 척주의 기저에서 또아리를 틀고 잠들어 있는 뱀의 형상으로 묘사되는 신체의 근원적 에너지를 꾼달리니(kuṇḍalinī)라고 칭한다. 인도 고전 문헌에서는 만약 수행자가 자신의 신체에서 꾼달리니를 각성시켜 정수리를 향해 나아가도록 상승시킨다면 지고한 해탈의 경험을 할 수 있다고 교시한다. 현재 일반인들에게 잘 알려져 있는 이러한 개념과 수행은 어떤 과정을 거쳐 인도의 수행론에 자리 잡게 되었을까. 꾼달리니라는 용어 자체는 베다시대에 성립된 문헌들 뿐만 아니라 빠딴잘리(Patañjali)가 정립한 고전요가 전통의 문헌들에서도 등장하지 않는다. 일반적으로 학자들은 꾼달리니 개념이 나타나는 전거들이 대략 기원후 6~8세기 무렵에 성립된 문헌에서부터 나타난다고 본다.[1] 그러므로 꾼달리니의 개념과 그에 근거한 수행체계는 고전요가보다는 오히려 중세기 이후 발발한 종교적 흐름인 딴뜨리즘(Tantrism)과 더 깊게 관련되어 있다고 볼 수 있다. 특히 힌두 딴뜨라 전통에서 가장 대표적인 샤이바

1) Hatley (2015, 2)를 참조.

(Śaiva)의 문헌들에서 그 기원을 추적해 볼 수 있다. 샤이바 전통 중에서도 꾸브지까(Kubjikā) 전통의 교리와 수행을 계승하여 발전한 하타요가(Haṭhayoga) 전통에서 꾼달리니의 존재는 널리 받아들여졌다. 이 전통은 현대에도 널리 수련되고 있으며, 꾼달리니가 물라다라짜끄라(mūlādhāra-cakra)를 기저로 삼아 또아리를 튼 채 잠을 자고 있는 형태로 머물러 있다는 정형적인 기술은 현대의 많은 요가 관련 출판물들에서 볼 수 있다.

그렇다면 우리는 꾼달리니 교리가 발전하는 구체적인 단계를 문헌 속에서 어떠한 방식으로 추적할 수 있는가. 이러한 의문과 관련하여, 본고는 꾼달리니 개념이 탄생하여 기존의 교리들과 통합 및 확장되는 일련의 과정을 살펴보기 위해 샤이바 전통에 속한 문헌 전거들을 분석하는 것을 목적으로 삼는다. 아울러 텍스트 분석 과정에서 일어나는 여러 문헌학적 문제들을 일별함으로써, 인도 수행론 전통의 연구에서 문헌적 연구가 가지는 의의와 가치에 대해서 재고해 볼 수 있는 기회를 만들고자 한다.

1) 고대 우빠니샤드에서 기술되는 신체관

꾼달리니라는 용어가 샤이바(Śaiva) 전통 이전의 문헌들에서 등장하지 않는다는 점은 분명해 보인다. 하지만, 그렇다고 해서 이 개념 자체가 이전에는 전혀 없던 매우 혁신적인 개념이었다고 단언할 수 없다. 왜냐하면 꾼달리니의 발아에 필요한 사상적 배경은 이미 오래전부터 인도 사상 속에서 싹트고 있었다고 할 수 있기 때문이다. 따라서 샤이바 문헌들의 기술을 본격적으로 살펴보기에 앞서 인도 고대사상에서 꾼달리니와 관련된 개념들이 단편적으로나마 어떤 방식으로 서술되고 있었는지를 살펴볼 필요가 있다.

먼저, 고대인도는 쁘라나(prāṇa)를 신체의 근원적인 에너지이자 생명력이 체화된 것으로서 간주하였으며, 온 신체에 퍼져있는 통로인 나디(nāḍi/nāḍī)들을 통해서 움직인다고 보았다. 이러한 관점은 고층의 우빠니샤드에서부터 나타나는데, 대표적인 우빠니샤드 문헌의 구절들을 살펴보면, 다음과 같다.[2)]

> [신체의] 중심(hṛdaya)[3)]에 [연결된] 통로들은 백한 개로, 그것들 중 하나는 머리를 향해 뻗어져 있다. 그것을 통해서 위로 올라가면 그는 불멸에 이른다. 상승하는 가운데, 다른 [통로]들은 온 사방에 [퍼져] 있다.

우빠니샤드 문헌들에서 '위로 올라가는 존재'는 간혹 특정되지 않거나, '그것'이나 '그'라는 지시대명사로서 지칭되는데, 이러한 기술 방식은 그 존재를 신비적인 것으로 강조하는 장치가 된다. 다시 말해, 불멸에 이를 수 있는 '그것'이 유한한 인간에 깃들어 있는데, 만약 몸의 중앙에서 뻗어져 나오는 수많은 나디 중에서 머리를 향해 올라가는 주요한 나디를 통해 '그것'이 머리(mūrdhan)를 향해 즉, 정수리쪽로 올라가게 되면, 수행자는 영지(英智 gnosis)를 얻고, 불사의 상태에 이르게 된다는 것을 이 게송은 교시한다.

이와 같이, 우빠니샤드 시대부터 불가설(不可說 nirabhilāpya)의 신비적 존재이자 무한한 상태에 대한 기술이 나타났으며, 이는 브라흐만(brahman), 뿌루샤(puruṣa) 등으로서 언급되었고, 나아가 호흡이나 숨, 혹은 생명력을 뜻하는 쁘라나(prāṇa)라고도 표현되었다. 이 쁘라나는 다시 또 세분되어, 쁘라나(prāṇa)와 아빠나(apāna), 사마나(samāna), 우다나

2) *Kathopaniṣad* (6:16; Olivelle本, 402): śataṃ caikā ca hṛdayasya nāḍyas tāsāṃ mūrdhānam abhiniḥsṛtaikā| tayordhvam āyann amṛtatvam eti viṣvaṅṅ anyā utkramaṇe bhavanti ‖ 16 ‖ ; 동일한 게송이 *Chandogyopaniṣad* (8.6.6)에서도 나타난다.

3) 이러한 문헌에서 사용되는 hṛdaya는 어떤 사물의 핵심을 지칭하는 용어로서 '심장'이라고 번역된다. 하지만 본고에서는 해부학적 의미의 심장과 좀 더 구별하기 위해 문맥에 따라서 다소 번거롭게 '신체의 중심'이라고 번역하였다.

(udāna), 브야나(vyāna)의 다섯 종류로 분류되는데, 이 때, 협의(狹義)의 쁘라나는 위로 올라가는 숨을 뜻한다.

정리하자면, 우빠니샤드 시대에는 인간의 호흡 자체를 근본적인 생명에너지이자 불사(不死)의 존재라고 보았으며, 이것이 나디를 통해 신체 곳곳에 흐르게 된다는 교리가 성립되었다. 이는 차후에 인도종교 수행론 속에서 신체에 대한 이해는 물론 꾼달리니 개념이 구체화되는 과정에서 사상적인 밑거름으로 작용하게 된다.[4]

1. 초기 샤이바싯단따(Śaiva-siddhānta) 문헌의 기술

신체의 통로인 나디(nāḍi/nāḍī) 가운데 몸의 중앙에 흐르는 가장 주요한 세 가지로서 수슘나(suṣumṇā), 이다(iḍā), 삥갈라(piṅgalā)를 상정하는 체계는 샤이바딴뜨라의 문헌들 속에서 정립된다. 현재까지 우리에게 전해지는 샤이바 문헌 중에서 최고(最古)층에 속하는 문헌인 *Niśvāsatattvasaṃhitā*는 근래에 발굴되어 연구되기 시작한 주요한 샤이바 경전이다. 이 문헌에 속해있는 *Nayasūtra* 5장에서는 수슘나와 이다의 두 가지만이 언급되기 때문에[5] 주요한 나디 체계가 처음부터 세 종류로 거론되지 않았던 것으로 보인다. 그렇다면, 주요한 세 가지 나디의 체계가 교시되기 시작하는 문헌적 전거는 무엇인가. 샤이바 문헌들 가운데 수슘나와 이다, 그리고 삥갈라를 하나의 세트로서 명확하게 교시하는 가장 이른 문헌은 초기 샤이바싯단타 전통에 속하는

4) 우빠니샤드부터 샤이바 문헌에 걸쳐서 나타나는 쁘라나(prāṇa) 개념에 대한 구체적인 발전과정에 대해서는 방정란(2020: 168-174)을 참고. 추가적으로 우빠니샤드문헌에서 나타나는 쁘라나 개념에 대한 연구로는 임근동(2011) 참조.

5) Cf. *Niśvāsatattvasaṃhitā-nayasūtra* 5.37-38ab; 관련된 논의에 대한 상세한 문헌적 전거는 방정란(2020: 179-180)을 참조.

*Sārdhatriśatikālottaratantra*이다.

이 문헌에서는 세 가지 나디 체계뿐만이 아니라 꾼달리니(kuṇḍalinī)라는 용어 또한 명확하게 사용된다. 그런 의미에서 이 문헌은 샤이바 전통의 수행론 발전에 관한 핵심적 전거들을 제공해 주고 있다. 여기서 나타나는 꾼달리니에 대한 묘사는 다음과 같다.[6)]

> 달(candra)과 불(agni)과 같은 시원(始原)의 꾼달리니(ādyā kuṇḍalinī)는 마치 새싹과 같은 모습을 한 채, [몸의] 중앙 부근에 머문다고 알아야 한다.

초기 우빠니샤드의 사상과 유사하게 초기 샤이바 문헌에서도 신체의 모든 통로들이 통과하는 구심점으로서 몸의 중앙(hṛd)이 상정된다. 그러나 그 중앙에 머무는 존재를 움이 튼 싹과 같이 '둥글게 말려있는 것'이라는 뜻에서 '꾼달리니'라는 이름으로 특정하는 점은 고대 사상과 차이를 보인다. *Sārdhatriśatikālottaratantra*의 주석가 라마깐타(Rāmakaṇṭha)는 꾼달리니가 마치 '달이나 불'과 같다는 비유에 대해, 쉬바(Śiva) 신이 지니고 있는 근본적인 힘(śakti)들이 마치 태양(arka), 달(indu), 불(agni), 황금빛 광선(hiraṇyadyotā)과 같은 형상을 취한 것으로 해설한다.[7)]

하지만 이 문헌에서 꾼달리니는 상기의 서술 이상으로 자세하게 언급되지 않기 때문에, 꾼달리니 자체가 구체적으로 어떤 존재이며, 어떤 기능을 하는지에 대해서는 명확하게 알 수 없다. 아마도 문헌의 성립 당시에는 꾼달리니가 우주적 창조를 담당하는 주체로서까지 격상된 존재

---

6) *Sārdhatriśatikālottaratantra* 12.1-2 (Bhatt ed. 206-7): candrāgnir iva saṃyuktā ādyā kuṇḍalinī tu yā| hṛtpradeśe tu sā jñeyā aṅkurākāravat sthitā||

7) 라마깐타는 이에 대한 경전적 전거로서 동일 경전의 다른 게송을 인용한다. Cf. *Sārdhatriśatikālottara* (10.18d): ; arkendvagnihiraṇyadyotābhāḥ śaktayaḥ.

로는 받아들여지지 않았던 듯 하다. 다만 꾼달리니의 형상을 마치 새싹(aṅkura)과 같다고 교시하는 내용은 꾼달리니가 빈두(bindu, 點)의 모습을 하고 있다고 하는 후기 샤이바 경전의 서술들과 맞닿아 있기 때문에, 주목할 필요가 있다. 빈두(bindu)는 샤이바 전통에서 소우주로서의 신체에 존재하는 생명에너지의 형태를 지칭하는 표현으로서 자주 나타나는데, 샤이바 문헌 전반에서는 아뜨만(ātman) 혹은 쁘라나(prāṇa)를 지칭하는 동의어로서도 빈번하게 사용된다.[8)]

*Niśvāsatattvasaṃhitā*의 *Uttarasūtra*에서 발견되는 빈두 개념에 대한 서술을 살펴보면 다음과 같다.[9)]

---

8) 생명 에너지, 즉 호흡 자체를 지칭하는 광의적 의미의 쁘라나(prāṇa)에 대한 개괄에 대해서는 방정란(2020: 168-174)을 참조.

9) *Niśvāsatattvasaṃhitā-uttarasūtra* 1.6 (Goodall 2015: 154): śivatejena saṃyuktā śakter jāyati bindukaḥ । ādityamaṇivahnīva niṣkāmāḥ(conj., niṣkrāmāḥ N) śivaśaktayaḥ ॥. saṃyuktā는 śakteḥ를 꾸미는 śaṃyuktāyāḥ의 축약형 표현이며, ādityamaṇivahnīva는 산디가 중복된 형태이다. 마지막 구절(pāda d)의 niṣkāmāḥ śivaśaktayaḥ는 양수를 뜻하는 복수형의 표현으로 이해할 수 있다. 여기에는 기존 문법에서 조금 벗어나는 이형의 표현이 규칙적으로 발견되는데, 이처럼 빠니니를 위시한 정격 산스끄리뜨의 구문에서 조금 벗어나는 표현을 지닌 샤이바의 산스끄리뜨어 형식은 아이샤(aiśa)라고 불린다. Goodall(2015, p.338)에서는 이 부분의 게송 편집과 관련된 노트를 제공하고 있는데, 그 내용을 소개하면 다음과 같다. 먼저 가장 오래된 사본인 N의 독법인 niṣkrāmāḥ에서 niṣkāmāḥ라는 읽기로 교정한 이유에 관해서는 동일한 문헌의 *Nayasūtra* 2.7(ādityasya maṇir yadvat tāpito raviraśmabhiḥ । vahnis sañjāyate tatra na rave tatra kāmatā ॥)의 서술을 참고했음을 밝힌다. *Nayasūtra*의 관련 게송은 태양이 불을 일으키는 원인임에도, 불을 일으킬 때에 태양에게는 어떠한 특정한 욕망도 존재하지 않다고 비유가 나타난다는 점을 교정의 이유로 밝히고 있다. 그리고 이 동일 게송은 *Svacchandatantra* 11.317(ādityasya maṇer yadvat tāpitād raviraśmibhiḥ । vahniḥ saṃjāyate tasmād raves tatra na kāmitā ॥)에서도 발견된다. 여기에는 약간의 이독(variatns)이 나타나는데, 이 두 버전의 비교에서도 샤이바 문헌에서 특징적으로 나타나는 아이샤(aiśva)의 특정한 이형(idiosyncratic)적 구문형식이 후기로 전승되어 가면서 다듬어지는 과정을 확인해 볼 수 있다.

[샥띠가] 쉬바의 열기와 결합했을 때, 샥띠로부터 빈두가 생겨난다. 이들 [즉, 쉬바와 샥띠, 빈두]는 마치 태양과 부싯돌, 불과 같으며, 샥띠와 쉬바는 욕망을 떠나있는 것이다.

이처럼 이원론에 입각한 초기 샤이바 싯단따 전통에서는 쉬바(Śiva)와 샥띠(śakti)로부터 빈두가 현현하는 것으로 묘사된다. 이러한 교리적 배경을 토대로 꾼달리니는 점차 다양한 층위에서 다각적인 방식으로 구체화되게 된다. 특히 여성 원리 샥띠(Śakti)를 강조하는 샥띠즘의 영향을 강하게 받은 불이원론적 샤이바의 사조를 만나면서, 꾼달리니는 샥띠가 체화된 여신으로 묘사되기 시작한다. 이러한 기술이 가장 두드러지는 초기의 샤이바 문헌으로서 뜨리까(Trika) 전통의 주요 경전 중 하나인 *Tantrasadbhāva*를 꼽을 수 있다.[10)]

2. *Tantrasadbhāva*에서 묘사되는 빈두와 샥띠의 결합

1) 빈두(bindu)의 두 가지 상태

샤이바 뜨리까(Trika) 전통의 경전인 *Tantrasadbhāva*에서는 꾼달리니의 개념이 확장되어 발전하는 과정을 추적할 수 있는 다양한 교시들이 등장한다. 초기 샤이바 문헌들이 그렇듯이, 이 문헌은 샤이바 산스끄리뜨라고 불리는 아이샤(Aiśa) 스타일의 구문적 특징[11)]이 자주 드러나기 때문

10) 샤이바 뜨리까 전통의 주요 경전 중 하나인 *Tantrasadbhāva*는 현재 세 개의 사본을 통해서 전승되고 있지만, 문헌 전체가 모두 비판교정, 출판된 적은 없다. 본고에서 다루는 부분은 Bang(2018)을 통해서 부분적으로 비판교정되었으므로, 이를 저본으로 삼아 인용한다. 본고에서 인용하는 원문은 교정버전이므로, 여기서는 사본의 이독들을 따로 표기하지 않았다. 만약 저자가 본고를 작성하면서 이전 교정본의 내용을 다시 교정한 경우에는 그 내용을 표시하였다.

에, 꾼달리니(kuṇḍalinī) 용어 이외에도 변형된 형태인 꾼달리(kuṇḍalī) 등이 동의어로 자주 언급된다는 점을 염두에 둘 필요가 있다. 가장 먼저 꾼달리니와 매우 밀접한 개념으로서 동일하게 취급되는 빈두(bindu)는 신체에 상주하며 잠재되어 있는 요소로 서술되는데, 원문을 통해 살펴보면 다음과 같다.[12]

> 다름 아닌 '빈두(bindu)'라고 불리는 그것은 [한 곳에] 위치하지만 [동시에] 편재한다. [빈두가] 편재하지 않을 때에는 속박된 상태(paśu-bhāva)에 있는 것으로, [이 경우] 이것은 무시(無始)의 염오(mala)들과 마야(Māyā)와 결합되어 있어 윤회에서 떠돈다. 그러나 [그러한 상태에서] 벗어나게 되면, 이것은 사다쉬바(Sadāśiva)[13]가 된다. [그러면] 존재(bhāva)와 비존재(abhāva)로 이루어진 다양한 속박들인 [세 가지] 속성(guṇa)들을 만들어낸다. 이 속성들은 영혼(aṇu)을 속박시키는 것으로서 [영혼을] 둘러싸고 있게 된다. 그렇기 때문에, 이와 같은 방식으로 [이 속성들이] 존재하지 않을 때에 빈두는 그 고유한 본성과 결합할 수 있다. [그러므로] 빈두는 아뜨만(ātman)이라고 알려지며, 아뜨만은 빈두라고 교시된다.

---

11) *Tantrasadbhāva*의 이형적인 구문 형식에 대한 구체적인 내용은 Bang(2018: 121-127)를 참조. 이와 관련되어 샤이바 문헌의 문법적 이형성에 대해서는 Goodall(2015: 113-135)과 Kiss(2015: 73-85) 등을 참고해볼 수 있다.; 본고에서 언급한 아이샤(Aiśa) 산스끄리뜨의 특징의 구체적인 예는 각주 9를 참조.

12) *Tantrasadbhāva* 1.50-54b(Bang2018: 137-8): sa eva bindur ity ukto vyāpayanto vyavasthitaḥ | avyāpī paśubhāvasthaḥ saṃsāre saṃsaraty asau || anādimalamāyātmā vimuktas tu sadāśivaḥ | saṃsṛjed vividhān bandhān bhāvābhāvātmakān guṇān || te guṇā bandhakatvena aṇv āvṛtya vyavasthitāḥ | tasmād evam abhāveṣu bindur yojyo svarūpake || bindur ātmā samākhyāta ātmā bindur iti smṛtaḥ | vyāpakaḥ paramo bindur layātīte vyavasthitaḥ || bindudvayaṃ tato jñātvā sa saṃsārād vimucyate |

13) 사다쉬바(Sadāśiva)는 샤이바(Śaiva) 전통의 36원리(tattva) 체계에서 첫 번째와 두 번째 원리인 쉬바와 샥티에 이어서 생겨나는 원리이자 결합한 쉬바-샥티 원리를 뜻하기도 한다. 일반적으로 이 단계에서 aham이라는 자아의식(aham)이 현현한다고 설명된다.

가장 최상의 빈두는 라야띠따(layātīta)의 단계에서 모든 곳에 편재한다. 그러므로, [이와 같이] 두 가지 종류의 빈두가 있다는 것을 알고나서, [수행자는] 윤회로부터 벗어날 수 있게 된다.

여기에서 빈두는 속박되어 있는 상태와 편재한 상태의 두가지 종류로서 기술된다. 가장 순수한 경지에서 빈두는 윤회를 벗어나지만, 마야(Māyā) 땃뜨바에 의해서 오염된 상태로 떨어지게 되어 윤회하는 상태로 들어가게 되는 것이다. 이 문헌은 샤이바 우주론에서 세계가 개별적인 자아로서 창조되는 과정을 샤이바의 36원리(땃뜨바) 체계를 토대로 설하고 있다. 그러므로 사다쉬바(Sadāśiva) 땃뜨바에 의해 생겨나는 삿뜨바(sattva), 라자스(rajas), 따마스(tamas)라는 세가지 구나들(guṇāḥ)은 아뜨만을 윤회의 주체로서 떨어지게 만드는 속박과 같은 것으로서 기술되는 것이다. 그리하여, 이렇게 창조된 개별적 자아에 갇힌 빈두는 본래적인 편재성을 잃은 채 신체에 한정된 빈두로서 머물며 윤회하게 된다고 설명된다.

2) 신체에서 빈두의 위치, Svacchanda 전통의 계승

앞서 우빠니샤드와 샤이바 싯단따의 문헌에서는 나디(nāḍī)들이 시작되는 지점 혹은 꾼달리니가 머무는 장소로 신체의 중앙, 즉 심장(hṛdaya, hṛt)을 언급한다. 그러나 샤이바 뜨리까 전통의 문헌인 *Tantrasadbhāva* 에서는 아뜨만과 동일시되는 빈두(bindu) 혹은 생명에너지(prāṇa)의 위치가 좀 더 다양하게 기술된다.[14] 특히, 이 문헌에서는 꾼달리니의 거처(locus)가 배꼽(nābhi) 주변으로 이동되어 기술되고 있다는 점이 눈에 띈

14) 이러한 다양성 혹은 불일치는 현재 우리가 사본을 통해서 만나게 되는 *Tantrasadbhāva* 문헌 자체가 다양한 층위(layers)를 거쳐서 편집되었다는 점을 보여주는 것이기도 하다. Sanderson(2009: 50)에서는 특히 Niśvāsa경전군과 *Svacchandatantra*, 그리고 *Tantrasadbhāva*와 *Kubjikāmata*로 이어지는 경전 사이의 게송의 공유와 개정에 대해에 대해 매우 압축적으로 묘사하고 있다. 그러한 내용의 재인용을 통해 *Svacchandatantra*의 현존 버전에 대해 논

다. 예를 들면, 1장에서는 꾼달리니가 배의 중앙(nābhimadhya)에 위치한다는 게송이 나오는 반면[15], 24장의 기술에서는 배꼽 아래(nābhyadhas), 즉 회음에 가까운 지점으로 묘사되는 구절이 발견된다. 각 기술이 등장하는 문맥들의 차이를 살펴보자면, 전자는 꾼달리니를 근원적 소리(nāda)로서 현현되는 과정에서 설명하며, 후자에서는 신체에 퍼져있는 나디의 모습과 관련시켜 기술한다. 특히 후자의 게송들은 인도 전역에 광범위하게 영향을 끼친 대표적인 샤이바 경전 중 하나인 스바찬다(Svacchanda) 전통의 교리를 계승하는 구절들이기 때문에, *Tantrasadbhāva*를 고찰하기에 앞서 *Svacchandatantra*의 카슈미르 전승본[16]에 나타난 해당 게송을 살펴볼 필요가 있다.[17]

> 거기[=신체]에는 생명에너지(vāyu)인 아뜨만(ātman)의 Prabhu-śakti가 나디를 통해서 움직이는데, [나디들은] 배꼽 아래로, 배의 중앙으로부터

의하는 국내연구로는 방정란(2022)을 참조할 수 있다.

15) *Tantrasadbhāva* 1.123cd (Bang 2018: 144): nādaḥ kuṇḍalinī jñeyā nābhimadhye vyavasthitā ǁ "근원적인 소리(nāda)인 꾼달리니(kuṇḍalinī)는 배의 중앙에 위치한다고 알아야만 한다."

16) 현재 이용가능한 *Svacchandatantra*의 편집본은 KSTS(Kashmir Series Of Texts And Studies)에서 출판된 것으로, 이는 카슈미르 지역의 샤라다(Śāradā) 사본 등을 기반으로 편집된 것이다. 또한, 이 문헌은 네팔지역에 11세기 전후에 제작된 고층 패엽사본으로 전승되는데, 이 경우에는 *Svacchandalalitatantra*라는 제호로 전해진다. 이 외에도 남인도 사본이 전해져 총 세 가지의 버전이 전승되고 있다. 각 버전의 상세 내용 및 차이점에 대한 개요는 방정란(2022), 7-12의 "II. 세 가지 전승 버전(recensions)"을 참조.

17) *Svacchandalalitatantra* 7.7-9 (KSTSed. 171-175 ; N 71r3-71v3): tatrātmā prabhuśaktiś ca vāyur nāḍibhiś caran (KSTSed; N caraiḥ) । nābhyadhomeḍhrakande (KSTS; -meḍhrakandaś N) ca sthitā (KSTS; sthito N) vai nābhimadhyataḥ ǁ tasmād vinirgatā nāḍyas tiryag ūrdhvam adhaḥ priye (KSTS, adhordhvaṃ tiryagaṃ priye N) । cakravat saṃsthitās tatra pradhānā daśa nāḍayaḥ ǁ dvāsaptatisahasrāṇi nāḍyas tābhyo (KSTS tābhyo nāḍyā N) vinirgatāḥ । punar vinirgatāś cānyā ābhyo (KSTS; cānyā tābhyo N) 'py anyā punaḥ punaḥ ǁ 이 부분에서 7.7ab를 제외하고 나머지 부분은 *Tantrasadbhāva* 24.4c-6에서 재인용.

성기의 깐다(meḍhra-kanda)에 실로 위치해 있다오. 거기에서부터 나디(nāḍī)들이 구불구불 아래로 위로 뻗어져 나간다네. 데비여! 짜끄라와 같이 거기에는 주요한 열 개의 나디가 위치한다네. 그로부터 다시 72,000개의 나디가 뻗어져 나오고, 또 다시 다른 [나디]들이 그로부터 뻗어져 나오고 계속해서 다른 [나디]들이 뻗어져 나온다네.

그러나 위의 인용에서 밑줄친 게송 부분은 문헌의 버전에 따라서 그 내용에 미묘한 차이를 보인다. 먼저 동일한 경전의 네팔 전승본인 *Svacchandalalitatantra*에서는 "그리고 배꼽[과] 성기 아래의 깐다(kanda)는 실로 복부 중앙에서부터 있다"라고 하여 문장의 주어를 나디들이 아니라 깐다(kanda) 혹은 숨(vāyu)으로 설정하고 있는 것으로 보이는 반면, *Tantrasadbhāva*의 관련 평행게송은 "배꼽 아래쪽, 성기 위쪽(meḍhrakaṃ cordhve), 배 중앙에 위치한다"라고 기술한다.[18] 이와 같은 서술의 미묘한 차이는 이독(variants) 때문에 발생하는데, 패엽사본들에서 전해지는 *Svacchanda*의 네팔 전승본(=*Svacchandalalitatantra*)과 *Tantrasadbhāva*는 *Svacchanda*의 카슈미르 버전과 비교하면 샤이바 문헌의 이형적 문법이 매우 빈번하게 발생한다. 이는 전승 과정에서 카슈미르 버전의 전승자 혹은 편집자들이 이형적 표현들을 점차적으로 다듬은 결과로 이해해 볼 수 있다. 다시 말해, 전통적인 산스끄리뜨 문법의 측면에서 보았을 때, 즉각적인 해석이 용이하지 않은 게송들을 포함한 *Svacchanda*의 네팔 전승본과 *Tantrasadbhāva*의 독법이 상대적으로는 이른 시기의 버전[19]이라고 볼 수 있는 것이다. 각 버전의 뉘앙스 변화를 정리해 보면 다음과 같다. 즉, 이른 버전들은 생명에너지의 근원적 위치

18) *Svacchandalalitatantra* 버전 (Cf. 각주14 참조): nābhyadhomeḍhrakandaś ca sthito vai nābhimadhyataḥ । ; *Tantrasadbhāva* 24.4cd: nābhyadhomeḍhrakaṃ cordhve sthito vai nābhimadhyataḥ । 여기에서 인용하는 *Svacchandalalita*의 버전은 이 문장의 주어가 vāyuḥ라는 것이 명확하게 나타나 있는 반면, 그 게송이 *Tantrasadbhāva*에서는 생략되고 있다.

19) 문헌비평(Tetxual Criticism)의 관점은 다양한 층위에 걸쳐 전승되고 편집, 수

(locus)로서 깐다를 주격(prathama-vibhakti)으로 표현함으로써, 샥띠로 현현되는 이러한 생명에너지가 복부의 아래쪽 전반에 걸쳐 머물고 있는 것으로 묘사하지만, 이후 버전들에서는 깐다가 처격(saptamī-vibhakti)으로 변화하면서, 성기의 뿌리인 회음에 가까운 특정한 지점으로 제한되어 가는 것으로 분석해 볼 수 있다.

*Svacchandatantra*의 주석(*Udyota*)을 남긴 끄셰마라자(Kṣemarāja)[20]는 복합어 'nābhyadhomeḍhrakande'에서 nābhi와 adhomeḍhra를 병렬복합어(dvandva)로 해석하면서, 쁘라끄리띠(prakṛti) 땃뜨바가 배꼽의 끝에 이르기까지 편재하기 때문에 가장 높은 단계의 아뜨만은 주로 모든 나디들의 더미가 위치한 배꼽에 머물지만, 성기 아래쪽에는 중간 정도의 샥띠가 있다고 해설한다. 즉, 카슈미르의 저자들도 이처럼 쁘라나 혹은 꾼달리니가 머무는 위치가 샤이바 경전에서 다양하게 설해지고 있다는 점을 잘 알고 있었던 것으로 보인다. Kṣemarāja뿐만이 아니라 불이원론적 샤이바 사상을 집대성한 아비나바굽따(Abhinavagupta) 또한 그의 *Tantrāloka*를 통해서 쁘라나(prāṇa)를 개아에 생명력을 부여하는 자연적

집되어 현재에 이르기까지 전승되는 고전문헌의 내용을 분석하는 데 매우 유용한 방법론이 될 수 있다. 이 경우는 문헌의 선후관계와 문맥의 발전 과정을 유추하는 데에 자주 사용되는 문헌학적 방법론(philogical methodology) 중에서도 '더 어려운 읽기가 보다 유력하다(Lectio difficilior potior)'는 법칙과 특히 관련이 있다.

20) *Svacchandodyota* (KSTS 174-5): yady apy ātmaprabhuśaktivāyavaḥ sarvatra dehasthitāḥ, tathāpi prādhānyābhiprāyeṇa yathākramaṃ – **nābhyadhomeḍhrakande ca sthitā vai**. nābhyantaṃ prakṛtitattvasya vyāptir iti nābhāv aśeṣanāḍīcakrabhūtāyāṃ prādhānyenātmāsthitaḥ, adhomeḍhre tu madhyaśaktiḥ. eṣāṃ cātra svarūpam avadhānadhanair eva samyag upalabhyate na tu paśubhiḥ. evaṃ sthite sati ātmaviśrāntipadāt. **nābhimadhyataḥ ‖ tasmād vinirgatā nāḍyas tiryagūrdhvam adhaḥ priye**. ata evoktam anyatra "nābhicakre kāyavyūhajñānam (YS 3.19)" iti. kecit tu nābhicakrata iti pāṭhaṃ pūrvatraiva yojayitvā, tasmād ity anena kandapadaṃ pratyavamṛṣṭavantaḥ.

인 것와 그것을 넘어서는 초월적인 차원의 것으로서 세분하여 설명[21]한다. 그리고 깐다(kanda)로부터 흘러나오는 쁘라나에 대해서는 수행자가 감지해야 하는 존재로 설정하지 않지만, 반면에 심장으로부터 시작되는 나디를 통해 움직이는 쁘라나는 수행을 통해서 감지해야만 존재[22]로서 구별하여 해설한다. 왜냐하면 이러한 고차원의 쁘라나는 쉬바의 샥띠와 연결되는 것[23]이기 때문이다. 이 문헌의 주석을 남긴 Jayaratha는 이러한 아비나바굽따의 견해가 *Svacchandatantra*의 교리를 경증으로 한 것이라는 점을 분명히 하고 있다.

샤이바 경전들은 나디의 시작점으로서 심장과 배꼽을 모두 인정하고 교시하고 있기는 하지만, 고대 우빠니샤드에서 아뜨만이 나디를 통해 온몸에 흐르는 불멸의 존재로서 설명되었던 것과는 달리, 그 존재는 점차 빈두 혹은 초월적인 여성 에너지인 샥띠로서 확장, 해석되었다. 그리고 이 과정에서 미현현의 초월적인 샥띠는 신체 속에서 꾼달리니라는 에너지체로 개념화되는데, 꾼달리니가 머무는 기저는 배꼽 혹은 그 아래의 성기나 회음으로 세분화되어 다양하게 교시되고 있는 것이다. 이렇게 전개되는 다중의 교시들은 점차 교리적으로 종합되어 가며, 그 흔적을 *Tantrasadbhāva*에서 산발적으로 찾아볼 수 있다.

---

21) *Tantrāloka* 6.47c-48b: yatno jīvanamātrātmā tatparaś ca dvidhā mataḥ ‖ saṃvedyaś cāpy asaṃvedyo dvidhetthaṃ bhidyate punaḥ ।: 여기에서 노력, 애씀을 뜻하는 yatna의 의미를 Jayaratha는 "이끌어내야 하는 진동(prāṇīyaḥ spandaḥ)"라고 해석한다.

22) *Tantrāloka* 6. 49c-51 prāṇaḥ kandāt prabhṛty eva tathāpy atra na susphuṭaḥ ‖ kandādhārāt prabhṛty eva vyavasthā tena kathyate । svacchandaśāstre nāḍīnāṃ vāyvādhāratayā sphuṭam ‖ tatrāpi tu prayatno 'sau na saṃvedyatayā sthitaḥ । vedyayatnāt tu hṛdayāt prāṇacāro vibhajyate ‖

23) *Tantrāloka* 6.52ab: prabhoḥ śivasya yā śaktir vāmā jyeṣṭhā ca raudrikā ।

3. *Tantrasadbhāva*에서 묘사되는 꾼달리니의 탄생과 발전

1) 샤띠의 현현들로서 꾼달리니(Kuṇḍalinī) 여신

Tantrasadbhāva 1장에서는 두 종류의 빈두로 현현하는 아뜨만이 근원적 샤띠(Parama-śakti)와 연결되는 과정을 다음과 같이 설명한다.[24)]

> 심장의 연꽃에 존귀하신 신께서 머물러 계신다오, 영웅들을 이끄는 여신이여! 마치 빛을 통해서 번개가 치는 것처럼 [신=빈두는] 마야(Māyā)의 배 속에 머물러 있게 된다네.

그리고, 빈두가 샤띠로 변화하는 과정은 다음과 같이 서술된다.[25)]

> 초월적 샤띠(parā śaktiḥ)는 매우 미세하며 전혀 움직임이 없다오. 그러나 심장의 빈두를 감싼 후에는 잠자고 있는 뱀의 형상을 하고 있다고 알려진다네. 위대한 행운의 여신이여!, 그러한 상태에서 잠자는 [샤띠]는 어떤 것도 사유하지 않는다네. 우마 여신이여! 달과 불과 태양과 별들로 그녀의 배속에서 열네 개의 세계를 쏟아낸 후에, 여신이여! 그 [샤띠]는 마치 기절한 것과 같은 상태에 이르게 된다오.

---

24) *Tantrasadbhāva* 1.55 (Bang 2018: 138): tiṣṭhate bhagavān īśo hṛtpadme suranāyike । māyodaragataṃ tiṣṭhed vidyotam iva cārciṣā ॥

25) *Tantrasadbhāva* 1.216-218b (Bang 2018: 156에서 교정): yā sā śaktiḥ parā sūkṣmā nirācāreti kīrtitā । hṛdbinduṃ veṣṭayitvā tu prasuptabhujagākṛtiḥ ॥ tatra suptā mahābhāge na kiñcin manyate ume । candrāgniravinakṣatrair bhuvanāni caturdaśaḥ ॥ udare kṣipya sā devi viṣamūrccheva sā gatā ।

여기서 가장 근원적인 상태의 샥띠는 심장의 빈두를 머금고 있으며, 세계의 창조를 하기 이전에 이원적 세계를 초월하여 존재하고 있는 상태를 묘사하는 것으로 이해할 수 있다. 그리고 이어서 샥띠의 상태가 변화하는 일련의 과정이 다음과 같이 묘사된다.[26)]

> 그녀가 지혜의 형태를 띈 [근본적인] 최상의 소리를 통해 깨어나게 되면, [그녀의] 뱃속에 있던 빈두에 의해 [그녀는] 휘저어지게 된다. 뛰어난 여신이여! 가장 먼저 실로 [빈두가] 휘젓는 속도에 의해서 교반이 일어난다. 그러면 먼저 분화가 일어나게 되는데, [이때에] 빛과 열을 지닌 빈두가 생겨난다. 그리고 그 빈두를 통해 교반이 일어나고 나면, 미세한 깔라(kalā)[27)]인 꾼달리(kuṇḍalī)[가 생겨난다].

이 문헌에서는 깊은 잠에 빠져 있는 뱀과 같은 형태로 머물러 있는 지고한 샥띠가 심장의 빈두를 이미 자신의 태(胎 udara)에 품고 있다는 묘사를 통해 '샥띠'와 '빈두'의 관계를 설명한다. 그리고 이 때의 샥띠는 인지적 측면인 jñāna-śakti, 의지적 측면인 icchā-śakti, 행위적 측면인 kriyā-śakti로서 발현되기 이전인 초월적인 상태임이 함의된다. 이러한 초월적 샥띠가 근원적 소리(nināda)를 만나면 깊은 잠에서 깨어나 현현하게 되는데, 이 때 이러한 변화를 일으키는 것이 바로 그녀의 태 속에 있던 빈두라는 점이 명시된다. 이 때의 빈두는 앞서 살펴봤던 빈두의 두 가지 종류 중 초월적인 빈두에 해당하는 것으로, 초월적 빈두의 교반활동을 통해서 빛과 열을 지닌 빈두가 발생하고, 다시 그 빈두를 통해서 꾼달리니가 현현하게 된다고 교시한다.

---

26) *Tantrasadbhāva* 1.218c-220 (Bang 2018: 156에서 교정): prabuddhā sā ninādena pareṇa jñānarūpiṇā ॥ mathitā codarasthena bindunā varavarṇini । tāvad dhi bhramavegena mathanaṃ śaktivigrahe ॥ bhede tu prathamotpanne bindur vai tejavarcasaḥ । tena bindor mathitvā tu kalā sūkṣmā tu kuṇḍalī ॥

27) digit/story/phase: 샤이바에서 깔라(kalā)의 의미. Cf. Saito(2023) 참조.

여기서는 특히, 꾼달리니를 깨어나게 하는 매개가 '소리'라는 것이 중요하다. *Tantrasadbhāvatantra*의 많은 구절이 *Svacchandatantra*의 구절들을 도입 및 개정하고 있다는 사실이 보여주듯이, 이 뜨리까 샤이바의 경전이 특히나 스바찬다(Svacchanda) 전통에서 주요하게 '만뜨라의 우주적 발화 과정'을 교시하는 mantroccāra의 체계[28]를 도입하였고, 이를 꾼달리니 수행과 깊게 연관지음으로써 교리적 발전을 꾀한 것으로 추정하게 한다.

2) 초월적 샤띠(Paraśakti)가 여신과 상징으로서 현현

앞서 인용된 게송 부분은 초월적 샤띠가 현현하는 과정을 서술하는데, 특히 이 부분은 Jayaratha의 *Tantrāloka*의 주석 *Viveka*에서도 인용되고 있다. 다시 말해, 샤띠와 빈두가 만나 꾼달리/꾼달리니의 탄생이 가능하게 된다는 교리가 *Tantrasadbhāva*의 고유한 교설로서 불이원론 샤이바 사상가들에게 널리 알려져 있었다는 점을 반증한다. 현존하는 *Tantrasadbhāva* 1장과 *Tantrālokaviveka* 3장에서 인용된 버전의 서술은 미현현의 샤띠가 어떠한 형태로서 현현하는지를 기호와 상징을 통해서 교시하는데, 그 구체적인 내용을 살펴보면 다음과 같다.[29]

---

28) *Svacchandatantra*는 만뜨라를 통해 인간이 내는 음성이 우주적 소리로서 공명하게 되는 총 열한 개의 단계를 교리적 시스템으로 확립시켰다. 관련 내용에 대해서는 방정란 (2022)를 참조.

29) *Tantrālokaviveka*에서 인용하는 *Tantrasadbhāva*의 버전과 현존 버전과의 차이를 표로 비교하면 다음과 같다.

Tantrasadbhāva 1.216ab	*Tantrāloka-viveka*의 인용
yā sā śaktiḥ parā sūkṣmā nirācāreti kīrtitā ।	yā sā śaktiḥ parā sūkṣmā nirācāreti kīrtitā ।
Tantrasadbhāva 220c-225b	
tena bindor mathitvā tu kalā sūkṣmā tu kuṇḍalī ॥	utthitā tu yadā tena kalā sūkṣmā tu kuṇḍalī ।

샤띠의 뱃속에 머무는 빈두는 네 가지 양상으로 현현할 수 있다오. [먼저] 저어지는 것(mathya, i.e., Śakti)과 젓고 있는 것(manthana, i.e., Śiva)의 결합을 통해서 일직선의 모습을 지니게 된다. 오 사랑하는 여신이여! 그래서 두 빈두 사이에 있는 그녀를 [가장 첫 번째인] Jyeṣṭha-śakti라고 한다. [이] Amṛtakuṇḍalī는 빈두에 의해서 동요되게되면 선(線)과 같이 되는데, 두 개의 빈두 중앙에 있는 그녀를 Rekhinī라고 알아야만 한다.

---

catuṣkalamayo binduḥ śaktyodaragataḥ prabhuḥ । mathyamanthanayogena ṛjutvājāyate ’grataḥ ॥ jyeṣṭhā śaktiḥ smṛtā sā tu bindudvayasumadhyagā ॥ bindunā kṣobham āyātā rekhev*āmṛtakuṇḍalī* । rekhinī nāma sā jñeyā ubhau-binduvimadhyagā । tṛpathā sā samākhyātā *raudrī* nāmena gīyate ॥ nirodhī sā samuddiṣṭā mokṣamārganirodhinī । śaśāṅkaśakalākārā *ambikā* cārdhacandrikā । ekā eva parā śakti tridhā sā tu prajāyate ।	catuṣkalamayo binduḥ śakter udaragaḥ prabhuḥ ॥ mathyamanthanayogena ṛjutvaṃ jāyate priye । jyeṣṭhā śaktiḥ smṛtā sā tu bindudvayavimadhyagā । bindunā kṣobham āyātā rekhev āmṛtakuṇḍalī । rekhinī nāma sā jñeyā ubhau bindū yadantagau ॥ tripathā sā samākhyātā raudrī nāmnā tu gīyate । rodhinī sā samuddiṣṭā mokṣamārganirodhanāt ॥ śaśāṅkaśakalākāra ambikā cārdhacandrikā । ekaivetthaṃ parā śaktis tridhā sā tu prajāyate ॥

이 중에 Cf. Bang 2018; 상기의 표에서 밑줄 친 부분은 이독(variants)에 해당한다. 내용상 크게 문맥이 다른 부분은 없으나, 문헌학적인 입장에서 상세하게 살펴보자면, 이러한 독법의 차이는 샤이바 문헌에서 자주 나타나는 Aiśa라 불리는 혼성범어의 특징과 관련되어 있는 것으로 보인다. 다시 말해 정격(standard) 범어와는 다른 형식을 지닌 샤이바 문헌의 범어 스타일 흔적이 보이는 것은 네팔에서 제작된 패엽사본에 근거한 *Tantrasadbhāva*의 버전으로, 카슈미르 전승에 해당하는 *Viveka* 인용은 오히려 파니니에 근거한 문법적 입장에서는 다듬어지거나 교정되어 있는 특징을 띈다.

그녀가 세 길이 만나는 모습이 되면 Raudrī라는 이름으로 불린다. 해탈의 길을 막고 있는 달의 반쪽과 같은 형상을 지닌 반월(ardhacandrikā)은 Ambikā[라고 불린다.] 그러므로 단 하나의 초월적 샥띠는 세 개의 방식으로 현현한다.

위의 내용을 바탕으로 빠라샥띠(Paraśakti)에 둘러싸여 있던 빈두가 점차 가시적인 표징으로서의 현현하는 과정을 정리해보면 다음과 같다 (Cf. *Tatnrasadbhāva* 220c=225b).

	Śakti 여신	이명(異名)	형상(形象)
1	Jyeṣṭhā / Amṛtakuṇḍalī	Rekhinī	직선 (두개의 빈두 사이)
2	Raudrī	Tṛpathā	세 길이 만나는 곳
3	Ambikā	Nirodhī[30)]	반월(半月 śaśāṅkaśakala)

30) 세 번째 샥띠이자 여신에 해당하는 이름이 현존 *Tantrasadbhāva*는 니로디(Nirodhī)이지만, *Tantrāloka*의 주석에서 인용하고 있는 버전은 로디니(Rodhinī)라는 이름으로 불리기 때문에 명칭이 상이하다. Nirodhī가 원형(archetype)에 가까울 것으로 판단한 이유는 이 여신의 발현이 샤이바의 수행론의 핵심을 차지하는 mantroccāra 체계와 밀접한 연관이 있을 것으로 판단되기 때문이다. 이 수행론은 *Svacchandatantra*와 *Tantrasadbhāva*에서 핵심적인 것으로 다뤄진다. 거기서 만뜨라가 발화되는 열한 개의 과정에서 우주적 창조의 원리가 설명되는 과정에서 귀로 들을 수 있는 소리의 형태가 아닌, "그 너머(atīta)"의 단계를 구성하는 것이 bindu, ardhacandra, 그리고 nirodhī가 된다. "그 너머"보다 더 미세한 단계의 소리는 "nadānta"라고 이름붙는데, 이 단계는 nāda와 nādānta의 두 단계로 구성된다. 이러한 체계를 고려한다면, 발화된 여성원리인 샥띠 중 마지막이 nirodhī라고 칭해지는 배경을 이해할 수 있다. 이와 비교해 *Viveka*의 인용에서 나타나는 이름인 "Rodhinī"는 nirodhī와 비교해 음절의 순서가 바뀐 명칭으로, 전승상의 변화 혹은 의도된 변화일 가능성이 있을 것으로 예상해 볼 수도 있다. 만약 rodhinī라는 이름으로 세 가지 샥띠를 지칭할 경우에는 모든 명칭이 r로 시작하는 통일성을 띈다. 열하나의 단계로 구성되는 mantroccāra의 내용에 대해서는 방정란(2022) "샤이

여기서 빈두가 직선(rju)과 같이 변화하기 시작할 때, 첫 번째 발현되는 샥띠인 Jyeṣṭhā-śakti는 두 개의 빈두 사이에 위치한다(bindudvayasumadhyagā)고 서술된다. 그리고 빈두의 자극에 의해서 요동치면서 선과 같은 흔적을 남기게 되기 때문에 이 샥띠에는 '선을 긋다'는 의미에서 파생된 여성형인 Rekhiṇī라는 이름이 붙는데, 이 상태를 Amṛtakuṇḍalī라고 서술한다. 게송의 압축된 표현에는 다른 해석의 가능성이 여전히 있기 때문에, 이 내용만으로는 초월적 샥띠인 kuṇḍalī와 첫 번째 발현 형태인 Amṛtakuṇḍalī사이에 어떤 차이가 존재하는지 알 수 없다. 더군다나 이 문헌에서는 위의 세 가지 현현 모델에서 변형된 총 네 종류의 현현 모델 또한 발견된다.

3) Śakti의 현현 단계에 관한 여러 모델

네 가지 종류의 샥띠를 설명(Cf. *Tantrasadbhāva* 1.56-65)[31]을 바탕으로, 이 샤이바 경전은 최종적으로 샥띠의 네 가지 현현을 가능케 하는 다섯

바(Śaiva) 전통에서 『스바찬다딴뜨라』(Svacchandatantra)의 문헌적 위상 연구"를 참고.

31) Tantrasadbhāva 1.56-65 (Bang 2018: 138-9): māyā prasuptanāgābhā saṃsthitā kuṭilākṛtiḥ | **kuṇḍalī** tena sā proktācidrūpā-m-ātmanasya tu ‖ tayā nīyaty asau jīva adhaścordhve ca bhāmini | sā tu māyā samākhyātā vāmā-vartā tu kuṇḍalī ‖ **jyeṣṭhā** nāma dvitīyā tu rjurekhā tu sāsmṛtā | padmatantunibhākārā sṛṣṭimārgapravaratanī ‖ raudrī śṛṅgāṭakākārā tṛtīyā sā prakīrtitā | śaśāṅkaśakalākārā nirodhīsā caturthikā ‖ icchājñānakri-yā**vibhvī**(/**viśvī**) catuṣka iti paṭhyate | pañcamī śivaśaktis tu yā karoti gamāgamam ‖ icchā-m-utpādayed buddhiṃ saṃkalpaṃ yā prakurvati | sā tu tribhedato jñeyā sattvarājasatāmasā ‖ jñānaśaktis tathā jñānaṃ tac caivāṣṭaprakārataḥ | dharmo jñānaṃ ca vairāgyam aiśvaryaṃ ca catuṣṭayam ‖ adharmaś ca tathājjānam avairāgyam anaiśatā | jñānaṃ caivāṣṭadhābhinnaṃ karoti vikaroti ca ‖ saṃkalpaś ca vikalpaś ca vyavahārārthakarmaṇi | kriyā tu kurute sarvaṃ dharmādharmātmakaṃ paśoḥ ‖ vibhvī(/viśvī) tu bodhanī jñeyā cicchaktiś pratibodhanī | pa-ñcamī yā smṛtā śaktis tathādhāro vyavasthitaḥ ‖

번째 미현현의 샥띠 자체를 상징하는 것으로서 설명을 마친다. 그 내용을 도표로 정리하면 다음과 같다.[32)]

<table>
<tr><td rowspan="4">śakti</td><td colspan="5">5종</td></tr>
<tr><td rowspan="3">Śiva śakti
=ādhāra-śakti</td><td colspan="4">4종</td></tr>
<tr><td rowspan="2">Vibhvī/ Viśvī-śakti[32)]
=Cic-chakti</td><td colspan="3">3종</td></tr>
<tr><td>Īccha-śakti</td><td>Jñāna-śakti</td><td>Kriyā -śakti</td></tr>
<tr><td>여신</td><td>-</td><td>Kuṇḍalī
[=Vāmā]</td><td>Jyeṣṭhā</td><td>Raudrī</td><td>Ambikā
/Nirodhī</td></tr>
<tr><td>형상</td><td>-</td><td>왼쪽 방향을 회전
(vāmāvartā)</td><td>일직선
(ṛjurekhā)
= Rekhinī
(=Amṛtakuṇḍalī)</td><td>세 꼭짓점
(śṛṅgāṭaka
/tripathā)</td><td>반월
(śaśāṅkaśakala/
ardhacandrikā)</td></tr>
<tr><td>기능</td><td></td><td>각성</td><td>창조</td><td>유지</td><td>파괴</td></tr>
</table>

표 3 *Tantrasadbhāva*에서 기술되는 샥띠의 현현

상기의 표를 통해 알 수 있듯이, 본 경전은 꾼달리니를 근원적 샥띠가 가장 먼저 현현하는 모습으로서 위치시키면서, 이 때 초월적 단계의 빈두가 왼쪽 방향으로 회전하게 되는데, 이를 구체적인 형상으로 기술한다. 이는

32) Kuṇḍalī 여신이 함의하는 샥띠의 특징을 지칭하는 용어가 정확하게 무엇인지에 대해서는 두가지 가설이 가능하다. 먼저 '전능하다'는 뜻의 vibhu에서 파생된 여성형으로서 Vibhvī와 '우주적'이라는 뜻의 Viśva에서 파생된 여성형 viśvī모두 가능하다. *Tantrasadbhāva*의 네팔 사본들에 발견되는 서체적인 유사성이 두 가지 독법을 모두 지지하고 있다. 그리고 여기에서 더 나아가 꾼달리니의 존재 자체는 bindu의 형태를 띈 쁘라나(prāṇa) 혹은 아뜨만(ātman)과 동일시되기 때문에 bindu에서 파생된 여성형인 Bindvī라는 이름의 샥띠가 될 가능성도 있다 (cf. 네팔과 북인도의 사본에서는 v와 b를 엄격하게 구분해서 적지 않는다.). 이러한 가설은 좀 더 다양한 자료적 전거를 검토한 후에 확정될 수 있는 것이기도 하고, 본고의 지면에서 그 상세를 모두 다룰 수가 없어서 본격적인 논의는 차후의 주제로 남겨놓고자 한다.

꾼달리니라는 모습으로 나타나는 샥띠를 Vāmā 여신으로서 연결하는 함의를 담고 있다고도 볼 수 있다. 그리고 이 단계는 쉬바의 Cic-chakti의 발현으로서 설명된다. 다시 말해, 본 문헌은 *Svacchandatantra*에서 교시되었던 꾼달리니라는 에너지체에 대한 개념이 샥띠즘의 영향을 받아 여성적 원리의 발현으로서 격상되는 과정을 담고 있다고도 말할 수 있다. 이러한 교리적인 중요성에도 불구하고, 본 문헌의 이해가 용이하지 않은 이유는 kuṇḍalī 혹은 kuṇḍalinī가 어떤 샥띠 혹은 어떤 여신으로서 현현하는지가 단일한 시스템으로 확정되기 이전의 사상을 담고 있기 때문으로 보인다.

5. 마치며

샤이바 뜨리까 전통의 주요 텍스트 중에 하나인 *Tantrasadbhāva*는 샥띠즘(Śaktism)의 강력한 영향 아래서 빠라(Parā)와 아빠라(Aparā), 그리고 빠라빠라(Parāparā)라는 세 여신의 숭배를 천명하지만, 그와 동시에 바이라바(Bhairava)로 화현한 쉬바신을 숭배하는 스바찬다(Svacchanda) 샤이바 전통의 교리와 수행을 많은 부분에서 계승하고 있다. 특히 스바찬다에서 교시되었던 mantroccāra(만뜨라의 발화)를 여신 숭배 사상과 결합시킨다. 이 샤이바 경전은 초월적인 빠라마쉬바(Paramaśiva) 땃뜨바와 더불어 그것과 불가분의 관계인 근원적인 힘, 샥띠(Śakti) 땃뜨바로부터 세상이 시작된다고 말한다. 세상의 창조는 쉬바와 샥띠의 결합 이후에 다양한 힘(śakti)과 여신들의 현현을 통해 일어나는데, 이때 꾼달리니(kuṇḍalinī)를 중요한 개념으로서 확립시킨다.

하지만, 경전에는 신체 안에 잠재한 무한하고 불멸의 존재인 빈두, 아뜨만, 쁘라만 등과 꾼달리니의 출현을 연결시키는 과정에서 발생한 다종의 모델을 증언하고 있기도 하다. 본고는 샤이바 경전의 문헌학적 전거를 살펴봄으로써 꾼달리니 개념이 통합적인 체계로서 들어가는 과도기적인 과정을 추적하고자 하였다. 문헌의 내용을 이해하는 과정에서 불가피하게 발생할 수밖에 없는 해석상의 난점들은 샤이바 문헌들이 자주 보여주는 특유의 현상이기도 하다. 그럼에도 불구하고 이러한 도전적인 연구과제들을 끊임없이 발굴하고 조사해야 하는 이유는 이 문헌들이 보여주는 난해함이 단순한 필사 오류나 실수에 기인한 것이라고 단언할 수 없기 때문이다.

텍스트간의 불일치에는 반드시 이유가 존재한다. 긴 시간을 거치면서 종교문헌이 여러 단계를 거쳐 개정, 편집되는 과정에는 사상적 발전의 층위가 퇴적되어 쌓이기 마련이다. 아직까지도 산스끄리뜨 사본의 형태로만 남아있는 많은 인도종교의 고전 문헌들은 그 흔적을 고스란히 담고 있는 채 우리의 발굴을 기다리고 있는 것일지도 모른다.

일차문헌

Kathopaniṣad [편집본] Olivelle (1998) 참조.

Chāndogyopaniṣa [편집본] Olivelle (1998) 참조.

Tantrasadbhāvatantra [사본] [편집본] Bang (2018) 참조

Niśvāsatattvasaṃhitā [편집본] Goodall (2015) 참조.

Mālinīvijayottaratantra [편집본] Vasudeva (2004) 참조

Sārdhatriśatikālottaratantra [편집본] Bhatt (1979) 참조.

Svacchandatantra [편집본] Svacchandatantra with the commentary by Kshema Rāja, ed. Madhusūdan Kaul Shāstrī, KSTS 31, 38, 44, 48, 51, 53, and 56. Bombay 1921-35.

Svacchandatantra-udyota [편집본] *Svacchandatantra* 참조.

Svacchandalalitatantra [사본] (약호 N) NGMPP C 6-5, 11세기 제작, 패엽(Palm-leaf) 사본.

이차문헌

박영길 (2024) 「'잠들어 있는 꾼달리니(Supta-kuṇḍalinī)'의 위치에 대한 다양한 서술(I), -12~18세기의 하타요가 문헌을 중심으로」, 『요가학연구』 제31호, pp. 41~83.

방정란 (2020) 샤이바 딴뜨라 수행에서 신체관 전개 - 관련 주요 개념들의 변천과 발전을 중심으로-, 『인도철학과 요가』, 여래, pp. 165~245.

방정란 (2022) 「샤이바(Śaiva) 전통에서 『스바찬다딴뜨라』(Svacchandatantra)의 문헌적 위상 연구(1) -전승본 비교 분석을 통한 문헌 연구 방법론 재고-」, 『인도철학』 제65집, pp. 5~33.

임근동 (2011), 「쁘라나의 우빠니샤드적인 의미」, 『남아시아연구』 제17권 2호, pp. 155~215

Bang, Junglan (2018), *Selected Chapters from the Tantrasadbhāva, Based on the tradition of 11th century Śaiva Sanskrit Manuscripts in Nepal*, Ph.d dissertation, Universität Hamburg.

Bhatt, N.R. (1979) *Sārdhatriśatikālottarāgama avec la commentaries de Bhaṭṭa Rāmakaṇṭha*, ed. N. R. Bhatt. Publications de l'IFI No. 61. Pondicherry: IFP,

Goodall, Dominic (2015) *The Niśvāsatattvasaṃhitā, The Earliest Surviving Śaiva Tantra, A Critical Edition & Annotated Translation of the Mūlasūtra, Uttarasūtra & Nayasūtra*, Collection Indologie 218, Early Tantra Series 1.

Kiss, Csaba (2015) *The Brahmayāmalatantra or Picumata, The Relifious Observances and Sexual Rituals of The Tantric Practitioner: Chapters 3, 21, and 45*. Collection Indologie 130, Early Tantra Series 3.

Hatley, Shaman (2015) "Kuṇḍalinī", The Encyclopedia of Indian Religions. (https://www.academia.edu/5009633/Ku%E1%B9%87%E1%B8%8Dalin%C4%AB 2025년 6월 23일 검색)

Olivelle, Patrick (1998) *The Early Upanisads, Annotated Text and Translation*, Oxford University Press, New York & Oxford.

Sanderson, Alexis (2009) "The Śaiva Age- The Rise and Dominance of Śaivism during the Early Medieval Period", *Genesis and Development of Tantrism*, ed. Einoo, Shingo, Institute of Oriental Culture, University of Tokyo.

Saito, Akane (2023) "The Relationship between bindu and kalā in the Śaiva Siddhānta Tradition", *Journal of Indian and Buddhist Studies* Vol. 71, No. 3, pp.975(33)-980(38).

Takahashi, Kenji (2019) "The Manas and the Manovahā Channel in the Vārṣṇeyādhyātma of the Mahābhārata: A Critical Reading of Mahābhārata 12.207.16-29", *J Indian Philos*, pp.421-452.

불이론 전통의 수행론 연구 : 선종과 라마나 마하르쉬를 중심으로*

심준보
(한국외대 인도연구소 초빙연구원)

Ⅰ. 불이론의 정의

<그림1> 이원론과 불이론의 차이 (출처: Duality vs Non-Duality Explained Visually by Alex Shailer. https://www.youtube.com/watch?v=iuSbI-H9L3WU(2024.07.02. 검색))[1]

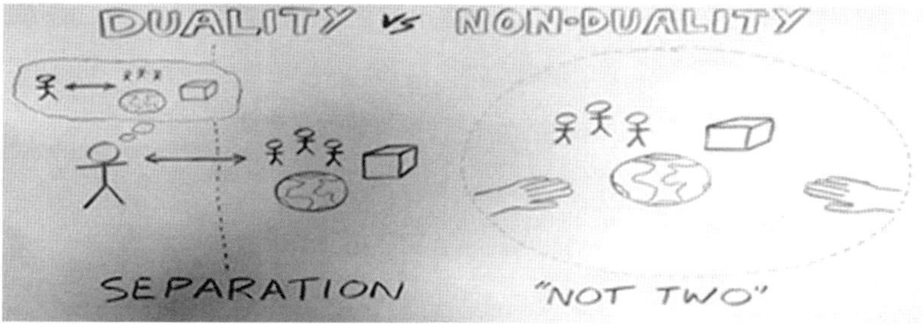

---

* 이 논문은 『요가학연구』 32호(2024년 9월 발간), 9-44에 실린 글이다.

1) 알렉스 세일러는 불이론 철학을 중심으로 활동하는 의식 코치이자 유튜브 크리에이터이다. 이 그림 자료는 이원론과 대비한 불이론의 특징을 효과적으로 시각적 측면에서 잘 드러내고 있다고 생각되어 본 연구가 유튜브 영상의 한 장면을 캡쳐한 것이다.

본 연구는 선종과 라마나 마하르쉬의 불이론과 그 수행의 특징을 고찰하고자 한다. 이를 위해 먼저 본 연구의 불이론 개념을 규정한다. 그러나 불이론이라는 용어는 그 특징을 정확히 규정할 수 없는 용어이다. 불이론(Non-dualism, Advaita)과 일원론(Monism)은 보통 상호 통용되는 용어이기 때문에[2] 본 연구는 일단 일원론의 정의가 어려운 이유를 제시한 맥더못(R. A. McDermott)의 입장을 소개한다

> 일원론(Monism)은 현실의 일체성 또는 통일성을 강조하는 사상가나 철학 체계에 적용되는 용어이다. 일반적으로 일원론자로 간주되는 사상가는 스스로 이 명칭을 사용하지 않으며, 일원론적 모델을 언급하지도 않는다. 플라톤주의나 도교와 같은 철학적 체계와 달리, 일원론의 예는 공인된 출처나 기준을 통해 식별될 수 없다. 또한, 실용주의나 실존주의와 같은 철학 학파와 달리, 일원론은 식별 가능한 기원이나 역사적 배경이 부족하다. 이러한 점에서 일원론은 이상주의, 현실주의, 결정론과 같은 개념적 명칭에 가깝다. 철학 체계를 일원론의 예로 간주하기보다는, 다양한 방식으로 철학 및 종교 체계에 더 많거나 적은 정도로 일원론적이라고 이해하는 것이 더 적절할 수 있다. 일원론의 논쟁 가능한 특성을 고려할 때, 현재 글에서 가장 유용한 작업은 일원론적 체계의 하나 이상의 확정적 예를 제시하고, 그러한 예로부터 일원론적 특징을 추상화하는 것이 될 것이다.[3]

---

2) 맥더못은 샹카라의 불이론을 일원론의 가장 대표적 체계의 하나로 소개한다. 일원론에 대한 그의 짧은 글은 동서의 일원론 역사를 잘 스케치하고 있다. McDermott(1987), https://www.encyclopedia.com/philosophy-and-religion/philosophy/philosophy-terms-and-concepts/monism(2024.07.25.검색). 로버트 맥더못은 샌프란시스코의 캘리포니아 통합학문대학(California Institute of Integral Studies, CIIS)의 철학과 종교학 명예교수이다. R. 슈타이너, 스리 오로빈도 등 근대 동서양의 신비주의자를 연구하였다.

3) McDermott(1987), https://www.encyclopedia.com/philosophy-and-religion/philosophy/philosophy-terms-and-concepts/monism(2024.07.25.검색).

이것은 일원론이 개념의 외연이 매우 크고 이론적 구조가 확정되지 않았다는 것이다. 이것은 불이론 역시 마찬가지이다. 그러므로 본 연구에서 불이론을 확정해서 정의하기는 어렵다. 그러나 연구를 진행시키기 위하여 먼저 작업 가설적으로 본 연구가 생각하는 불이론의 구조를 제시하고, 다음으로 선종과 라마나 마하르쉬의 입장이 본 연구가 규정한 불이론의 구조에 맞는지 확인하여, 이들을 본 연구가 생각하는 불이론의 체계로 확정하고, 마지막으로 이들의 수행 체계의 특징을 고찰함으로써 본 연구가 규정하는 불이론의 수행적 특징을 도출하려고 한다.

일원론과 불이론은 통용되는 용어라고 했지만 본 연구는 이 둘 사이의 차이가 있다고 생각한다. 일원론은 일원의 유일함을 주장하지만 불이론은 일원과 다양함을 나누는 것을 거부할 뿐 일원을 강조하지 않는다. 〈그림1〉의 우측 그림에서 일원론은 바탕의 원(의식)만 존재하며 원 안의 다양한 내용물(대상)을 원의 전변이나 가현에 의한 비존재라고 주장한다면, 불이론은 바탕의 원(의식)과 내용물(대상)이 다른 것이 아니라고 할 뿐 의식의 일원이나 대상의 비존재를 주장하지 않는다. 맥더못은 이 차이를 "나가르주나의 중관사상과 선불교는 모든 개별적인 것들의 자족성과 실재성(이원론적 입장)을 부정하는 체계적이고 매우 효과적인 방법을 일원론 철학과 공유하고 있다. 그러나 불교의 영적 지혜의 표현으로서 이들은 이러한 부정의 일원적 결론(일원론적 입장)을 넘어 깨달음의 침묵(불이론적 입장)으로 나아간다."[4]고 말한다. 이를 그림으로 도식화 하면 아래와 같다.

---

4) McDermott(1987), https://www.encyclopedia.com/philosophy-and-religion/philosophy/philosophy-terms-and-concepts/monism(2024.07.25.검색). 괄호 속의 내용은 본 연구의 부기이다.

<그림2> 일원론과 불이론의 차이 (출처: 필자)

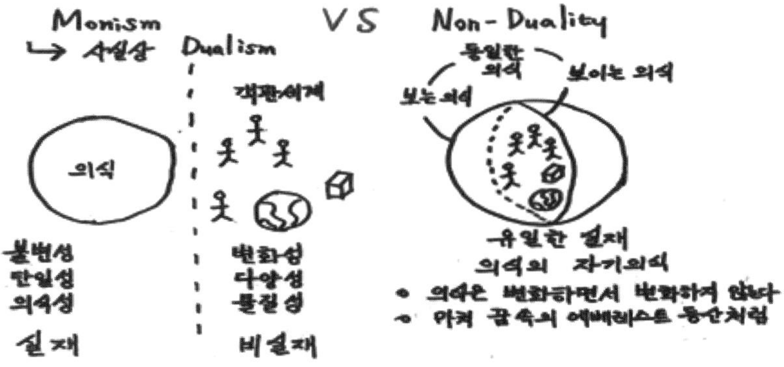

일원론의 입장은 아디 샹카라의 불이론 체계가 대표적이고 본 연구가 작업 가설적으로 생각하는 불이론의 입장은『대승기신론』일심이문 체계에서 확인할 수 있다. 아디 샹카라는 상주불변의 단일한 의식인 브라흐만(아트만)만 실재한다고 하였기 때문에 무상하고 다양한 물질 대상은 브라흐만에 가탁된 비실재였다.

그러나 이 주장은 모순인데 불변성, 단일성, 의식성으로 정의된 브라흐만에서 변화, 다양성, 물질성으로 정의된 비실재가 발생할 수 없기 때문이다. 샹키야는 이 모순을 극복하기 위하여 불변성, 단일성, 의식성으로 정의된 것을 푸루샤, 변화, 다양성, 물질성으로 정의된 것을 프라크리티로 하는 이원론을 주장하였다. 두 사상은 일원론과 이원론의 차이는 있지만 실재와 비실재를 별개로 전제한다는 점에서 이원론에 떨어진다.[5]

아디 샹카라 체계의 모순은 브라흐만을 행위성 없는 것으로 본 것에 있다. 그런데 행위성이 없다면 의식성은 어떻게 성립될 수 있는가? 의식한다는 것은 이미 행위가 아닌가? 변화 속에 변화하지 않는 실재를 추구한 우파니샤드 이래 전통에서 발생한 일원론의 브라흐만 개념을 쉬바파

---

5) 두 체계는 이론적으로는 이원론에 떨어져 있지만 종교실천적 면에서 브라흐만과 푸루샤로 상징되는 침묵의 세계를 목표로 한다는 점에서 불교의 종교적 목표와 다른 것은 아니라고 생각한다.

불이론은 불활적 브라흐만의 교설(śāntabrahmavāda)로 비판하고 의식성이자 행위성인 쉬바로 브라흐만을 대체하였다.[6] 쉬바파 불이론에서 끊임없이 의식하는 행위성으로 규정된 의식은 자기 자신 밖에 대상이 없기 때문에 자기 자신을 대상으로 의식한다. 그러므로 대상은 의식의 다른 모습이자 자기 인식이다. 그러므로 일즉이(의식즉대상), 이즉일(대상즉의식)의 불이의 논리가 성립한다. 이것은 이(대상)를 버리고 일(의식)을 택하는 일원론 논리와는 다르다. 불이론의 논리는 일과 이라는 분별을 놓음으로써 일과 이를 포괄하는 일을 드러낸다고 하면, 일원론의 논리는 일과 이를 나누어 이를 부정하고 일만을 주장하여 오히려 일과 이를 전제하는 이원론에 떨어진다.[7]

불이론의 체계가 가장 잘 드러난 불교 교설이 공즉시색, 색즉시공의 논리이고, 『대승기신론』의 일심이문의 체계이다. 공즉시색, 색즉시공에서 공을 일(의식)로, 색을 이(대상)로 본다면 이는 그대로 일즉이 이즉일의 논리를 보여준다. 쉬바파 불이론과 비교할 때 불교는 쉬바 대신에 공을 내세워 일(쉬바)에 집착할 여지조차 빼어 버린다는 점에서 쉬바파 불이론보다 더 철저한 불이의 입장에 있다. 이를 그림으로 나타내면 아래와 같다.

---

6) 심준보(2013), 283-285.

7) 『대승기신론소』(T44, 206c-207a)에서 원효는 불이론의 논리를 다음과 같이 표현한다. "염정의 모든 법(대상)은 그 본성(의식)이 둘이 없어, 진망의 이문이 다름이 있을 수 없기 때문에(일즉이, 이즉일) 일이라 이름하며, 이 둘이 없는 곳이 모든 법 중의 실체(일)인지라 허공과 같지 아니하여 본성이 스스로 신해하기 때문에(즉 의식은 자기인식이기 때문에) 심이라고 이름함을 말한 것이다. 그러나 이미 둘(대상과 의식)이 없는데 어떻게 일이 될 수 있는가? 일도 있는 바가 없는데 무엇을 심이라 말하는가? 이러한 도리는 말을 여의고 생각을 끊은 것이니 무엇이라고 지목할지를 모르겠으나 억지로 이름 붙여 일심이라 하는 것이다.(染淨諸法 其性無二 眞妄二門 不得有異 故名爲一 此無二處 諸法中實 體異虛空 性自神解 故名爲心 然既無有二 何得有一 一無所有 就誰曰心 如是道理 離言絶慮)" 한글 번역은 은정희(1991), 88. 괄호 속의 내용은 쉬운 이해를 위한 본 연구의 부기이다.

<그림3> 『대승기신론』과 『반야심경』의 불이적 구조(출처: 필자)

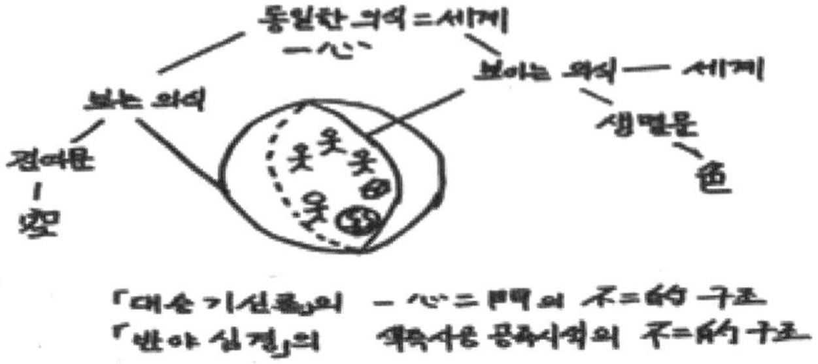

『대승기신론』의 생멸문은 이원의 관점에서, 진여문은 불이의 관점에서 세계를 본 것이다. 불이의 관점에서 보든 이원의 관점에서 보던 일심의 세계는 변함이 없다. 아래의 내용을 고찰하면서 해설한다.

> 각의 의미는 심체가 망념을 벗어난 것으로서 망념을 벗어난 상은 허공계와 같이 두루 하여서 법계일상이며 여래의 평등법신이다. 이 법신에 의하여 본각이라고 이름한다. 어째서인가? 본각의 의미는 시각의 의미에 상대적으로 설해진 것이다. 시각은 본각과 같은 것이다. 시각의 의미는 본각에 의하여 불각이 있고, 불각에 의하여 시각이 있다는 것이다.[8]

심체가 망념을 벗어났다는 것은 이원론의 관점에서 벗어남을 말한다. 심체는 의식으로서 단일한 체이면서 동시에 행위성으로서 스스로를 이분하여 대상화하는 자기 인식이므로 일즉이의 불이의 상태로 존재하는 것이다. 그러나 대상화된 자신을 의식 외의 실체적 대상으로 착각하는 이원적 상태에 있을 때 이 대상을 망념이라고 한다. 이원론의 관점을 벗어나면 의식과 주객의 대상이 개별적으로 독립한 것으로 나타나지 않고

---

8) 『大乘起信論』(T32, 576b). "所言覺義者 謂心體離念 離念相者 等虛空界 無所不偏 法界一相 卽是如來平等法身 依此法身說名本覺 何以故 本覺義者 對始覺義說 以始覺者 卽同本覺 始覺義者 依本覺故 而有不覺 依不覺故 說有始覺"

의식과 대상이 불이의 하나로 드러난다. 이런 일즉이 이즉일의 의식을 법계일상, 여래의 평등법신이라고 한다. <그림1>로 비유하면 좌측 그림에서 우측 그림으로 넘어가는 것이 심체가 망념을 벗어나는 것이고 우측 그림의 원(안의 내용까지 포함한)이 법계일상, 여래의 평등법신이다. 법신에 의하여 본각이라고 이름한다는 것은 법신, 즉 일즉이 이즉일의 의식의 불이성이 의식의 본래 상태라는 의미이다.[9] 본각의 의미가 시각에 의해 상대적으로 설해진 것이란 불이의 상태, 즉 본각이 본래 의식 상태이기 때문에 원래 별다른 각이란 것은 없는 것이지만 이원적 상태에서 불이적 상태로 전환하는 순간인 시각으로 인해 의식의 본래 상태를 억지로 본각으로 이름한다는 것이다. 그러므로 시각과 본각은 같은 불이의 의식 상태를 의미한다. 불각이 발생하는 근본 이유는 의식이 단일하면서도 동시에 이분된, 즉 일즉이의 존재이기 때문이다. 둘로 나누어진 자기 자신의 대상의 측면을 자기 이외의 존재로 실체화시켜 이원론의 세계에 빠져버린 것을 불각이라고 한다. 본각의 일즉이의 본성에 의해 이원화가 나타나기 때문에 본각에 의해 불각이 있다고 한다. 그리고 불각이 있기 때문에 이에서 벗어나는 시각이 있는 것이다. 이것이 시각의 의미이다.

이후 『대승기신론』은 이원적 관점(불각)에서 불이적 관점(본각)을 성취(시각)하는 과정(불각, 상사각, 수분각, 구경각)과 수행을 밝히고 있다. 그러나 지금의 목적은 불이론을 정의하는 것이니 더 나가지 않고 본 연구의 불이론 개념을 규정하고자 한다. 불이론은 의식을 유일한 실재로 인정한다. 그러나 의식은 고정불변한 것이 아니라 끊임없이 의식 활동을 하는 활동성이다. 의식 외에 다른 것은 없으므로 의식은 의식 스스로를 의식한다. 대상화된 의식은 대상 세계로 현전한다. 이 대상화된 의식에서 생멸 변화가 나타나지만 원래 의식은 유일한 것이기 때문에 이 변화는 사

---

9) 원효는 『起信論別記』(은정희, 1991, 142)에서 "각조성이 본각(是覺照性 名爲本覺)"이라고 정의한다. 각조성이란 의식의 지성(知性)이며, 이 지성, 혹은 행위성에 의하여 의식은 일즉이 이즉일의 자기인식의 의식이 된다. 이것이 의식의 본질이고, 이를 본각이라고 한다.

실상 변화가 아니다. 그러나 이원론은 이를 의식 밖의 실재로 집착한다. 일원론은 대상을 의식의 전변이나 가현의 비실재로 치부하고 영원히 변하지 않는 단일한 실재인 의식에서 안심입명을 얻고자 한다. 그러나 의식이 변하지 않는 유일한 하나의 실재라면 전변이나 가현은 발생할 수 없다. 또 우리가 살아가는 대상 세계는 무의미한 것이 되고 만다. 불이론은 의식성을 활동성으로 보기 때문에 일(의식)과 다양성(대상), 변화 없음과 변화가 동연이 된다. 그렇기 때문에 내재이면서 초월이고, 현실 속에서 현실을 초월한다. 그러므로 단일한 실재에서 안심입명을 찾는 게 아니라 일과 이로 나누는 분별을 벗어남에서 해탈을 구한다. 대상 세계는 결코 무의미한 것이 아니며 진정한 나인 의식의 자기 창조이자 유희가 된다.

이제 이런 불이론이 선종과 라마나 마하르쉬의 사상에서 어떻게 나타나는지, 그리고 그들은 불이론의 관점에서 수행에 대해서 어떤 이야기를 했는지 고찰할 계제가 되었다. 이를 통해 불이론의 특징을 더욱 이해하고 불이론의 구체적 실천을 일별할 수 있을 것으로 기대한다. 다만 라마나 마하르쉬는 아디 샹카라의 교설과 일치하는 부분이 있다고 하는데[10)], 본 연구는 아디 샹카라의 교설은 불이론이기 보다는 일원론이라고 하였다. 그러므로 이 연구는 마하르쉬의 교설이 일원론이 아니라 본 연구에서 규정한 불이론에 더 가까웠음을 밝히는 일이기도 할 것이다.

II. 선종의 불이론과 수행

본 연구는 선종을 정의하지는 않을 것이다. 다만 혜능 이후의 남종선, 특히 마조의 전통에서 임제로 이어진 조사선 전통을 중심으로 선종을 이해한다. 언어도단 불립문자를 캐치프레이즈로 하는 선종을 사상적으로

10) 마에다(2005), 64-65.

연구할 수 있는가 하는 문제도 다루지 않을 것이다. 다만 마조 이후 선사어록의 불이론적 내용을 고찰하고, 선종의 불이적 관점에서 수행은 무엇인지를 이해하는 정도에 그치는 것이 본 연구에 주어진 시간과 분량에 적당한 일일 것이다. 이 목표의 성취를 위해 본 연구는 청허 휴정의 『선가귀감』을 택하여 그 내용을 고찰하려 한다. 50권의 경론서를 간추려 수행자의 마음가짐과 수행법을 설하였기 때문에 이 책 한 권으로 전반적인 선종의 내용을 효과적으로 고찰할 수 있을 것으로 보았기 때문이다. 이 책은 지역적으로는 한국 선종에 속하고 사상적으로 임제종에 속한다. 수행법으로 간화선을 강조하고 선을 위주로 한 선교겸수와 염불의 3문 체계를 내세워 조선 불교의 기본적 틀을 세웠다. 현대 한국 불교도 이 체계에 속한다. 그런데 『선가귀감』의 간화선법은 몽산의 영향이 강하고[11], 몽산의 간화선법은 대혜의 간화선법에서 일탈하여, 화두에 대한 집중과 선정이 중시되고 좌선이 강조되는 점에서 지혜와 무수(無修)를 강조하는 선종의 원래적 관점과 다르다는 오용석의 지적이 있다.[12] 본 연구는 이런 견해에 찬동하기 때문에 『선가귀감』의 간화선법과 선종의 무수의 수행적 특징을 비교하면서 선종의 불이적 수행의 특징을 드러내려 한다. 다만 선교겸수나 염불문 내용은 본 연구의 주제와 벗어나기 때문에 다루지 않는다.

『선가귀감』은 처음 제1과 마지막 부분인 제83[13]이 수미상관 형식으로 되어서 처음과 끝에 선의 대의를 설하고 그 중간에 간화참구법, 염불문 수행, 선종5가 해설 등 여러 내용이 있다.[14] 그러므로 제1과 83을 통해 선종의 불이론을 알 수 있다.

---

11) 윤창화(2015), 225-226.

12) 오용석(2022), 52.

13) 본 연구는 『선가귀감』의 판본 대조는 하지 않았다. 이 장수는 용화선원에서 간행한 1984년 초판의 구분을 따른 것이다. 본 연구는 이 초판의 1989년 제14판을 이용한다.

14) 서산대사(1984), 221. "처음과 끝을 일해로써 말하고, 중간에는 온갖 행동을 들어 보였으니, 마치 유교 경전의 삼의와 같다(始終一解 中擧萬行 如世典之三義也)."

제1. 여기에 한 물건이 있는데, 본래부터 한없이 밝고 신령스러워 일찍이 나지도 않았고 죽지도 않았으며, 이름 지을 수도 없고 모양 그릴 수도 없다.[15)]

제83. 신령한 빛 어둡지 않아 만고에 밝구나. 이 문 안에 들어오려면 알음알이를 두지 말라.[16)]

제83의 평은 신광불매가 소소영영, 만고휘유가 부증생부증멸, 막존지해는 명부득상부득에 해당한다고 하면서『선가귀감』의 수미상관을 밝히고 있다.[17)] 이것은 의식(신광, 소소영영)의 단일성(한 물건), 불변성(만고휘유, 부증생부증멸), 비대상성(명부득상부득, 막존지해)을 지시한다. 이 의식의 성질은 일원론의 입장과 다를 바가 없다. 그러므로 선종은 인도 전통의 아트만론이 아닌가 하는 오해를 받기도 하였다. 선종의 불이론적 특징은 제11의 평에 잘 드러난다.

교의 뜻이란 변하지 않는 것과 인연을 따르는 것, 단박 깨치는 것과 점점 닦는 것이 앞뒤가 있다는 말이요, 선법이란 한 생각 가운데 변하지 않는 것과 인연을 따르는 것과 성품과 형상과 체와 용이 본래 한꺼번에 있어서 같다(卽)는 것도 떠나고(離) 같지 않다(非)는 것도 떠나서(離) 같다(卽)는 것이 옳기도 하고(是) 옳지 않기도(非) 하다.[18)]

이글은 교선의 차이를 보여주는 것인데, 교는 이원론적 입장이고 선은 불이론적 입장이다. 반야사상을 필두로 선사상을 포함한 대승불교 철

15) 서산대사(1984), 11. "有一物於此 從本以來 昭昭靈靈 不曾生不曾滅 名不得狀不得"
16) 서산대사(1984), 220. "神光不昧 萬古徽猷 入此門來 莫存知解"
17) 서산대사(1984), 220.
18) 서산대사(1984), 47. "教義者 不變隨緣 頓悟漸修 有先有後 禪法者 一念中 不變隨緣 性相體用 元是一時 離卽離非 是卽非卽"

학은 불이론이지만 말과 글로 설명된 한에서 이원적 분별을 기반으로 한 것이기 때문에 이원적 세계에서 벗어나지 못한다. 그러므로 시간의 선후가 있다. 그러나 선은 불변(성, 체)과 수연(상, 용)이 동시, 동연이다. 그러므로 같다(卽)는 것도 떠나고(離) 같지 않다(非)는 것도 떠나서(離), 같다(卽)는 것이 옳기도 하고(是) 옳지 않기도(非) 하다. 즉 선은 의식과 대상의 일즉이 이즉일로서 이원적 사고에서 벗어난 것이다. 본 연구는 앞서 "불이론은 의식성을 활동성으로 보기 때문에 일(의식)과 다양성(대상), 변화 없음과 변화가 동연이 된다"라고 정의한 바 『선가귀감』의 위 내용을 통해 선이 불이론임을 확인할 수 있다.

선은 이원적 사고에서 벗어나는 것이기 때문에 중생과 부처라는 이원적 전제 속에서 행해지는 수행은 거부되고 이원적 상태에서 문득 불이적 차원으로 초월하는 돈오무수가 강조된다. 이는 아래의 조주와 남전 사이의 문답에서 잘 나타난다.

> 다른 날 남전에게 물었다. '무엇이 도입니까?' 남전이 답했다. '평상심이 도다.' '향하여 갈 수 있습니까?' '향하려 하면 어긋난다.' '향하려 하지 않을 때는 어찌 도인 줄을 압니까?' '도는 알고 알지 못하고에 속하지 않는다. 안다고 하면 곧 망령되게 깨닫는 것이고 알지 못한다고 하면 무기이기 때문이다.'[19]

평상심은 본각이고[20], 도에 향할 수 없다는 것은 이원적 차원의 수행은 부정된다는 것이다. 안다, 모른다 하는 것은 이원적 차원의 일이기 때문에 도, 즉 불이적 상태는 알고 모르고에 속하지 않는다고 한다.

---

19) 『景德傳燈錄』(T51, 276c). "異日問南泉 如何是道 南泉曰 平常心是道 師曰 還可趣向否 南泉曰 擬向卽乖 師曰 不擬時如何知是道 南泉曰 道不屬知不知 知是妄覺不知是無記"

20) 본 연구는 『大乘起信論』(T32, 575c)에 "법은 중생심을 말한다. 이 마음은 일체의 세간법과 출세간법을 포섭한다(所言法者 謂衆生心 是心則攝 一切世間 出世間者)"라는 구절을 통해 평상심, 즉 도를 본각으로 이해하고 있음을 밝힌다.

돈오무수로 인해 대혜가 송대에 간화선법을 확립하기 이전까지 설법이나 방할에 의한 깨달음의 돈발 사례만 나타날 뿐 돈오견성의 구체적 방법은 나타나지 않았다. 『선가귀감』은 참구와 참의의 두 가지 간화선을 제시한다.

> 화두에는 참구와 참의의 두 가지 문이 있다. 참구는 경절문의 활구를 가리키니, 마음으로 헤아릴 길도 전혀 없고 말을 따라 좇아갈 길도 없어서 모색할 도리가 없기 때문이다. 참의는 원돈문의 사구를 가리키니, 이치로 통할 길도 있고 말을 따라 좇아갈 길도 있어 듣고 이해하고 생각할 여지가 있기 때문이다.[21]

이글에 따르면 참구는 원래의 간화선법이고 참의는 원돈문, 즉 화엄교학을 통한 불이론의 이치를 궁구하는 것이다. 그러나 윤창화에 따르면 참구는 대혜에 의하여 제시된 것이고, 참의는 원대 완산 정응, 몽산덕이, 중봉명본이 제시한 간화법이다. 고려의 지눌은 참구를 주로 하였는데 고려말 몽산의 영향으로 이후 조선시대와 한국불교는 주로 참의를 행했다고 한다.[22] 참구는 번뇌와 망념이 발생할 때 단지 그 위에 무자를 두어 이원적 분별을 멈추는 것이라면, 참문은 "왜" 조주가 무라고 했는지 의문을 일으킨다. 그러므로 참구는 이원적 분별을 멈추게 하는데 비해 참의는 이원적 분별 사유를 더 강화시키거나 수행자 나름의 이론적 해답을 도출시켜 거기에 머무르게 할 위험성이 있다.[23] 이런 점에서 휴정은 참의의

21) 서산대사(1984), 60. "話頭 有句意二門 參句者 徑截門活句也 沒心路 沒語路 無摸故也 參意者 圓頓門死句也 有理路 有語路 有聞解思想故也"

22) 윤창화(2015).

23) 본 연구는 주어진 분량이나 주제상 간화선법의 중요한 요소인 의단, 혹은 의정에 대해서는 깊이 언급하지 않는다. 다만 본 연구는 의단, 즉 의심을 이원적 분별과 같은 뜻으로 생각하고 있다는 점을 밝히려 한다. 의심은 이것이냐 저것이냐를 결단하지 못하기 때문에 생기는 것이다. 다시 말해 이원적 분별에서 발생한다. 무자 화두에서 보듯 유나 무의 이원적 분별 상태에서 화두의 해답

간화선법을 원돈문의 사구, 즉 이원적 분별에서 이해한 해오를 일으키는 수준의 것으로 비판하고 있다. 하지만 『선가귀감』은 제13에서 “간절한 마음으로 공부하되 마치 닭이 알을 품듯이, 고양이가 쥐를 잡듯이, 배고플 때 먹을 것을 떠올리듯이, 목마를 때 물을 생각하듯이, 어린아이가 엄마를 생각하듯이”[24] 무자에 집중하라는 몽산의 수행 방식을 제시하고 있다. 이런 점에서 몽산의 참의 방식이 이원적 분별에 빠질 위험은 있었다 하더라도 실제 수행상에는 이원적 분별을 저지하는 효과가 있었을 것으로 보인다. 그러나 선종의 원래적 입장인 돈오무수의 관점에서 볼 때 인위적 노력을 극단적으로 실천하는 몽산의 방식은 이원적 수행에 빠질 위험이 농후하다. 이런 노력은 노력하는 주체(중생)와 깨달아야 할 진리(부처)라는 대상의 이분법적 전제에서 이루어지기 때문이다. 그리고 이런 점이 불이론 수행의 특징이기도 하다. 원래 본각이지만 이를 깨닫기 위해서는 불각의 자리에서 시각을 향해 갈 수밖에 없고, 결국 시각에 도달하여 얻는 것은 특별한 깨달음이 아니라 본각과 불각이라는 이원에 대한 분별이 사라지는 것뿐이다. 이것은 마치 꿈에서 깨려고 발버둥질 치다가 발버둥질하는 나와 나의 노력도 꿈임을 알고 발버둥질을 멈추는 것과 같다.

대혜가 간화선법을 제창하기 이전은 선사의 법문에 참가한 선승들이

은 없다. 의심은 이원적 차원의 해답을 찾아서가 아니라 의심 자체가 해소됨으로써, 다시 말해 이원적 분별이 사라짐으로 인해 타파된다. 그리고 이원적 분별이 사라진 것이 불이의 상태이다. 유무상단의 이원적 갈등이 최고조로 강화되어 더 이상 분별이 힘을 쓸 수 없을 때 분별은 사라진다. 이원적 갈등이 최고조가 되어 분별이 힘을 쓸 수 없는 상태가 된 것을 선종에서는 은산철벽이니 쥐가 쇠뿔 속으로 들어갔다는 비유로 말한다. 대혜의 참구는 이원적 분별이 있을 때마다 무를 들어서 이원적 분별이 해소되는 기회를 언제든지 얻을 수 있다. 이에 비해 몽산의 참의 방식은 이원적 분별의 갈등을 극한으로 밀어붙여 이원적 분별을 해소할 기회를 가지게 된다. 이런 점에서 몽산의 참의 방식은 이원적 분별의 해소에 대한 강한 체험을 통해 대혜의 방식보다 불이에 대한 더 강한 확신을 가질 수는 있겠으나, 이것은 선승이나 전문수행자에게 적합한 것이지 송대 사대부나 현대인에게는 맞지 않는다. 의정이나 한국불교 간화선법의 문제점은 오용석(2022)을 참고하라.

24) 서산대사(1984), 52-53. “如雞抱卵, 如猫捕鼠, 如飢思食, 如渴思水, 如兒憶母”

언하변오하거나 우연한 기연으로 돈오를 이루었다. 송대 사대부들이 선에 관심을 가진 이후 이들은 선승처럼 법회에 자유롭게 참가할 수 없었기 때문에 언하변오나 기연을 가질 기회가 부족하였다. 대혜는 이들에게 돈오의 기회를 주기 위해 이러한 간화선법을 적극적으로 제창하였던 것으로 보인다. 그러나 돈오무수의 관점에서 본다면 간화의 참구 역시 선종 불이론의 맥락에서 벗어난 것이다. 선종, 특히 마조 이후 조사선에서 선사의 법문이나 스승과 같이 생활하는 중에 선승들이 돈오를 이룬 점에서 볼 때 불이론 수행은 특정한 형식보다는 인도전통의 삿상(satsaṅga)의 형식이었던 것으로 보인다. 이것은 우파니샤드의 전통에서도 볼 수 있고, 또한 붓다 재세시의 방식이기도 하다. 특히 몽산의 참의 방식은 전적으로 화두에 매달려야 하기 때문에 전문수행자를 제외하고는 실천하기 어려운 방식이다.

『선문귀감』을 통한 선종 수행에 대한 지금까지의 논의를 정리해 보자. 선종은 불이론이기 때문에 그 수행의 목적은 이원적 분별을 해소하고 불이의 체험을 얻는 데 있다. 선종의 수행은 불이론적 입장에서 돈오무수를 이념으로 했기 때문에 원래 어떤 특정한 방식이 없었고, 다만 법회의 법문을 통해 돈오, 즉 불이의 상태를 돈발할 기회를 가졌다. 이는 인도의 우파니샤드나 붓다 재세 시의 전통과도 통한다. 그러나 송대 대혜는 법회의 기회를 가질 수 없는 사대부를 위해 간화선법을 제창하였다. 특히 그가 제창한 간화선법은 참구라고 하는데 이는 이원적 분별이 있을 때마다 단지 조주 무자의 무를 들어 이원적 분별을 해소하고 불이의 체험을 할 기회를 주는 방법이었다. 그러나 원대의 몽산은 참의 방식을 제창하여 왜 조주가 무라고 했는가 하는 의심(의정)을 강조하였다. 이 역시도 이원적 분별의 해소를 위한 것이지만, 이는 오히려 이원적 분별을 강화시키거나 사유를 통한 해답에 그칠 수 있는 위험성이 있었다.

이제 본 연구는 지난 세기 초중반 인도의 유명한 신비주의자였던 라마나 마하르쉬의 불이론과 그 수행의 특징을 살피고자 한다.

Ⅲ. 라마나 마하르쉬의 불이론과 수행

마에다는 라마나 마하르쉬[25]를 아디 샹카라를 이은 불이론 베단타 계열에 속한다고 한다.[26] 그러나 앞서 본 연구는 아디 샹카라의 철학적 입장은 일원론이라고 하였기 때문에 과연 라마나 마하르쉬의 입장이 본 연구가 주장한 일원론과 불이론 어디에 속하는지를 먼저 고찰하고자 한다.

본 연구는 아디 샹카라의 일원론은 불변성, 단일성, 의식성으로 정의되는 단일한 실재인 브라흐만을 주장하는 이론이라고 하였다. 이 입장은 이원론의 실재론을 부정하고 주객과 다양한 객관 대상을 포괄하는 단일한 원리를 주장하는 점(<그림1>의 좌측에서 우측으로 넘어가는)에서 불이론과 동일한 입장을 가지지만 의식을 불변성과 단일성으로 규정하였기 때문에 변화하고 다양한 현상 세계를 설명하지 못하고 현상 세계는 단일한 원리, 즉 브라흐만에 가탁된 비실재라고 주장한다. 그런데 의식을 불변성과 단일성으로 규정하면 가탁이라는 착각 자체가 발생할 수 없다. 가탁이란 수정 구슬(의식)에 비친 붉은 꽃(대상)으로 인하여 수정 구슬(의식)을 붉은 색(대상)으로 착각한다는 것인데 일원론은 오직 수정 구슬(의식)만 존재한다는 주장이기 때문에 붉은 꽃(대상)이 있을 수 없고 그러므로 가탁(실제로는 의식인데 대상으로 착각하는 것) 자체가 성립할 수가 없다.

그러나 "불이론은 의식성을 활동성으로 보기 때문에 일(의식)과 다양

25) 본 연구는 마하르쉬, 혹은 마하리쉬라고 표기하는 두 경우가 있는데 본 연구에서 마하르쉬를 쓴 것은 최근 그와 관련된 책을 가장 많이 번역한 대성이 마하르쉬로 표기한 예를 따른 최봉명(2022: 40)의 경우를 따른 것이다. 마하리쉬라고 쓴 경우는 본 연구에서 인용한 마하리쉬(2011)를 번역한 이호준(출가명 지산, 1958-2018)이 마하리쉬라고 표기했기 때문이다. 통일이 안 되서 번거롭긴 하지만 국내 최초의 라마나 마하르쉬 관련 박사학위 논문을 제출한 최봉명 박사와 국내 최초로 라마나 마하리쉬를 소개했던 지산스님에 대한 존중을 표하기 위한 것이니 독자들의 이해를 바란다. 특히 라마나 마하르쉬의 자료를 보내주신 최봉명 박사께 이 자리를 빌려 감사드린다.

26) 마에다(2005), 64-65.

성(대상), 변화 없음과 변화가 동연이 된다." 그러므로 의식은 일즉이 이즉일이기 때문에 수정 구슬같은 물체적 동일성을 가진 존재가 아니라 자기의식으로서 자기가 자기를 바라보는 자기와 자기 사이의 관계로서의 동일성을 가진다. 관계이기 때문에 둘이지만 그 관계의 두 항이 자기 자신이기에 하나이다.[27] 라마나 마하르쉬는 이 하나인 의식을 진아라고 한다. 그는 의식을 물체적인 동일성을 가진 것이 아니라 자아의식(Self-consciousness)[28]으로 말한다. 그러므로 그의 입장은 본 연구에서 불이론으로 규정한 것과 다르지 않다.

> 의식이란 언제나 자아의식이다. 당신이 어떤 것을 의식할 때, 당신은 본질적으로 당신 자신을 의식하는 것이다. 비자아의식적 존재란 모순된 용어이다. 그것은 전혀 존재가 아니다. 그것은 단지 속성이 주어진 존재이고, 반면 진정한 존재, 사트(the sat)는 속성이 아니다. 그것은 자체로 본질이다. 그것은 바스투(vastu, 실체)이다. 그러므로 실체는 sat-chit, 의식-존재이며, 다른 것을 배제한 하나가 절대 아니다. 세계는 자체로 존재하지 않고 존재를 의식하지도 않는다. 어떻게 그런 세계가 실재한다고 말할 수 있는가?[29]

의식은 자기 자신을 의식함으로써 존재하는 자아의식이다. 그리고 의

27) 자기의식의 관계의 두 항에 대한 철학적 분석은 여기서 구체적으로 논의하기는 적절하지 않을 것이다. 과문하지만 이에 대한 국내의 탁월한 분석의 하나는 사르트르 의식론 연구서인 신오현(1979, 128-143)일 것이다. 일독을 권한다.

28) 본 연구는 자기의식과 자아의식이라는 용어를 특별히 구분하지 않고 사용한다. 이 용어는 자기 자신의 존재성이 자기가 자기를 의식하는 데서 발생하는 의식의 불일불이성을 말한다. 일체 제법은 의식에 의존하여 존재하지만 의식은 자기 자신을 의식하는 자신에 의해서 존재한다. 인도철학에서는 이것을 svatantra[자유, 혹은 절대자유로 보통 번역된다]라고 한다.

29) Godman(1985), 90. "Consciousness is always Self-consciousness. If you are conscious of anything you are essentially conscious of yourself. Unself-conscious existence is a contradiction in terms. It is no existence at all. It is merely attributed existence, whereas true existence, the sat, is not an attribute, it is the substance itself. It is the vastu [reality]. Reality

식은 유일하기 때문에 무엇을 의식할 때 그것은 의식이 의식을 의식하는 일일 뿐이다. 비자아의식적 존재란 의식과 독립적으로 존재하는 존재이다. 속성이 주어진 존재란 의식에 의해서 인식된 대상을 말한다. 그것은 대상화되어 인식되었기 때문에 다른 것과 차별되는 속성을 가진다. 그러나 그러한 인식의 본질인 의식은 대상화되는 존재가 아니라 대상화의 근거이기 때문에 본질, 실체라고 한다. 의식은 스스로 의식함으로써 자신을 확보하는 존재이기 때문에 의식과 존재는 두 가지 다른 속성이 아니라 의식의 두 면일 뿐이다. 이처럼 의식을 일즉이와 이즉일의 자아의식으로 본다는 점에서 라마나 마하르쉬의 입장은 본 연구에서 규정하는 불이론에 속한다고 할 수 있다.

그러면 라마나 마하르쉬의 진아, 즉 자아의식에서 어떻게 현상이 나타나는가? 라마나 마하르쉬는 아래와 같이 말한다.

> 만약 영화를 보고 있는 관중을 스크린 위에 비춰지도록 만들어 놓으면 보는 자와 보이는 대상이 모두 스크린 위에 놓이게 될 것이다. 이를 그대 자신에게 적용해 보라. 진아는 스크린이며 진아가 에고(보는 자)를 만들어 내고 그 에고로 인하여 이 현상계(보이는 대상) 또는 지금 그대가 묻고 있는 나무가 나타난다. 실제로 이것들은 모두 진아다. 만약 그대가 진아를 보게 되면 그대에게는 언제 어디서나 모든 것이 똑같을 것이다. 오직 진아만이 존재한다.[30]

이 글은 〈그림1〉의 우측 그림을 생각하면 간단히 이해될 것이다. 현상은 의식의 자기인식에 의해 의식 자체가 대상화되어 발생한다. 이것은

---

is therefore known as sat-chit, being consciousness, and never merely the one to the exclusion of the other. The world neither exists by itself, nor is it conscious of its existence. How can you say that such a world is real?"

30) 마하리쉬(2011), 106-107.

마치 꿈속에 나와 일체 세계가 나타나는 것과 동일하다. 실제로 마하리쉬는 꿈과 깨어있는 상태의 존재론적 차이를 인정하지 않고 다만 꿈꾸는 상태는 짧고 깨어있는 상태는 긴 차이밖에는 없다고 한다.[31)]

이런 현상계의 발생에 대한 라마나 마하르쉬의 입장은 아디 샹카라와는 다르다. 아디 샹카라는 불변성, 단일성, 의식성이라는 브라흐만의 규정을 지키기 위해 무상하고 다양한 물질세계의 원인을 의식 자체에 두지 않고 브라흐만과 본성을 달리 하지만(불일) 브라흐만 중에 있는(불이) 미전개의 명칭형태(avyākṛte nāmarūpe)라는 개념을 제시했다.[32)] 그러나 사실 이것은 샹키야의 질료인인 프라크리티와 다를 바가 없는 것이고, 그러므로 아디 샹카라의 이론은 본 연구가 규정한 (이원론을 전제로 한) 일원론에 떨어지고 만다. 이것은 <그림1>의 우측 그림에서 원만을 의식으로 인정하는 것인데, 이에 비해 라마나 마하르쉬의 이론은 우측 그림의 원과 그 내용을 포함하는 것을 의식, 즉 진아로 보는 점에서 라마나 마하르쉬의 사상은 아디 샹카라와는 달리 본 연구가 규정한 불이론에 속한다.

지금까지 본 연구는 아디 샹카라의 일원론과 라마나 마하르쉬의 불이론을 구별했다. 지금부터는 라마나 마하르쉬의 불이론 수행의 특징을 고찰한다. 불이론 수행에서 개아적 차원의 수행은 인정되지 않는다. 개아가 노력한다는 것은 이원론을 전제한 것이기 때문이다. 그러므로 라마나 마하르쉬에게 수행은 깨달음이 있다, 없다거나 나는 깨달았다, 그렇지 못하다는 이원적 분별을 버리는 것이다. 특히 이원적 분별 중에서도 육체가 나라는 생각이 이원적 존재가 실재한다는 착각의 뿌리가 되기 때문에 이의 해소를 중요하게 여겼다.[33)] 이원적 분별을 버리는 구체적 방법으로서 그가 제시한 가장 중요한 것은 자아탐구(self-enquiry)였다. 다음 글은 이 과정을 잘 요약해서 제시하고 있다.

실행의 초기 단계에서는 〈나〉라는 느낌에 주의를 기울이는 것이 하나의

---

31) 마하리쉬(2011), 91.
32) 마에다(2005), 123; 128-129.
33) 마하리쉬(2005), 128-129.

생각 또는 지각의 형태를 띤 정신적 행위가 되지만 점점 더 그 실행이 깊어짐에 따라 그것은 주관적으로 경험되는 〈나〉라는 느낌이 되고, 이 느낌과 다른 생각들 또는 대상들과의 연결이 끊어지는 순간, 그것은 사라진다. 이때 개체성이 잠시 정지된 상태의 체험을 하게 된다.

이 체험이 처음에는 간헐적으로 나타나다가 실행을 되풀이함에 따라 점점 더 자주 나타나고 오래 유지되게 된다. 자아탐구가 이 정도 수준에 이르면 더 이상 개인적인 노력이 불가능한 각성상태가 나타난다. 노력을 계속하던 <나>가 일시적으로 사라져 버리기 때문이다. 이 단계는 <나라는 생각>이 주기적으로 다시 나타나기 때문에 깨달음은 아니지만 수행의 최고단계다.

이와 같은 상태를 계속 체험하게 되면 <나라는 생각>을 일으키던 바사나(정신적 경향성)들은 점점 약해지고 사라지며, 그것들의 힘이 어느 정도까지 약해지면 진아의 힘이 남아 있는 찌꺼기들을 완전히 씻어내 버림으로써 <나라는 생각>이 다시는 일어나지 않게 되는데, 이것이 바로 최후의 그리고 불변의 깨달음의 상태다.[34]

나라는 느낌, 주관적으로 경험되는 나라는 느낌이 구체적으로 뭔지 알 수 없고, 각자 다르겠지만 여하간 이원적 분별이 생길 때 이 분별, 혹은 생각이 발생하는 나는 누구인가를 묻고 찾는다. 이것은 외적 대상으로 나가던 이원적 분별의 의식을 안으로 돌리는 회광반조에 속한다고 할 수 있을 것이다. 이것은 이원적 분별을 더 확장시키지 않고 멈추는 역할을 한다. 보통의 사람은 이원적 분별로 세상을 보고 계속 이원적 분별을 훈습하지만, 이와 같은 방법으로 이원적 분별을 멈추는 훈습을 하다 보면 어느 순간 개체성이 멈추는 순간, 즉 이원적 분별이 멈추는 체험을 하게 된다. 이후 이원적 분별이 멈추는 체험의 횟수는 점점 잦아지고, 이 멈춤의 상태가 이원적 분별의 훈습을 이길 만큼 되면 저절로 이루어지다 마

34) Godman(1985), 56-57. 한글 역은 마하리쉬(2011), 139-140 인용.

침내 나라는 생각이 더 일어나지 않는 불변의 깨달음 상태가 성취된다.

이원적 분별을 없애는 다음 방법으로 라마나 마하르쉬는 순복을 제시하였다. 이것은 "자기 일생의 모든 책임을 완전히 신, 또는 진아에게 맡겨버리는 방법"이다.[35] 이 방법은 인도종교나 서구의 유일신 종교에서 많이 볼 수 있는데 이 종교들은 신과 인간을 개아적 실체로 착각하는 경우가 많다. 진정한 순복은 신과 인간 사이의 주-객 관계를 초월하여 신에게 순복하는 개체적 자아가 사라지고 오직 신, 혹은 진아만이 남은 것을 말한다.[36] 그러므로 순복은 개체적 자아를 초월하여 진아를 드러낸다는 점에서 자아가 무엇인지를 물음으로써 이원적 분별을 멈추고 진아, 즉 불이의 상태를 드러내는 자아탐구의 방법과 사실상 다르지 않다.[37]

진아를 드러내는, 즉 이원적 분별을 멈추는 또 하나의 방법으로 라마나 마하르쉬는 침묵을 제시했다.

> 라마나 마하리쉬는 질문하는 사람들에게 언어를 통해서 기꺼이 가르침을 주기도 했지만 늘 자신의 〈침묵의 가르침〉이 더 직접적이고 강력하다는 사실을 상기시켰다. 이 〈침묵의 가르침〉이란 그의 내면으로부터 방출되는 영적인 힘을 의미하며 매우 강력하여서, 그는 그것을 자기 가르침 중에서 가장 직접적이며 중요한 부분으로 여겼던 것이다. 그래서 이것저것 말로써 가르치는 대신에 그는 이 〈침묵의 힘〉을 방출하였으며, 그것은 자동적으로 그의 주위에 있는 모든 사람들의 마음을 가라앉혔다. …… 이와 같이 초점을 맞추는 것을 삿상(Satsaṅga)이라고 하는데 이는 〈실체와의 교류〉를 의미한다. 라마나는 이 방법을 강력하게 권유하였으며 진아를 직접적으로 체험할 수 있는 가장 뛰어난 방법이라고 강조하였다.[39]

35) 마하리쉬(2011), 159.
36) 마하리쉬(2011), 159.
37) 마하리쉬(2011), 160.

쉬바파 불이론은 불이적 돈오 체험을 샥티파타(śaktipāta)라고 부른다.[39] 샥티는 불이의 상태를 상징하는 쉬바의 작용의 측면을 의미하고 파타란 그 작용력이 개인에게 하강하여 현전하는 것이다. 즉 개체에게 이원적 분별이 사라지고 불이적 상태가 현전하는 것을 말한다.[40] 샥티 쉬바파 불이론은 샥티파타의 종류를 9단계로 분류하였는데,[41] 가장 높은 단계의 샥티파타는 이원성을 완전히 벗어남으로써 샥티파타의 순간 신체를 벗어나 죽는다. 두 번째 단계는 스승 없이 이원적 분별을 벗어나 불이의 상태가 현전하는 것이고, 세 번째 단계는 스승을 만나 돈오 체험을 한다.

> 부드러운 강한 샥티파타에서는 진실한 스승(sadguru)에 가까이 하려는 열망이 일어난다. 한편 진실하지 않은 스승[에 가까이 하려는 열망]은 신의 은폐(tirobhāva)의 힘이다. 진실하지 못한 스승을 떠나 진실한 스승에 가려는 것은 오직 샥티파타로 발생한다.[42]

> 이와 같이 [진실한 스승에게] 접근하려는 이는 스승의 지식으로 상징된(lakṣaṇa) 입문식을 받고 그것에 의해서 살아있을 때 매우 빨리 해탈한다. 여기서 [제자가 입문식을 받는] 다양한 방식들은 [스승의] 일별(一瞥, avalokana), 법문, 경전 해설, [스승이] 의례를 행하는 것을 바라봄, 스승에게 봉헌을 올리는 것 등등이다.[43]

이 세 번째 수준의 샥티파타는 형식적인 입문식이 아니라 스승의 직

38) 마하리쉬(2011), 188-189.
39) 심준보(2019), 264.
40) 심준보(2019), 242.
41) 심준보(2019), 255-261.
42) *Tantrasāra*.11.8. "mandatīvrāt śaktipātāt sadguruviṣayā yiyāsā bhavati asadguruviṣayāyāṃ tu tirobhāva eva asadgurutas tu sadgurugamanaṃ śaktipātād eva ॥"
43) *Tantrasāra*.11.11. "evaṃ yiyāsuḥ guroḥ jñānalakṣaṇāṃ dīkṣāṃ prāpnoti yayā sad ya eva mukto bhavati jīvann api atra avalokanāt kathanāt śāstra-

관지의 힘이 시절 인연에 따라 제자에게 어떤 순간의 상징(lakṣaṇa)을 통해 전이됨으로써 입문식[44]이 이루어진다. 그러므로 스승과 눈을 마주치거나 그의 설법을 듣거나 모습을 보다가 문득 해탈을 이루게 된다.[45] 스승의 법문이나 침묵과 같은 스승의 현전은 우파니샤드의 인도전통이나 붓다 재세 시 설법의 형태에서 볼 수 있다. 스승의 침묵의 힘이나 설법을 듣다가 기연(機緣)으로 돈오하는 경우는 마조 이후 조사선 단계에서 많이 보인다. 후대 간화선은 이런 기연을 공안으로 하여 수행된다. 위의 인용문에 "그는 이 〈침묵의 힘〉을 방출하였으며, 그것은 자동적으로 그의 주위에 있는 모든 사람들의 마음을 가라앉혔다"라는 문장을 통해 침묵의 힘은 스승에게서 제자에게로 전이된다고 생각하게 된다. 샥티파타의 의미 역시 쉬바의 힘, 샥티가 수행자에게 하강한다는 의미가 있다. 그러나 이런 생각은 스승과 제자, 신과 개아 사이의 이원적 분리를 가져올 수 있는 위험이 있다. 그것보다는 스승의 현전이나 침묵이 수행자에게 확고한 믿음을 발생시켜 그 믿음의 힘에 의하여 이원적 분별을 멈추고 불이적 상태가 현전하는 계기를 발생시킨다고 생각하는 것이 합리적일 것이다.

본 연구는 지금까지 라마나 마하르쉬의 진아 사상이 본 연구가 규정한 불이론에 합당한 것임을 아디 샹카라의 사상과 비교하면서 확인하였고, 그의 수행의 목적은 이원적 분별을 멈추고 불이 상태를 현전시키는 것임과 그 구체적 수행법으로서 자아탐구, 순복, 침묵을 고찰하였다. 이제 본 연구는 선종과 라마나 마하르쉬의 불이론 수행의 전통을 통해 불이적 수행의 특징을 고찰할 계제에 이르렀다.

---

sambodhanāt caryādarśanāt carudānāt ityādayo bhedāḥ ॥"

44) 여기서 입문식은 형식적 입문식이 아니라 샥티파타이다. 선종 차원에서 말하자면 견성이고 불이의 체험을 말한다.

45) 심준보(2019), 257.

Ⅳ. 불이론 전통의 수행의 특징

본 연구가 규정하는 개념의 불이론 전통은 철학적 특징상 이원적 차원의 수행을 인정하지 않는다. 중생과 부처를 구분하여 중생이 부처가 되려는 수행은 중생과 부처를 분별하는 이미 잘못된 이원론적 전제에서 비롯된 것이기에 이를 통해서는 불이론 수행의 목적을 성취할 수 없다고 한다. 그러므로 본 연구가 불이론 수행이라고 판단하는 전통에는 돈오가 강조된다. 돈오란 이원적 관점에서 불이적 관점으로 넘어가는 것이다. 불이적 관점이란 이원적 관점이 해소된 것이지 불이적 관점이 따로 존재하는 것이 아니다. 그러므로 돈오란 문득 이원적 분별이 해소되는 체험을 말한다.

현상 세계는 일즉이 이즉일의 자기인식인 의식의 본성에서 현전한다.[46] 그러나 현상이 생한 것은 아니다. 생했다는 것은 이원적 분별, 즉 생각이다. 생했다는 생각이 없다면 현상은 현전하지만 생한 것은 아니다. 현상이 생하고 멸하는 것은 생멸이라는 이원적 분별을 하기 때문일 뿐이다.[47] 생했으면서 실제로는 생한 바가 없는 것을 대승불교는 무생법인이라고 한다. 그러므로 색즉시공이고 공즉시색의 논리가 성립한다. 불

46) 선종의 문학 수사로 표현한다면 "봄이 오면 풀이 절로 푸르다(春來草自靑)"(서산대사, 1984, 37)고 표현할 수 있을 것이다. 또는 방할이나 무라거나 손가락이나 주장자를 들어 보이는 것도 이것이다.

47) 이것을 불교 유식의 삼성설로 설명한다면 세계는 일즉이 이즉일의 자기 인식을 본성으로 하는 의식이 자기 자신을 드러낸 현전으로서 의타기성이지만 이원적 분별, 즉 생각으로 인하여 이 세계를 나와 너, 이것과 저것, 유무생멸하는 것으로 착각한다. 이 생각으로 분별된 세계가 변계소집성의 세계이다. 그러므로 이원적 분별을 멈춤으로써 일즉일 이즉이, 즉 의식이자 세계이고 세계이자 의식인 불생불멸의 단일한(의식은 일즉이 이즉일이기 때문에 수정구슬 같은 물체적 동일성을 가진 존재가 아니라 자기의식으로서 자기가 자기를 바라보는 자기와 자기 사이의 관계로서의 동일성을 가진다. 관계이기 때문에 둘이지만 그 관계의 두 항이 자기 자신이기에 하나라는 의미의 단일성이다) 의식의 세계, 즉 원성실성으로 돌아간다고 표현할 수 있다.

이론의 수행자는 이원적 분별을 멈춤으로써 불생불멸의 영원함에 안심입명하는 것을 목표로 한다.

수행은 이미 이원론적이고 개아의 인위적 노력이기 때문에 이원론적 노력을 통해 이원적 세계에서 벗어난다는 것은 모순이지만 노력을 하지 않는다면 아예 이원의 세계에서 벗어날 수 없다. 그러므로 현상 세계의 불이의 본성과 이원성에 대한 지적 이해와 이를 통해 이원적 세계에서 벗어나려는 발심과 정진이 필요하다. 다만 이런 노력이 돈오의 필수조건은 아니다. 라마나 마하르쉬의 불이적 체험의 경우도 아무런 노력 없이 갑자기 일어났다.[48] 또한 현대 서구의 유명한 영적 지도자인 톨레(E. Tolle)나 케이티(B. Katie) 경우도 노력 없이 만성우울증에 시달리다 갑작스럽게 돈오가 발생하였다.[49] 그러나 지적 이해 등의 노력은 이원적 분별이 해소되는 계기를 넓힌다는 점에서 의미가 있을 것이다. 서산대사도 아래와 같이 교학 연구의 필요성을 주장한다.

> 그러므로 배우는 이는 먼저 진실 그대로를 말로 드러낸 가르침에 따라 불변과 수연의 두 가지 뜻이 자기 마음의 성상이고, 돈오와 점수라는 두 문은 자기 수행의 처음과 끝임을 세밀하게 판별해야 할 것이다. 그런 후에 교의에 대한 집착을 놓아버리고 단지 자기 마음에 드러난 화두 일념을 가지고 선지를 참구한다면 반드시 소득이 있을 것이니, 이것이 바로 얽매인 몸에서 벗어나 살아나는 길이다.[50]

하지만 불이론 전통의 수행은 교학을 넘어서서 본질적으로 이원적 분별의 멈춤을 요구한다. 이를 위한 개아의 구체적 노력은 이미 틀린 것이

---

48) 최봉명(2022), 56-57.

49) 톨레의 돈오는 Unknown(2003), https://www.theage.com.au/world/why-now-is-bliss-20030929-gdwfir.html(24.07.26. 검색)을 참고하라.

50) 서산대사(1984), 46-47. "故學者 先以如實言敎 委辨不變隨緣二義 是自心之性相 頓悟漸修兩門 是自行之始終 然後 放下敎義 但將自心 現前一念 參詳禪旨 則必有所得 所謂出身活路"

기에 선종 초기에는 구체적 방법 없이 기연으로 문득 돈오하였다. 기연의 기회를 만들기 위해 선사는 수시로 법문을 하고 수행자들과 더불어 생활하였다. 이런 생활 자체가 하나의 수행 방법이라고 할 수 있다. 이런 방식을 인도전통은 삿상이라고 한다. 참선은 선정이나 간화선을 실천을 의미하지만 선에 참가한다는 의미로 본다면 참선은 좌선 수행이 아니라 스승과 제자 간의 삿상을 의미한다. “여기서 [제자가 입문식을 받는] 다양한 방식들은 [스승의] 일별(一別, avalokana), 법문, 경전 해설, [스승이] 의례를 행하는 것을 바라봄, 스승에게 봉헌을 올리는 것 등등이다”라는 『탄트라사라』의 내용은 선종 초기의 방식과 같은 내용이다. 라마나 마하르쉬의 경우도 법문과 침묵을 통해 제자를 제접했다. 스승과 삿상은 돈오의 계기를 가져다 준다는 점에서 구체적 수행법이 있을 수 없는 불이론 전통의 대표적 수행법(혹은 방편)이라고 할 수 있다고 판단된다.

그러나 스승이 없는 경우는 이원적 분별을 멈출 수 있는 계기를 주는 다른 방법이 필요하다. 이것이 선종에는 간화선이고, 라마나 마하르쉬에게는 자아탐구이다. 간화선은 선종 초기의 돈오의 기연을 통해 이원적 분별을 멈추려는 방법이다. 간화선법을 제창한 대혜는 정무로 인하여 사원을 자주 찾을 수 없는 사대부를 위하여 조주 무자의 화두를 적극 권장하였다. 현대 한국불교의 간화선은 ‘왜 무라고 하였나’하여 의문을 불러일으킨다. 참의로 불리는 이런 방식은 대혜의 방식이 아니라 고려 말 원나라 몽산의 간화법에 영향을 받은 것이다. 의문을 일으키는 방식은 집중에 도움이 되어 생각을 멈추게 하는데 도움이 되겠지만 이런 방식은 답을 찾는 방식이 되어 오히려 이원적 분별에 빠질 위험이 농후하다. 또 의심을 중시하였기 때문에 일어나지 않는 의심을 억지로 일으키려는 인위적 노력으로 인하여 많은 심리생리적 병폐를 불러 일으킬 소지가 있고 실제로 그런 사례가 많다. 그러나 참구로 불리는 대혜의 방식은 이원적 분별이 일어날 때 단지 무자를 들으라고만 한다. 그의 방법은 아래와 같다.

> 다만 망상 전도된 마음과 사량하고 분별하는 마음과 삶을 좋아하고 죽음을 싫어하는 마음과 지견으로 알려는 마음과 고요함을 좋아하고 시끄러운 것을 싫어하는 마음을 한꺼번에 놓고 다만 눌러 놓은 곳에서 화두를 들되 어떤 스님이 조주스님께 묻기를 "개에게도 또한 불성이 있습니까?" 조주가 "무"(라고 답하였다). 이 한 자(무)는 곧 허다한 나쁜 지견과 나쁜 앎을 꺾는 무기입니다.[51]

여러 가지 상황에서 무자를 드는 것을 설명했지만 간략히 한다면 "망상 전도된 마음과 사량하고 분별하는 마음" 즉 이원적 분별이 일어날 때 무자를 들어 이원적 분별을 멈추라는 것이다.

라마나 마하르쉬의 자아탐구도 이와 동일한 방법이다. 라마나 마하르쉬는 개체성, 나라는 생각, 마음[52]을 같은 것으로 생각했고[53], 이원적 생각이 일어날 때 그 마음이 누구에게 일어나는지를 살펴보라고 하였다. 이것은 조주 무자의 역할과 동일하다. 그것은 이원적 분별로 향하는 마음을 마음의 근원으로 돌이키는 회광반조이다. 이를 통해 마음이 사라지면서 이원적 분별이 멈추는 상태가 잠시 나타난다. 그리고 이러한 자아탐구가 반복되면 이원적 분별이 멈춘 상태가 자주 나타나게 된다. 나중에는 인위적으로 자아탐구를 하지 않아도 자연스럽게 이루어지며 마침내 마음이 멸하면 진아가 완전히 현전한다. 즉 완전한 깨달음을 이루게 된다. 이것은 이원적 분별로 향하려는 마음의 습관성이 이원적 분별이 없어진 체험의 힘으로 점점 약화되는 과정을 말하는 것이다. 근기에 따라 일순간에 이 과정이 일어나는 경우도 있겠지만 이 과정은 대개 점차적으로 일어난다. 자아탐구의 발전 과정은 선종의 오후보림의 과정과도 같

---

51) 『大慧普覺禪師書』(T47, 921c). "但將妄想顚倒底心 思量分別底心 好生惡死底心 知見解會底心 欣靜厭鬧底心 一時按下 只就按下處看箇話頭 僧問趙州狗子還有佛性也無 州云無 此一字子 乃是摧許多惡知惡覺底器仗也"

52) 일체유심조나 일심의 심이 아니라 불교 유식에서 육식 차원의 마음.

53) 마하리쉬(2011), 128-129.

다. 간화선에서도 견성을 체험한 후에도 다시 분별심이 나타난다. 예를 들어 견성 체험이 진정한 것인가 같은 의심이 일어난다. 그런데 다시 마음을 돌이켜 의심이 일어난 자리를 돌이키면 그런 의심과 분별심, 그리고 깨달았다, 깨닫지 못했다는 이분적 분별이 사라진다. 처음에는 이런 돌이킴이 필요하지만 일정 단계에 이르면 이 돌이킴은 저절로 이루어지고 마침내 이분적 분별은 나타나지 않는다. 이런 과정이 잘 나타난 것이 십우도이지만 본 연구는 이 문제에 관해서는 다른 연구를 통해 고찰할 예정이다.

그러나 이 과정과 연관해서 한 가지 언급할 것이 있다. 라마나 마하르쉬가 주장한 삼매의 단계는 유상삼매, 일시적 무상삼매, 본연적 무상삼매로 나뉜다. 유상삼매와 무상삼매는 고전요가의 특수한 용어이지만 라마나 마하르쉬는 고전요가의 정신의 집중 수준 개념에서 이 용어를 사용하는 것이 아니고 위에서 말한 이원적 분별로 향하려는 마음의 습관성의 강도를 구분하는데 사용하고 있다.[54] 라마나 마하르쉬의 유상삼매는 이원적 분별의 해소를 체험했지만 분별심이 다시 나타나 인위적인 노력을 통해 다시 마음을 회광반조해야 되는 상태이다.[55] 일시적 무상삼매는 이원적 분별이 사라진 상태이긴 하지만 이것은 현상계를 인식하지 못하는 고전요가 차원의 삼매 상태이다.[56] 혹은 유상삼매보다는 이원적 분별의 습관성이 약화된 상태이고 본연적 무상삼매보다는 강한 상태이다.[57] 본

---

54) 이에 대해서는 최봉명(2022), 171-215를 참고하라.

55) 마하리쉬(2011), 228. "이 단계에서는 인위적인 노력을 통해서만 진아에 대한 각성상태가 유지된다. 이 삼매가 얼마나 유지될 수 있느냐 하는 것은 전적으로 얼마나 노력을 하느냐에 달려 있다. 진아에 대한 주시가 흔들리면 진아에 대한 각성상태가 흐려진다."

56) 마하리쉬(2011), 228. "이 단계에서는 일시적이긴 하지만 인위적인 노력 없이도 진아를 각성하는 상태가 있다. 그러나 아직 에고가 완전히 없어진 것은 아니다. 이 단계의 특징은 육체에 대한 의식이 없다는 점이다. 비록 진아를 일시적으로 각성하기는 하지만, 감각을 느낄 수도 없고 제대로 생활해 나갈 수도 없다. 육체에 대한 의식이 되돌아오면 에고가 다시 나타난다."

57) 마하리쉬(2011), 232. "일시적 무상 삼매를 얻은 경우는 아직 마음이 완전히 사

연적 무상삼매는 이원적 분별의 습관성이 완전히 사라진 상태이다.[58] 선종은 보통 이원적 분별이 사라진 상태를 처음 체험하였을 때 깨달았다, 혹은 견성이라고 하지만 라마나 마하르쉬는 이원적 분별의 습관성이 완전히 없어진 본연적 무상삼매만을 깨달았다고 함으로써[59] 지난 국내의 돈점논쟁에서 성철스님이 주장한 돈오돈수의 입장을 견지한다고 할 수 있다.

라마나 마하르쉬는 자아탐구 외에도 진아, 혹은 신에 대한 순복을 불이적 수행의 방법으로 제시한다. 이것은 이미 앞에서 다루었기 때문에 여기서는 더 언급하지 않는다. 다만 국내 한마음 선원의 대행스님의 주인공 관법도 이와 다르지 않다고 생각된다. 이런 점에서 라마나 마하르쉬는 인도전통의 갸냐요가와 박티요가를 불이적 수행법으로 제시하며 특히 갸냐요가를 중심으로 했다고 판단된다.

지금까지 본 연구는 불이론 전통의 수행의 특징과 그 방법들을 간략히 고찰했다. 결론적으로 불이론 전통의 수행의 특징은 불이적 입장에 의해 이원론적인 인위적이고 형식적인 수행을 거부하였다고 할 수 있다. 이런 특징이 가장 잘 나타나는 것이 선종 초기의 스승과 제자 사이의 법문과 생활을 통해 돈오의 기연을 얻는 것이었다. 이것은 인도전통에서는 삿상으로, 라마나 마하르쉬에게도 법문과 침묵을 통한 제자들과의 삿상에서 나타난다. 그렇기 때문에 불이론 전통에서 스승과 스승의 법문은 수행에서 매우 중요한 의미를 가진다.

스승 없이 수행자가 홀로 실천할 때는 선종은 간화선을 제시하고 라마나 마하르쉬는 자아탐구의 방법을 제시했다. 특히 대혜의 참구 형식의

라지지 않았기 때문에 때때로 마음을 돌이켜 통제해야 할 필요가 있으나 본연적 무상 삼매에서는 마음이 완전히 사라졌기 때문에 그럴 필요가 없다."

58) 마하리쉬(2011), 228. "이 삼매를 얻은 사람은 자신과 타인, 그리고 자신과 세상 사이에 어떠한 차별도 두지 않는다. 이 사람에게 있어서는 진아 아닌 것이라고는 아무것도 없다."

59) 마하리쉬(2011), 232. "일시적 무상 삼매에 있는 사람들은 아직 깨닫지 못한 것이며 그들은 아직도 찾는 자들이다."

간화선은 이원적 분별이 일어날 때 무자화두를 통해 이원적 분별을 멈추고 그 자리에 머물게 하는 방법이고, 라마나 마하르쉬의 자아탐구도 이원적 분별이 일어날 때 그 생각의 근원을 돌이켜 회광반조함으로써 진아의 자리, 즉 불이적 상태에 머물게 하는 방법이다. 이런 점에서 양자는 사실상 동일한 방법으로 생각할 수 있다. 다만 대혜는 단지 무를 드는 참구적 방식이고, 라마나 마하르쉬는 생각이 일어나는 나는 누구인가를 묻는 몽산의 참의 방식의 특징이 나타나는 점에서 차이가 있다. 그러나 몽산의 참의 방식이 강한 의정을 통해 생각을 없애버리는 정신 집중의 측면이 강하고 인위적인 노력의 요소가 강한데, 이점에 있어서 라마나 마하르쉬의 방식은 단지 이원적 분별을 멈추고 자연스럽다는 점에서 몽산보다는 대혜의 참구 방식에 더욱 가까운 것으로 보인다.

이와 더불어 라마나 마하르쉬는 이원적 분별이 완전히 사라지는 본연적 무상삼매의 체험만을 진정한 깨달음으로 보았다는 점에서 1990년대 국내의 돈점 논쟁에서 성철이 주장한 돈오돈수의 입장을 견지했고, 또 그가 또 다른 불이론 수행으로 제시한 순복의 길은 국내 한마음 선원의 대행스님의 관법과 매우 유사한 점이 있음을 제시했지만 충분히 다루지 못한 점이 아쉽다. 그리고 선종의 또 다른 수행 방식인 묵조선을 다루지 못한 점도 아쉽다. 그러나 이런 내용은 향후의 다른 연구를 통해 더욱 고찰할 것이다.

좌·우 코를 이용한 호흡법(prāṇāyāma) 연구
-『꿈브하까 편람』(*Kumbhakapaddhati*)을 중심으로*

박영길
(경북대학교 동서사상연구소 전임연구원)

I. 머리말

1. 쁘라나의 정복

『하타의 등불』(*Haṭhapradīpikā*)에 따르면 하타요가의 일차적 목표는 몸속에 잠들어 있는 꾼달리니(Kuṇḍalinī)를 각성시키는 것이고 궁극적 목표는 라자요가(Rājayoga)를 성취하는 것이다. 여기서의 라자요가는 하타요가나 만뜨라요가와 같은 '구체적 기법'이 아니라 그 반대로 다양한 기법을 통해 도달된 '궁극적 경지'를 의미하고 삼매(三昧, Samādhi)의 동의어로 사용되었다.

하타요가 문헌은 요가 수행의 궁극적 경지를 라자요가, 삼매와 같은 요가 용어 외에 불이(不二, Advaita), 뚜리야(第四位, Turya, Turīya), 생해탈(Jīvanmukti)과 같은 베단따 용어를 비롯해서 사하자(Sahaja), '공—불공'(Śūnyāśūnya), 무심(Amanaska) 등 '궁극성을 담지하는 익숙한 용어'들로 동치시키기도 했지만 대부분의 하타요가 문헌은 '마음 소멸'(Cittalaya[1],

---

* 본고는 『요가학연구』 제30호에 수록된 논문 '좌·우 코를 이용한 호흡법(prāṇā-yāma) 연구'를 수정 보완한 것임.

1) ① "그것, 즉 '마음이 소멸된 상태'를 제사위(第四位)의 경지로 [···알아야 한다]."

Manolaya[2]), '마음 정복'(Cittajaya, Manojaya)으로 표현했다. 특히 『하타의 등불』을 비롯해서 하타요가의 수행 체계를 정립하고자 했던 문헌이 이러한 표현을 선호했는데 그것은 후술하겠지만 하타요가 특유의 수행 기법과 원리를 고려했기 때문인 것으로 파악된다.

'마음 소멸', '마음 정복'의 경지를 언급했던 문헌에서 하나의 중요한 공통점이 발견되는데 그것은 '마음 소멸', '마음 정복'의 필수적 전제 조건이 각각 '쁘라나의 소멸', '쁘라나의 정복'이라는 것이다. 이것은 '마음 소멸'이나 '마음 정복'의 경지가 각각 '쁘라나의 소멸', '쁘라나의 정복'에 의거해서 성취될 수 있다는 것을 의미한다. 간략히 정리하면 '쁘라나가 소멸될 때 마음이 소멸되고 쁘라나를 소멸시키지 못할 때 마음도 소멸될 수 없다' 또는 '쁘라나를 정복했을 때 마음을 정복할 수 있고 쁘라나를 정복하지 못하면 마음을 정복할 수 없다'고 할 수 있다. 여기서 '마음 소멸', '마음 정복'의 경지로 이끄는 열쇠는 오직 '쁘라나'이다. 그 이유는 쁘라나를 정복할 때 마음을 정복할 수 있고, 쁘라나를 소멸시킬 때 마음을 소멸시킬 수 있기 때문이다. 이 점에서 하타요가의 기법은 '마음을 마음으로 정복하는 기법' 또는 '마음을 마음으로 소멸시키는 기법'이 아니라 '오직 쁘라나로써 마음을 정복하거나 소멸시키는 기법'으로 정의될 수 있다.

본고는 여기서 먼저 쁘라나를 정복하는 다양한 기법 중 좌·우 코를 이용하는 기법에 대해 논의하고자 한다.

---

tac cittalayarūpaṃ turyaṃ padaṃ. HP-Jt. IV.48.

② "마음을 소멸시키기 위해서(cittalayāyā) 본 게송은 '[마음과 함께 작용하는] 쁘라나를 소멸시키는 수단이라 할 수 있는 무드라'를 설명하고자 '내적 표적에'(antarlakṣyam) [로 시작하는 첫 단어 이하에서] 샴브하비 무드라[의 방법]을 말한다." cittalayāya prāṇalayasādhanībhūtāṃ mudrāṃ vivakṣus tatra śāṃbhavīṃ mudrām āha. HP-Jt. IV.36.

2) ① "마음을 소멸시킨 자는 해탈한다." mano … vilayaṃ nayed yo mokṣaṃ sa gacchati … HP. IV.15.

② "'마음의 소멸'은 나다(nāda, 秘音)에 의존한다." sa layo manolayo nādam āśrito … HP-Jt. IV.29.

③ "마음 역시 소멸된다." mano 'pi layoḥ. HP. IV.16.

2. 쁘라나의 정복 기법

『고락샤의 백송』(*Gorakṣaśataka*, GŚ), 『요가의 성전』(*Yogaśāstra* of Dattātreya, DyŚ), 『요가야가발캬』(*Yogayājñavalkya*, YY)와 같은 초기 문헌에서도 설명된 호흡법(prāṇāyāma)[3]들은 14세기 문헌인 『요가의 근본』(*Yogabīja*, YB)에 이르러 네 개의 꿈브하까(kumbhaka) 체계로 통합되었다. 그 이후, 하타요가의 체계를 정립했던 15세기의 『하타의 등불』(*Haṭhapradīpikā*, HP)에 의해서 하타요가의 호흡법은 여덟 꿈브하까로 재정비되었고 『하타의 보석 목걸이』(*Haṭharatnāvalī*, HR), 『게란다상히따』(*Gheraṇḍasaṃhita*, GhS) 등으로 계승되고 보급되었다. 하지만 17세기 무렵부터 그 수가 폭발적으로 증가했던 아사나(āsana)와 무드라(mudrā)와 마찬가지로 호흡법 역시 계속 발전해왔다는 것을 보여주는 증거가 새롭게 발견되었는데 그 중에 하나가 라그후비라(Raghuvīra, 18세기)의 『꿈브하까 편람』(*Kumbhakapaddhati*, KP)이다.[4] 『꿈브하까 편람』은 『하타의 등불』에서 정립된 여덟 기법을 포함해서 54종류의 기법을 설명한다. 『꿈브하까 편람』을 비롯한 하타요가 문헌들에서 설명된 호흡법은 '까마귀 부리처럼 혀를 둥글게 말아 입 밖으로 내민 상태에서 숨을 마시는 냉각(śitalī) 꿈브하까', '혀를 입천장에 붙여 싯소리를 내면서 숨을 마시는 싯소리(śītkarī) 꿈브하까'[5] 그리고 '양쪽 코와 입으로 동시에 숨을 마시는 삼지창(triśula) 꿈브하까'도 있지만 그 외에는 거의 전적으로 '입을 다문 상태에서'(mukhaṃ saṃyamya) 코로 숨을 마시고 '규정대로(yathāvidhiḥ) 참

---

3) prāṇāyāma는 '호흡'을 의미하는 prāṇa와 '멈춤'을 의미하는 āyāma가 결합된 복합어로 '호흡의 멈춤'을 의미한다. '호흡의 멈춤'에는 세 종류가 있지만 구체적인 기법은 '들숨 후 멈춤'이라는 범주에 포함된다. 이 점에 대해서는 박영길 2023[b], 11-15를 참조.

4) 『꿈브하까 편람』은 근래 박영길(2023[a])에 의해 번역되었다.

5) 두 꿈브하까는 몸을 시원하게 해주므로 더울 때나 더운 지역에서 유용한 것으로 알려져 있다. 『월광』 II.66(박영길 2015, 391)

은 후(kumbhayitvā)' 코로 숨을 내쉬는 방법을 취한다. 여기서 '규정대로 숨을 참는 것'이란 '숨을 마시고 그 숨을 참은 상태에서 물라-반드하(괄약근 조임), 잘란드하라-반드하(턱을 당겨 쇄골에 붙임), 웃디야나-반드하(하복부를 등 쪽으로 끌어당기는 것)와 같은 세 반드하를 차례대로 실행하는 것'을 의미한다.[6] 따라서 모든 꿈브하까들은 '규정대로 숨을 참는다는 점'에서 동일하지만 숨을 마시는 방법과 내쉬는 방법에 따라 태양관통-꿈브하까(sūryabhedanakumbhaka), 달관통-꿈브하까(candrabhedakumbhaka) 등으로 구별될 뿐이다.[7] 숨을 마시고 내쉬는 형태에 따라 '꿈브하까가 구별된다는 것'이 의미하는 것은 '꿈브하까가 들숨 후 그 숨을 참는 행위'뿐만 아니라 그 이전과 이후에 '숨을 마시는 행위(들숨)와 내쉬는 행위(날숨)를 수반한다는 것'이다. 따라서 태양관통, 달관통 등의 다양한 꿈브하까는 '숨을 참는 행위'뿐만 아니라 들숨과 날숨이 동반된(sahita) 것이고 따라서 다양한 꿈브하까들은 '사히따-꿈브하까'(sahitakumbhaka, 동반-꿈브하까)로 통칭(統稱)된다.[8]

'들숨과 날숨이 동반된 꿈브하까의 다양한 형태'는 박영길이 도표(2023[b], pp.27-28)로 간략히 밝힌 바 있지만 그 유형은 조금 더 세분화될 수 있다. 먼저 언급할 수 있는 것은 양쪽 코를 이용하는 기법이다. 『게란다

---

6) 꿈브하까의 원칙은 아래의 '예비적 고찰' 항목을 참조.

7) 예를 들어 태양 나디(sūryaṇāḍī), 즉 오른쪽 코에서 시작하는 삥갈라-나디(piṅgalānāḍī)를 활성화시켜 몸에 열을 일으키는 태양관통-꿈브하까는 '오른쪽 코로 숨을 마시고 규정대로 참은 후 왼쪽으로 내쉬는 기법'이고 이다-나디(iḍānāḍī)를 활성화시켜 몸을 시원하게 만드는 달관통-꿈브하까는 '왼쪽 코로 숨을 마시고 규정대로 참은 후 오른쪽 코로 내쉬는 기법'이며 냉각-꿈브하까는 둥글게 만 혀로 숨을 마시고 규정대로 참은 후 양쪽 코로 숨을 내쉬는 기법이다.

8) 물론 예외적으로 『요가의 성전』(DyŚ), 『게란다상히따』(GhS), 『꿈브하까 편람』(KP)의 사히따-꿈브하까는 '숨을 마시고 내쉬는 행위를 동반하는 다양한 꿈브하까들을 통칭하는 용어'가 아니라 '한 개의 구체적인 기법'을 의미한다. 하지만 사히따-꿈브하까가 '들숨과 날숨을 동반하는 것'으로 정의되었다는 점에서는 동일하다. 사히따-꿈브하까에 대한 논의는 박영길 2023[b], 9-48을 참조.

상히따』에서 설명된 풀무(bhastrikā) 꿈브하까가 이에 속한다.[9] 풀무-꿈브하까는 정뇌정화법(kāpalabhāti)를 더 발전시킨 것으로 대단히 강력하고 중요한 호흡법이지만 양쪽 코로 숨을 마시고 양쪽 코로 숨을 내쉰다는 점에서 기법 자체는 단순한 것이고 방법상의 논란은 발견되지 않는다.[10]

또 하나의 기법은 한쪽 코를 이용하는 기법이다. 한쪽 코를 이용하는 기법은 크게 세 유형이 있는 것으로 파악된다. 첫 번째는 좌·우 코를 교차하는 방식이다. 대표적인 것은 『꿈브하까 편람』 등 다양한 문헌에서 설명된 나디정화법(nāḍīśodhana)이다. 이 기법은 ① 왼쪽 코로 숨을 마시고 규정대로 참은 후 오른쪽 코로 내쉬고 ② 오른쪽 코로 숨을 마시고 규정대로 참은 후 왼쪽 코로 내쉬고 다시 ①-②의 과정을 반복하는 호흡법이다. 이 법은 결대로(anuloma) 숨을 마시고 내쉰 후 반대결(viloma)로 숨을 마시고 내쉬는 교차(交叉) 방식이다.

두 번째는 좌·우 코를 교차하는 것이 아니라 결대로(anuloma) 한 방향으로 숨을 마시고 내쉬는 일방통행적 순행(順行) 방식이다. 대표적인 기법은 태양관통-꿈브하까인데 이 기법은 ① 오른쪽 코로 숨을 마시고 규정대로 참은 후 ② 왼쪽 코로 내쉬고 다시 ①-②의 과정을 반복하는 것이다.

세 번째 역시 한쪽 코를 이용하는 것이지만 숨을 마시는 행위가 2-3회 반복되는 기법이다. 대표적인 기법은 세 눈-꿈브하까(trinetrakumbhaka)인데 이 기법은 ① 오른쪽 코로 숨을 마시고 참은 상태에서 ② 왼쪽 코로 숨을 마시고 다시 ③ 양쪽 코로 숨을 마시고 규정대로 참은 후 ④ 내쉬는 것을 반복하는 것이다.

네 번째는 교차 방식과 순행 방식이 혼합된 혼용(混用) 방식이다. 대표적인 기법은 『월광』에서 설명된 두 종류의 풀무-꿈브하까(bhastrikākumbhaka)이다. 첫 번째의 기법은 ① 오른쪽 코로 숨을 마시고 오른쪽 코로 숨을 내쉬는 것을 반복한 후(ex: 20회) ② 오른쪽 코로 숨을 마시고 규정

9) 후술하겠지만 풀무-꿈브하까에는 네 가지 방법이 있다.
10) 본고의 제목에서 알 수 있듯이, 이 기법은 여기서 논의할 대상이 아니다.

대로 참은 후 왼쪽 코로 내쉬고 ③ 자세를 바꾸어 왼쪽 코로 숨을 마시고 왼쪽 코로 숨을 내쉬는 것을 반복한 후(ex: 20회) ④ 왼쪽 코로 숨을 마시고 규정대로 참은 후 오른쪽 코로 내쉬는 기법이다. 두 번째는 ① 오른쪽 코로 숨을 마시고 오른쪽 코로 내쉬는 것을 100번 반복한 후 ② 오른쪽 코로 숨을 마시고 규정대로 참은 후 왼쪽 코로 숨을 내쉬고 다시 다시 방향을 바꾸어 ③ 왼쪽 코로 숨을 마시고 왼쪽 코로 내쉬는 것을 100번 반복한 후 ④ 왼쪽 코로 숨을 마시고 규정대로 참은 후 오른쪽 코로 숨을 내쉬는 것이다.

본 고는 좌우 코를 이용하는 16 호흡법을 교차 방식, 순행 방식, 혼용 방식으로 분류하고 그 기법을 분석하고자 하는데 16 호흡법의 명칭은 다음과 같다.

No.	명칭	문헌
1	가다-꿈브하까 Gadā	KP
2	나디정화법 Nāḍīśodhana	GŚ, HP, HR, GhS
3	나디정화-꿈브하까 Nāḍīśudhi	KP
4	눈-꿈브하까 Netrakumbhaka	KP
5	세 눈-꿈브하까 Trinetrakumbhaka	KP
6	닥쉬나바르따짜끄라-꿈브하까 Dakṣiṇāvartacakrakumbhaka	KP
7	닥쉬나바르따샹카-꿈브하까 Dakṣiṇāvartaśaṅkhakumbhaka	KP
8	달관통-꿈브하까 Candrabhedakumbhaka	KP
9	바마바르따짜끄라-꿈브하까 Vāmāvartacakrakumbhaka	KP

10	바마바르따샹캬-꿈브하까 Vāmāvartaśaṅkhacakrakumbhaka	KP
11	아그니-소마-꿈브하까 Agnisomakumbhaka =사히따-꿈브하까	KP
	사히따-꿈브하까 Sahitakumbhaka	DyŚ, GhS,
12	승리-꿈브하까 Ujjāyīkumbhaka	YB, HP, HR, GhS, KP
13	연꽃-꿈브하까 Kamalakumbhaka	KP
14	적련-꿈브하까 Kumudakumbhaka	KP
15	태양관통-꿈브하까 Sūryabhedakumbhaka	YB, HP, HR GhS, KP
16	풀무-꿈브하까 1 Bhastrikākumbhaka	YB, HP, HR, KP
	풀무-꿈브하까 2 Bhastrikākumbhaka	HP-Jt, KP

DyŚ『요가의 성전』
GŚ『고락샤의 백송』
HP『하타의 등불』
HR『하타의 보석 목걸이』
YB『요가의 근본』
GhS『게란다상히따』
KP『꿈브하까 편람』
HP-Jt『월광』
KP『꿈브하까 편람』
YY『요가야갸발꺄』

3. 예비적 고찰

(1) 꿈브하까의 원칙

『꿈브하까 편람』을 포함한 후기 문헌들은 '규정대로(yathāvidhi) 숨을 참은 후에'(kumbhayitvā)로 언급할 뿐이고 '규정' 자체에 대해서는 언급하지 않았다. 하지만 꿈브하까의 규정은, 하타요가의 수행체계를 정립했던 『하타의 등불』(1450년경)에 의해 확립된 것이므로 생략된 것으로 파악된다.[11] 『하타의 등불』 II. 45-47에 따르면 꿈브하까의 규정은 '숨을 마시고 그 숨을 참고 있을 동안 항상 잘란드하라-반드하, 물라-반드하, 웃디야나-반드하를 차례대로 실시하며 숨을 최대한 유지하는 것'이다.[12]

1) 한쪽 코로 숨을 마시는 법

『하타의 등불』, 『꿈브하까 편람』 등 대부분의 하타요가 문헌은 '좌·우 코 중 하나로 숨을 마시고 내쉬는 것'을 언급하지만 '한쪽 코로 숨을 마시고 내쉬는 구체적인 방법'을 설명하지는 않았다. 아마도 그 방법은 이미 하타요가 전통권에서 널리 알려진 것이기 때문에 생략된 것으로 보이는데 『하타의 등불』에 대한 주석 『월광』(*Jyotsnā*) II.65은 다음과 같이 상세히 설명한 바 있다.

> 가운데와 두 번째 손가락을 제외하고(vinā) '엄지(aṅguṣṭha)와 약지(anāmikā) 그리고 새끼손가락(kaniṣṭhikā)으로' 코를 단단히 막아야 한다.

---

11) 『하타의 등불』도 II.45-47에서 꿈브하까의 원칙을 밝혔으므로 태양관통, 풀무 등과 같은 구체적인 꿈브하까를 설명할 때 '숨을 최대한 참아야 한다는 것' 및 '숨을 참고 있는 동안에 물라, 잘란드하라, 웃디야나-반드하를 실행해야 한다는 것'을 재차 설명하지 않았다.

12) 박영길(2015), 360-366을 참조.

엄지손가락으로는 오른쪽 콧구멍을 막고 약지와 새끼손가락으로 왼쪽 콧구멍을 막고서… .[13)]

위 인용문에 의거해서 손가락을 이용해서 '좌우 코로 숨을 마시고 내쉬는 것'을 정리하면 다음과 같다.

① 오른손 검지와 중지를 구부린 후 엄지로 오른쪽 코를 막은 상태에서
② 왼쪽 코로 숨을 마신 후 약지와 소지로 왼쪽 코를 막고
③ 엄지를 떼서 오른쪽 코를 열고 숨을 천천히 내쉰 후
④ 오른쪽 코로 숨을 마시고 엄지로 오른쪽 코까지 막고
⑤ 약지와 소지를 열어 왼쪽 코를 숨을 내쉬고
⑥ 다시 ②-③-④-⑤의 과정을 반복함

2) 날숨의 속도

거의 모든 하타요가 문헌은 '천천히 숨을 내쉴 것'[14)] 또는 들숨:멈춤:내쉼의 비율을 1:4:2 또는 16:64:32 마뜨라로 규정했으므로[15)] '천천히 숨을

13) 박영길(2015), 360-366을 참조.

14) 『하타의 등불』에 대한 주석에서 브라흐마난다는 '숨을 천천히 내쉬어야 하는 이유'를 다음과 같이 해설한 바 있다.
"들숨은 대단히 천천히 또는 극격하게 해도 무방하다… 부작용이 없기 때문이다. 하지만 날숨은 아주 천천히(śanaiḥ śanaiḥ) 해야만 한다. 왜냐하면 급격하게 숨을 내쉰다면 기력(氣力)이 빠져나가기 때문이다."
원문은 박영길 2015, 373을 참조.

15) 『게란다상히따』(GhS. V.51-55)는, 초급수행자의 경우 12마뜨라 동안 숨을 마시고 중급은 16마뜨라 동안, 고급은 20마뜨라 동안 숨을 마시는 것으로 규정했는데 들숨과 멈춤 및 날숨의 비율은 1:4:2이다. 따라서 초급은 12마뜨라 동은 숨을 마시고 36마뜨라 동안 숨을 참은 후 23마뜨라 동안 숨을 내쉬는 것으로 파악되고 중급은 16-64-32이고 고급은 20-80-40로 파악된다. 이 점에 대해서는 박영길(2022[a], 331; 2023[a], 265)을 참조.
『고락샤의 백송』(GŚ. II.4-5)도 이와 유사하게 들숨—멈춤—날숨을 1:4:2의 비율로 12-16-10(초급), 24-32-20(중급), 36-48-30(상급)으로 규정한 바 있다. 이 점에

내쉬어야 하는 것'으로 파악된다.

3) 숨을 마신 후 그 숨을 참는 시간

대부분의 문헌은 들숨 후 '그 숨을 최대한(yathāśakti, yatnavāt) 참는 것'으로 규정한 바 있다.[16] 하지만 '내쉬는 숨은 천천히 해야 하므로' 숨을 참는 시간은 최대치의 90% 정도 또는 1:4:2의 비율로 해야 할 것으로 파악된다.

II. 교차 방식의 호흡법

좌·우 코를 교차하는 호흡법은 ① '한쪽(ex: 왼쪽) 코로 숨을 마시고 반대쪽(ex: 오른쪽) 코로 숨을 내쉬는 것'과 같은 결대로(anuloma)의 방식 그리고 결을 거슬러(viloma) ② '반대쪽(ex: 오른쪽) 코로 숨을 마시고 한쪽(ex: 왼쪽) 코로 숨을 내쉬는 것'을 하나의 세트처럼 반복하는 기법이다.[17]

대해서는 박영길(2019), 550을 참조.

16) 『하타의 등불』 II.9송에 대한 주석에서 브라흐마난다는 '땀(sveda)과 진동(kampa) 등이 생길 때까지 최대한 숨을 참아야 할 것'(II.9) 또는 '극도로(atiprayatnena, II.49) 참는 것'으로 해설한 바 있다.
특히 『하타의 등불』 II.49에 대한 주석에서 브라흐마난다는 '극도로(atiprayatena) 숨을 참는 것'이 몸에 해롭다는 가설적 반론을 소개하고 그것에 대한 답변을 제시한 후 다음과 같이 결론 내린다.
"…그러므로 최대한 숨을 참아야만 한다. 최대한 숨을 오랫동안 참으면 그 만큼의 공덕이 더해질 것이고 가볍게 숨을 참는다면 그만큼 공덕은 적어질 것이다. 이것은 요가수행자들의 경험으로 증명된 것이다." 원문은 박영길(2015), 372-373을 참조.

17) '아누로마-빌로마'(anuloma-viloma)라는 용어는 『게란다상히따』 V.54(박영길 2022[a], 329)에서 발견된다. 여기서의 아누로마-빌로마는 '특정 호흡법'을 지칭하는 고유 명사가 아니라 '숨을 마시고 내쉬는 순서와 형태'를 묘사하는 용어이다.

교차 방식의 호흡법은 『고락샤의 백송』(GŚ. I.95-101)을 비롯해서 『요가의 성전』(DyŚ. 59-66), 『샤룽가드하라 선집』(ŚP. 4457-4460), 『요가야갸발꺄』(YY. V.4-13), 『하타의 등불』(HP. II.7-10), 『하타의 보석 목걸이』(HR. III.84-86), 『꿈브하까 편람』(KP. 115-120), 『게란다상히따』(GhS. V.33-46) 등에서 설명되었는데 기법은 문헌에 따라 나디정화법(nāḍīśodhana: GŚ, HP, HR), 호흡법(prāṇāyāma, YY), 나디정화-꿈브하까(nāḍīśuddhikumbhaka: KP), 사히따-꿈브하까(sahitakumbhaka: DyŚ, GhS), 아그니소마-꿈브하까(agnisomakumbhaka: KP) 등으로 불렸다.

하타요가의 호흡법을 집대성했던 『꿈브하까 편람』은 좌우 코를 교차하는 기법을 다음과 같이 설명한다.

> 현자들은 '하' 음절이 태양이고 '사' [음절]을 달이라고 했는데 '아누스바라(anusvāra)를 동반한 바로 이 두 종자 만뜨라'(=haṃsa)가 요가수행자를 완성으로 이끈다고 했다.[18]
>
> 함사(haṃsa)를 마음속으로 떠올리면서 '한쪽 [코]'(ex: 왼쪽 코)로 숨을 마시고 '다른 쪽 [코]'(ex: 오른쪽)으로 내쉬고 다시 [한쪽 코(ex: 오른쪽)로 숨을] 마시고 최대한 참은 후(yathāśaktyānirudhyā) [다른 쪽(ex: 왼쪽)으로] 내쉬어야 한다.[19]
>
> 이와같이 두 나디(좌우 코)를 번갈아가며 하루에 네 번씩 각각 20번 꿈브하까를 하는 것이 바로 '나디를 정화하는 것으로 알려진 꿈브하까'이다.[20]

『꿈브하까 편람』은 좌우 코 중에서 '어느 쪽 코로 먼저 숨을 마시는지'를 설명하지 않았다. 하지만 하타 문헌을 분석해보면 좌·우 코 중에서 어느

18) haṃ sūryo repha ity uktaḥ sa somaś ca smṛto budhaiḥ ǀ
sānusvārau bījamantrau siddhidau yogināv imau ǁ KP. 113
19) ekayā pūrya parayā recanād dhaṃsacintanāt ǀ
yathāśaktyā nirudhyātha pūrya recitayā punaḥ ǁ KP. 114.
20) evaṃ nāḍyor vibhedena catuḥkāleṣu viṃśatiḥ ǀ
kumbhakān yadi kurvīta nāḍīśudhyākhyakumbhakaḥ ǁ KP. 115.

쪽 코로 먼저 숨을 마시는지에 따라 유형은 두 가지로 분류될 수 있다. 첫 번째는 ① 오른쪽 코로 숨을 마시고 규정대로 숨을 참은 후 왼쪽 코로 내쉬고 다시 ② 왼쪽 코로 숨을 마시고 규정대로 참은 후 오른쪽 코로 내쉬고 다시 ① → ②의 과정을 반복하는 것이다. 두 번째는 ① 왼쪽 코로 먼저 숨을 마시고 그 숨을 참은 후 오른쪽 코로 내쉬고 다시 ② 오른쪽 코로 숨을 마시고 참은 후 왼쪽으로 내쉬고 다시 ① → ②의 과정을 반복하는 것이다.

1. 유형 A[1]: 왼쪽 코를 먼저 이용하는 교차 호흡

왼쪽 코를 먼저 이용하는 방식은 『고락샤의 백송』(GŚ), 『요가의 성전』(DyŚ), 『요가야갸발꺄』(YY), 『하타의 등불』(HP), 『꿈브하까 편람』(KP), 『하타의 보석 목걸이』(HR), 『육따브하바데바』(YD), 『월광』(HP-Jt) 등 수많은 문헌에서 설명된 중요한 기법이다.

1) 나디정화(Nāḍīśodhana)

나디정화법은 '정화'라는 명칭 때문에 '여섯 정화법'(또는 여덟 정화법)의 일종으로 오해될 수 있지만 그것과 구별되는 호흡법이다. 『고락샤의 백송』, 『하타의 등불』을 비롯한 대부분의 문헌은 이 기법을 나디정화법으로 불렀지만[21] 『요가의 성전』(DyŚ)과 『샤릉가드하라 선집』(ŚP)은 이 기법을 사히따-꿈브하까로 불렀고 후대 문헌인 『꿈브하까 편람』(KP)은 이 기법을 나디정화-꿈브하까(nāḍīśudhikumbhaka)로 불렀다. 문헌에 따라 이 기법은 다양하게 불렸지만 이 기법에 대한 가장 표준적인 설명은 『하타의 등불』에서 발견된다.

> 연화좌를 취한 요가수행자는 [먼저] '달로(candreṇa)' 숨을 마셔야 한다.

---

21) 이 기법은 '나디정화'라는 명칭 때문에 여섯 정화법이나 여덟 정화법의 일종으로 오해될 수 있지만 정화법과 구별되는 독자적인 호흡법이다.

참을 수 있을 때까지 [그 숨을] 최대한 참은 후에 '태양으로(sūryeṇa)' 내쉬어야 한다.[22)]

[계속해서 그 다음엔] 태양으로(sūryeṇa, 오른쪽 코로) 숨을 들이마신 후 천천히 복부에 채워야 한다.[23)]

규정대로 꿈브하까를 행한 후 다시 달로(candreṇa, 왼쪽 코로) 내쉬어라.

이다(왼쪽 코)로 숨을 마셨다면 [그 숨을 최대한] 참고난 후 다시 다른 쪽(오른쪽, 삥갈라)으로 내쉬어야 한다.

삥갈라(오른쪽 코)로 숨을 마시고 [최대한] 참은 후 다른 쪽(왼쪽, 이다)으로 내쉬어라. 이와 같은 방법으로 한결같이 태양(오른쪽, 삥갈라)과 달(왼쪽, 이다)[을 교차하며] 수련하는데 몰입한 통제자들(요가수행자들)의 나디 전체는 3개월 후에 청정해진다.[24)]

이 기법은 '왼쪽 코(들숨) → 오른쪽 코(날숨) → 오른쪽 코(들숨) → 왼쪽 코(날숨)'을 반복하는 것인데 간략히 정리하면 다음과 같다.

① 오른손 검지와 중지를 구부린 상태에서 엄지로 오른쪽 코를 막고
② 왼쪽 코로 숨을 마신 후
③ 약지와 소지로 왼쪽 코까지 막고 규정대로 숨을 참은 후
④ 엄지로 오른쪽 코를 열고 숨을 내쉰 후 오른쪽 코로 숨을 마시고
⑤ 엄지로 오른쪽 코까지 막고 규정대로 숨을 참은 후
⑥ 약지와 소지를 열어 왼쪽 코를 숨을 내쉬고

---

22) baddhapadmāsano yogī prāṇaṃ candreṇa pūrayet ǀ
dhārayitvāyathāśakti bhūyaḥ sūryeṇa recayet ǁ HP. II.7

23) prāṇaṃ sūryeṇa cākṛsya pūrayed udaraṃ śanaiḥ ǀ
vidhivad kumbhakaṃ kṛtvā punaś candreṇa recayet ǁ HP. II.8

24) prāṇaṃ ced iḍayā piben niyamitaṃ bhūyo 'nyayā recayet
pītvā piṅgalayā samīraṇam atho baddhvā tyajed vāmayā ǀ
sūryācandramasor anena vidhinābhyāsaṃ sadā tanvatāṃ
śuddhā nāḍigaṇā bhavanti yamināṃ māsatrayād ūrdhvataḥ ǁ HP. II.10

⑦ 다시 ①-②-③-④-⑤의 과정을 반복함.

2) 사히따-꿈브하까(Sahita-kumbhaka)

머리말에서 간략히 언급했듯이, 『요가의 근본』, 『하타의 등불』 등은 '들숨과 날숨이 동반된(sahita) 다양한 꿈브하까'를 '사히따-꿈브하까'(sahitakumbhaka, 동반)로 통칭(統稱)했지만 『요가의 성전』(DyŚ), 『게란다상히따』(GhS)는 사히따-꿈브하까를 하나의 개별적인 기법으로 설명한다.[25] 『요가의 성전』에서 설명된 사히따-꿈브하까는 위에서 설명했던 나디정화법과 동일하다. 『게란다상히따』의 사히따-꿈브하까 역시 나디정화법과 동일하지만 A-U-M와 같은 종자음을 염송하는 기법(염송 사히따-꿈브하까, sagarbha-sahita-kumbhaka)과 염송하지 않는 것(무염송 사히따-꿈브하까, nirgarbhasahita-kumbhaka)와 같은 두 기법이 있다.[26]

염송사히따-꿈브하까의 방법은 다음과 같다.

> 이 중에서 염송 호흡법을 그대에게 먼저 설명하겠다.
> 안락한 자리에서 동쪽이나 북쪽을 향해 앉은 후[27]

> [먼저] 붉은색이고 [역동적인] 라자스 구나를 지니고 '아(A) 음절(varṇa)'을 지닌 [조물주] 브라흐만(vidhi)을 명상해야 한다. 지혜로운 이는, 16 마뜨라 동안 이다(왼쪽 콧구멍)로 숨을 마셔야 한다.[28]

---

25) 이 점에 대한 논의는 박영길(2023[b]), 9-48을 참조.

26) "사히따에는 염송 [사히따 꿈브하까]와 무염송 [사히따 꿈브하까]와 같은 두 종류가 있는데 염송 [사히따]는 종자음(bīja)을 읊조리는 것이고 무염송 [사히따]는 종자음 없이 하는 것이다."
sahito dvividho prokto sagarbhaś ca nirgarbhakaḥ |
sagarbho bījam uccārya nirgarbho bījavarjitaḥ || GhS. V.48. (박영길(2022[a]), 327)

27) prāṇāyāmaṃ sagarbhaṃ ca prathamaṃ kathayāmi te |
sukhāsane copaviśya prāṅmukho vāpy udaṅmukhaḥ || GhS. V.49.

28) dhyāyed vidhiṃ rajoguṇaṃ raktavarṇam avarṇakam |

들숨이 끝날 무렵 꿈브하까를 시작하면서 [곧바로] 웃디야나 [반드하]를 해야 한다. [숨을 멈춘 동안] '사뜨바 구나'를 지니고, 검은색이고 '우(u) 음절'을 지닌 하리(Hari)를 명상하고서 64 마뜨라 동안 숨을 참고 있어야 한다.[29)]

[그다음에는] 따마스 구나로 이루어지고 흰색인 '마(m) 음절'의 쉬바(Śiva)를 염상한 후 32 마뜨라 동안 규정대로(오른쪽 콧구멍으로) [숨을 64 마뜨라 동안] 내쉬어야 한다. [그리고] 다시 삥갈라(오른쪽 콧구멍)로 숨을 마신 후 그 숨을 참아야 한다.[30)]

그다음에는 순서대로 그 종자음과 함께 이다(왼쪽 콧구멍)로 숨을 내쉬어야 한다.
[이와 같은 순서대로] '결대로 그리고 반대결대로'(anuloma-vilomena) 반복해서 수련해야 하며[31)]

들숨이 끝날 무렵부터 꿈브하까를 끝낼 때까지는 집게손가락과 가운뎃손가락을 제외하고 새끼손가락과 약지, 엄지로 두 콧구멍을 막고 있어야 한다.[32)]

---

iḍayā pūrayed vāyuṃ　　mātrayā ṣoḍaśaiḥ sudhīḥ ‖ GhS. V.50.

29) pūrakānte kumbhakādye　kartavyas tūḍḍiyānakaḥ |
sattvamayaṃ hariṃ dhyātvā ukāraṃ kṛṣṇavarṇakam ‖ GhS. V.51
catuḥṣaṣṭyā ca mātrayā　kumbhenaiva dhārayet | GhS.V.52[ab]

30) tamomayaṃ śivaṃ dhyātvā makāraṃ śuklavarṇakam ‖ GhS. V.52[cd]
dvātriṃśanmātrayā caiva　recayed vidhinā punaḥ |
punaḥ piṅgalayā pūrya　kumbhakenaiva dhārayet ‖ GhS. V.53

31) iḍayā recayet paścāt　tadbījena krameṇa tu |
anulomavilomena　vāraṃ vāraṃ ca sādhayet ‖ GhS. V.54.

32) pūrakānte kumbhakāntaṃ　dhṛtaṃ nāsāpuṭadvayam |
kaniṣṭhānāmikāṅguṣṭhais　tarjanīmadhyame vinā ‖ GhS. V.55.

『게란다상히따』에서 설명된 염송 사히따 꿈브하까의 기법과 종자음을 정리하면 다음과 같다.

『게란다상히따』의 염송 사히따 꿈브하까(Sagarbha-sahita-kumbhaka)					
기법					종자음
순서 및 방법				시간 (마뜨라)	종자음
반복	↓	들숨	왼쪽 코	16	A
	↓	멈춤	양쪽 코 막음	64	U
	↓	날숨	오른쪽 코	32	M
	↓	들숨	오른쪽 코	16	A
	↓	멈춤	양쪽 코 막음	64	U
	↓	날숨	왼쪽 코	32	M
- 상기 도표는 박영길(2022a), 330을 재가공한 것임					

『게란다상히따』의 염송사히따-꿈브하까는 『요가야갸발꺄』(YY)에서 설명된 '쁘라나야마'(prāṇāyāma)의 기법과 동일하다.[33] 또한 『게란다상히따』의 염송 사히따 꿈브하까의 기법은 『게란다상히따』에서 별도로 설명된 '사념 나디 정화법'(samanu-nāḍīśuddhi)과 동일하되 염송해야 할 종자음만 다르다.

2. 유형 A^2:오른쪽 코를 먼저 이용하는 교차 호흡

두 번째 유형은 오른쪽 코를 먼저 이용하는 기법이다.

1) 아그니소마-꿈브하까(Agnisomakumbhaka)

아그니소마-꿈브하까는 『꿈브하까 편람』(KP)에서 설명된 기법이다.

33) 『요가야갸발꺄』는 한 종류의 쁘라나야마를 설명하는데 그 기법은 『게란다상히따』의 염송사히따-꿈브하까와 동일하다.

『꿈브하까 편람』은 이 기법을 사히따-꿈브하까로 규정했지만[34] 후속 게송에서는 아그니소마-꿈브하까로 부르는데 여기서의 아그니는 오른쪽 코에서 시작하는 삥갈라-나디(piṅgalānāḍī)를 의미하고 소마는 왼쪽 코에서 시작하는 이다-나디(iḍānāḍī)를 의미하므로 이 기법은 좌우 코를 이용하는 기법으로 파악된다.

> 태양으로(오른쪽 코로) 숨을 마시고 규정대로(yathāvidhi) 숨을 참은 후, 다른 쪽으로(왼쪽 코로) 내쉬어야 한다. 다시 그것으로(왼쪽 코로 숨을) 마셔야 한다. [그리고] 마셨던 [왼쪽] 코로 숨을 내쉬고, 내쉬었던 그 [왼쪽 코]로 마셔야 한다. [이것이] '아그니-소마로 불리는 꿈브하까'이다.[35]

이 기법은 좌우 코를 교차하는 기법으로 ① 오른쪽 코(들숨) → 왼쪽 코(날숨) → ② 왼쪽 코(들숨) → 오른쪽 코(날숨) ③ 오른쪽 코(들숨) → 왼쪽 코(날숨) → ④왼쪽 코(들숨) → 오른쪽 코(날숨)의 과정을 반복하는 것이다.

① 오른쪽 코로 숨을 마시고
② 양쪽 코로 숨을 막고 규정대로 참은 후
③ 왼쪽 코로 내쉼
④ 다시 왼쪽 코로 숨을 마시고
⑤ 양쪽 코로 숨을 막고 규정대로 참은 후
⑥ 오른쪽 코로 내쉼
⑦ 다시 ①~⑥의 과정을 반복함

---

34) 일반적으로 사히따-꿈브하까는 들숨과 날숨을 동반하는 모든 꿈브하까를 통칭하는 용어이지만 『요가의 성전』, 『꿈브하까 편람』, 『게란다상히따』는 이 기법을 하나의 구체적인 기법으로 설명한다.

35) sūryena pūrayet prāṇaṃ kumbhayitvāyathāvidhi ।
recayed anyamārgeṇa punas tena prapūrayet ।
yena tyajet tenāpūrya cāgnisomākhyakumbhakaḥ ॥ KP. 87.

교차 방식							
유형		A[1]					A[2]
순서/ 명칭		NŚ[GŚ,HP]	SK[DyŚ,ŚP]	SNŚ[GhS]	SK[GhS] 무염송	SK[GhS] 염송	AS-K[KP]
↓	① 들숨	좌	좌	좌 Yaṃ	좌	A	우
↓	② 멈춤					U	
↓	③ 날숨	우	우	우 Raṃ	우	M	좌
↓	④ 들숨	우	우	우 Ṭhaṃ	우	A	좌
↓	⑤ 멈춤		Vaṃ			U	
↓	⑥ 날숨	좌	좌	좌	좌	M	우
다시 ①~⑥의 과정을 반복함							
*GhS의 염송 사히따는 무염송 사히따와 동일하되 AUM 염송을 동반함							
NŚ: 나디정화 SNŚ: 사념나디정화법 SK : 사히따-꿈브하까 AA-K: 아그니소마-꿈브하까							
GŚ 『고락샤의 백송』 DyŚ 『요가의 성전』 GhS 『게란다상히따』 HP 『하타의 등불』 KP 『꿈브하까 편람』 ŚP 『샤릉가드하라 선집』							

지금까지 논의했던 교차 방식을 유형별로 정리하면 다음과 같다.

지금까지 논의했던 교차 방식의 호흡법은 왼쪽 코를 먼저 이용하는 것과 오른쪽 코를 먼저 이용하는 것과 같은 두 종류가 있다. 하지만 두 기법의 효과는 거의 동일할 것으로 판단된다.

III. 순행(順行, Auloma) 방식

순행 방식 역시 좌우 코를 이용하는 기법이지만 좌우 코를 교차하는 것이 아니라 일방통행적인 순행 방식이다. 예를 들면 ① 오른쪽 코(들숨) → ② 왼쪽 코(날숨) → ③ 오른쪽 코(들숨) → ④ 왼쪽 코(날숨)를 반복하는 형태를 들 수 있다. 일방통행적 방식은 다음과 같은 세부 유형을 지닌 것으로 파악된다.

B^1 들숨(우) → 규정대로 참은 후 → 날숨(좌)의 반복
B^2 들숨(좌) → 규정대로 참은 후 → 날숨(우)의 반복

C^1 들숨(양쪽) → 규정대로 참은 후 → 날숨(우)의 반복
C^2 들숨(양쪽) → 규정대로 참은 후 → 날숨(좌)의 반복

D^1 들숨(좌) → 규정대로 참은 후 → 날숨(양쪽)의 반복
D^2 들숨(우) → 규정대로 참은 후 → 날숨(양쪽)의 반복

1. 유형 B^1 : 오른쪽 코로 숨을 마시고 규정대로 참은 후 왼쪽 코로 숨을 내쉬는 것을 반복

1) 태양관통-꿈브하까(Sūryabhedanakumbhaka)

태양관통-꿈브하까[36]는 『요가의 근본』(YB. 102-103)과 『하타의 등불』(HP. II.48-50)을 비롯해서 그 이후 『하타의 보석 목걸이』(HR. II.10-12), 『게란다상히따』(V.61-71), 『꿈브하까 편람』(KP. 116-127) 등에서 설명된 기

36) 태양관통-꿈브하까는 몸을 시원하게 해주므로 더울 때나 더운 지역에서 유용한 것으로 알려져 있다. 『월광』 II.66(박영길 2015, 391)

법이다. 태양관통-꿈브하까는 명칭에서 알 수 있듯이 태양 나디(=삥갈라 나디), 즉 오른쪽 나디를 활성화시켜 몸에 열기를 일으키므로 추운 곳에서 유용한 것으로 알려져 있다.

> 소리를 내면서 태양(dineśa: 오른쪽 코)의 통로로 외부에 있던 숨을 끌어들인 후 [그 숨을] 가슴(hṛt)과 목(kaṇṭha)에 담고 손톱과 위쪽의 정수리에 이르기까지 [온몸을] 채우고 [그다음에는] 원하는 만큼 숨을 참은 후 이다(iḍā, 왼쪽 코)로 내쉬어야 한다. 이것이 '태양관통'으로 불리는 꿈브하[까]인데, 반복해서 수련해야 한다.[37]

태양관통-꿈브하까는 '오른쪽 코로 숨을 마시고 규정대로 참은 후 왼쪽 코로 내쉬는 것'을 반복하는 기법이다. 『꿈브하까 편람』에서 설명된 연화(蓮花)-꿈브하까(Kamalakumbhaka)[38] 역시 '들숨(오른쪽 코) → 규정대로 멈춤 → 날숨(왼쪽 코)을 반복한다는 점', 다시 말해서 한쪽 코에서 다른 쪽 코로 결대로 숨을 마시고 내쉬는 것 자체는 태양관통-꿈브하까와 동일하다.[39]

2) 풀무-꿈브하까(Bhastrikākumbhaka)

풀무-꿈브하까는 『요가의 근본』(YB. 108-112)을 비롯해서 『하타의 등불』(HP. II.59-67), 『하타의 보석 목걸이』(HR. II.21-25), 『게란다상히따』

---

37) dineśavartmanākṛṣya bāhyavāyuṃ saśabdakam ।
yāvad hṛtkaṇṭhayogaḥ syād abajgagraśikhāgrakam ॥ KP. 126
pūrayitvā yatheṣṭaṃ taṃ kumbhitaṃ ceḍayā tyajet ।
sūryabhedākhyakumbho 'yaṃ punaḥ punar imaṃcaret ॥ KP. 127

38) "태양 나디(arka-nāḍī, 오른쪽 코)로 숨을 마시고 [그 숨을] 규정대로 참은 후(kumbhayitvāyathāvidhi) 달 나디(indu-nāḍyā, 왼쪽 코)로 숨을 내쉬는 것이 '연화-꿈브하까'이다."
pūrayed arkanāḍyāsuṃ kumbhayitvā yathāvidhi ।
recayec cendunāḍyāsuṃ kumbhakaḥ kamalābhidhaḥ ॥ KP. 189

39) 『꿈브하까 편람』의 원문 만으로는 두 기법의 차이점은 발견되지 않는다.

(GhS. V.78-80), 『월광』(HP-Jt. II.59-67), 『꿈브하까 편람』(KP. 164-168) 등에서 설명되었는데 그 유형은 크게 네 가지가 있는 것으로 파악된다(이 점에 대해서는 아래의 V항목을 참조). 그중에 두 번째 방법은 『요가의 근본』, 『하타의 등불』, 『하타의 보석 목걸이』,『꿈브하까 편람』에서 설명된 것으로 '대장장이의 풀무질처럼 신속하게 양쪽 코로 숨을 마시고 내쉬는 것을 반복한 후' 오른쪽 코로 숨을 마시고 규정대로 참은 후 왼쪽 코로 숨을 내쉬는 것을 반복하는 것이다.

> 입을 닫고 코로 힘껏 숨을 내쉬어라.[40)]
> [이 때] 마치 심장과 목구멍에서 두개골에 이르기까지(avadhi) 소리가 닿듯이 [숨을 내쉬어야 한다]. 그리고 심장의 연꽃에 이르기까지 숨을 급격하게(vegena) 마셔라.[41)]
> [이와 같은 방식으로] 재차 [숨을] 내쉬고, 다시 내쉰 만큼 [숨을] 들이마시는 것을 계속해야 한다. 마치 대장장이가 급격하게 풀무질하듯이.[42)]
> 그와 같이 자신의 몸에 있는 기(pavana)를 의도적으로(dhiyā) 돌려야 한다. 몸에 피로가 몰려오면 그때는 태양(오른쪽 코)으로 [숨을] 마셔라.[43)]
> 숨이 복부에 가득 채워지게 되면 신속하게 가운데와 두 번째 손가락(집게손가락)을 제외한 [나머지 손가락들로] 코를 단단히 막아야 한다.[44)]
> 규정대로 꿈브하까를 행한 다음, 이다(왼쪽)로 숨을 내쉬어라.[45)]

---

40) mukhaṃ saṃyamya yatnena prāṇaṃ ghrāṇena recayet ॥ HP. II.60^{c-d}

41) yathā lagati hṛtkaṇṭhe kapālāvadhi sasvanam ।
vegena pūrayec cāpi hṛtpadmāvadhi mārutam ॥ HP. II.61.

42) punar virecayet tadvat pūrayec ca punaḥ punaḥ ।
yathaiva lohakāreṇa bhastrā vegena cālyate ॥ HP. II.62.

43) tathaiva svaśarīrasthaṃ cālayet pavanaṃ dhiyā ।
yadā śramo bhaved dehe tadā sūryeṇa pūrayet ॥ HP. II.63.

44) yathodaraṃ bhavet pūrṇam anilena tathā laghu ।
dhārayen nāsikāṃ madhyātarjanībhyāṃ vinā dṛḍham ॥ HP. II.64.

45) vidhivat kumbhakaṃ kṛtvā recayed iḍayānilam ।HP. II.65^{ab}

'풀무'(bhastrā)라고 불리는 이 꿈브하까는 '완전한 몸'(=수슘나)에 있는 세 개의 결절(granthitraya)을 파괴하므로 특별히 [많이] 수련해야 한다.[46)]

이 기법은 '오른쪽 코로 숨을 마시고 참은 후 왼쪽 코'로 내쉰다는 점에서 태양관통-꿈브하까 및 까말라-꿈브하까와 동일하다. 하지만 그 전에 반드시 '대장장이의 풀무질처럼 신속하게 코로 숨을 마시고 내쉬는 것을 반복하는 과정을 포함한다는 점'에서 구별된다.

4) 닥쉬나바르따짜끄라-꿈브하까(Dakṣināvartacakrakumbhaka),
5) 닥쉬나바르따샹카-꿈브하까(Dakṣināvartaśaṅkhakumbhaka)

두 꿈브하까는 『꿈브하까 편람』에서만 설명된 기법이다. 하지만 『꿈브하까 편람』은 구체적인 방법을 설명하지 않고 그 외형과 종류에 대해서만 간략히 언급한다.

짜끄라 [꿈브하까]와 샹카 [꿈브하까]는 오른쪽으로 하는 것과 왼쪽으로 하는 방법이 있으므로 [각각] 두 종류가 있다. 태양(오른쪽 코)으로 숨을 마신 후 복부에 유지하고 [그다음에는] 달(왼쪽 코)로 내쉰 후 다시 오른쪽으로 [숨을] 마시고 참아야 한다. [그리고 다시] 이다(왼쪽 코)로 내쉬는 것이 닥쉬나바르따짜끄라 [꿈브하까]이다.[47)]

『꿈브하까 편람』에 따르면 짜끄라-꿈브하까는 두 종류가 있는데 첫 번째 짜끄라-꿈브하까는 오른쪽 코로 숨을 마시고 참은 후 왼쪽 코로 내쉬는 기법이고 후자는 왼쪽 코로 숨을 마시고 참은 후 오른쪽 코로

---

46) samyaggātrasamudbhūtagranthitrayavibhedakam ।
viśeṣeṇaiva kartavyaṃ bhastrākhyaṃ kumbhakaṃ tv idam ॥ HP. II.67.

47) dakṣavāmāvrtabhedāc cakraśaṅkhau dvidhoditau ॥ KP. 106cd
sūryeṇāpūrya marutaṃ kumbhayed udarasthitam ।
recayed indunā bhūyas tathā dakṣeṇa pūrayet ।
kumbhayed iḍayā ricyād dakṣiṇāvartacakrakaḥ ॥ KP. 107

숨을 내쉬는 기법이다. 『꿈브하까 편람』은 전자를 닥쉬나바르따짜끄라-꿈브하까로 부르고 후자를 바마바르따-꿈브하까로 부른다. 이와 유사하게 샹카-꿈브하까도 두 종류가 있는데 닥쉬나바르따샹카-꿈브하까는 오른쪽 코로 숨을 마시고 참은 후 왼쪽 코로 내쉬는 기법이고 바마바르따샹카-꿈브하까는 왼쪽 코로 숨을 마시고 참은 후 오른쪽 코로 내쉬는 것이다.

그중에서 닥쉬나바르따짜끄라-꿈브하까와 닥쉬나바르따샹카-꿈브하까의 형태는 다음과 같을 것으로 파악된다.

① 오른쪽 코로 숨을 마신 후
② 그 숨을 복부에 내려서 최대한 참은 상태에서
물라, 잘란드하라, 웃디야나 반드하를 실행한 후
③ 왼쪽 코로 내쉼
④ 다시 ①-②-③의 과정을 반복함

2. 유형 B^2 : 왼쪽 코로 숨을 마시고 규정대로 참은 후 오른쪽 코로 숨을 내쉬는 것을 반복

1) 달관통-꿈브하까(Candrabhedakumbhaka)

달관통-꿈브하까는 『꿈브하까 편람』에서만 설명된 기법으로 앞에서 설명했던 태양관통-꿈브하까와 반대로 왼쪽 코로 숨을 마시고 참은 후 오른쪽 코로 내쉬는 것을 반복하는 것이다.

> [앞에서 설명된 태양관통-꿈브하까와 동일하되] '달-나디'(candranāḍī)로 [먼저 숨을 마시는 것이] '달관통'[꿈브하까]로 알려져 있다.[48)]
> 달관통-[꿈브하까]는 의심할 바 없이, 복부에 있는 바따-도샤를 제거하고 기생충 및 가슴과 목의 질병을 없애고, 두개골을 청소한다. 쉬바께서는

---

48) anena vidhinā candranāḍyoktaś candrabhedataḥ ‖ KP. 128.

'태양관통-꿈브하까와 달관통-꿈브하까'(etau)가 각각 '열기(熱氣, auṣṇya)와 냉기(冷氣, śaitya)'를 일으킨다고 말씀하셨다.[49)]

달관통-꿈브하까는 왼쪽 코, 즉 이다 나디를 활성화시켜 몸을 서늘하게 만드는 것으로 더운 지역에서 유용한 기법이다. 이 기법은 태양관통-꿈브하까와 반대로 왼쪽 코로 ① 왼쪽 코로 숨을 마시고 규정대로 참은 후 →② 오른쪽 코로 내쉬고 다시 ① - ②의 과정을 반복하는 것이다.

2) 바마바르따짜끄라-꿈브하까(Vāmāvartacakrakumbhaka)

3) 바마바르따샹캬-꿈브하까(Vāmāvartaśaṅkhakumbhaka)

두 꿈브하까는 앞에서 설명했던 닥쉬나바르따짜끄라-꿈브하까(Dakṣin-āvartacakrakumbhaka) 닥쉬나바르따샹카-꿈브하까(Dakṣināvartaśaṅkha kumbhaka)와 세트를 이루는 것으로 왼쪽 코로 숨을 마시고 오른쪽 코로 숨을 내쉬는 기법이다. 『꿈브하까 편람』은 간략히 그 방법과 효과만을 설명한다.

> 바마바르따짜끄라-꿈브하[까]는 그 반대로(viloma) [왼쪽으로 마시고 참은 후 오른쪽으로 내쉬는 것을 반복하는 것]으로 쉬바가 설명한 것이다.[50)]
> 이와같이 드루히니(druhiṇa, =쉬바)가 설명했던 태양(sūrya) 꿈브하까와 달(candra) 꿈브하까는 [각각] 강력한(ati) 열(unṣṇa)과 냉기(śītala)를 일으키므로 지역(deśa)과 시기(kāla)를 고려해서 수련해야 한다.[51)]

---

49) udare vātadoṣaghnaṃ kṛmihṛtkaṇṭhadoṣanut |
kapālaśodhanaṃ sūryabhedanaṃ syān na saṃśayaḥ |
auṣṇyaśaityakarāv etau pārvatīpatineritau || KP. 129.

50) vilomo 'yaṃ cakrakumbho vāmāvarttaḥ śivoditaḥ || KP. 108.

51) sūryacandrāv imau kumbhau druhiṇena puroditau |
atyuṣṇaśītalāv etau deśakālaprayojitau || KP. 109.

3. 유형 C[1] : 양쪽 코로 숨을 마시고 규정대로 참은 후 왼쪽 코로 숨을 내쉬는 것을 반복

1) 승리-꿈브하까(Ujjāyīkumbhaka)

승리-꿈브하까는 걷거나 서 있으면서도 수련할 수 있는 유일한 호흡법이다.[52] 이 기법은 『요가의 근본』(YB. 104-196), 『하타의 등불』(HP. II.51-53), 『하타의 보석 목걸이』(HR. II.16-18), 『게란다상히따』(GhS. V.72-75), 『꿈브하까 편람』(KP. 131-135) 등에서 거의 동일하게 설명되었다.

> 입을 닫은 다음 두 나디(양쪽 코)로 공기를 천천히 들여마셔라. 이 때 마치 목구멍에서부터 심장에 이르기까지(avadhi) 소리가 닿듯이 [마셔야 한다].[53]
>
> 앞에서와 같이 [마신] 숨을 [최대한] 참아야만 한다. [내쉴 때는] 그와 같이 [소리를 내며] 이다(왼쪽 코)로 내쉬어야 한다. 이 호흡법(ujjāyī)은 목에 있는 점액질을 없애고 몸 안의 불(소화의 불)을 증대시키고[54]
>
> 혈관(nāḍī), 수종(jalodara), 체질과 관련된 불균형을 없앤다. 한편, '승리(ujjāyī)라고 불리는 이 꿈브하까'는 걸어가면서도 서 있으면서도 할 수 있다.[55]

승리-꿈브하까는 양쪽 코로 숨을 마시고 규정대로 참은 후 왼쪽 코로 내쉬는 기법이다.[56]

---

52) 『월광』: "걸어가면서 혹은 서 있으면서 [승리 꿈브하까를 할 때]는 반드하를 생략해야 한다."박영길(2015), 377.

53) mukhaṃ saṃyamya nāḍībhyām ākṛṣya pavanaṃ śanaiḥ ।
yathā lagati kaṇṭhāt tu hṛdayāvadhi sasvanam ॥ HP. II.51.

54) pūrvavat kumbhayet prāṇaṃ recayed iḍayā thatā ।
ślosmadoṣaharaṃ kaṇṭhe dehānalavivardhanam ॥ HP. II.52.

55) nāḍījalodarādhātugatadoṣavināśanam ।
gacchatā tiṣṭhatākāryum ujjāyyākhyaṃ tu kumbhakam ॥ HP. II.53.

4. 유형 C²: 양쪽 코로 숨을 마시고 규정대로 참은 후 오른쪽 코로 숨을 내쉬는 것을 반복

1) 가다-꿈브하까(Gadākumbhaka)

가다-꿈브하까(gadākumbhaka)[57]는 『꿈브하까 편람』과 『하타-따뜨바-까우무디』에서[58] 설명된 기법이다. 이 기법은 양쪽 코로 숨을 마신다는 점에서 웃짜이-꿈브하까와 동일하지만 오른쪽 코로 숨을 내쉰다는 점에서 구별된다.

> 양쪽 [코로 숨을] 마시고 태양의 길로(오른쪽 콧구멍으로) 내쉬는 것이 바로 쉬바가 설명한 가다-꿈브하[까]인데 [이것은] 요가 수행자에게 활력을 불어넣는다.[59]

---

56) 승리-꿈브하까는 몸에 열을 일으키므로 추울 때 유용한 호흡법이다. 『월광』: "태양관통과 승리와 같은 두 가지 [꿈브하까]는 주로 열을 내므로 추울 때 유익하다." 박영길(2015), 391.

57) 'gadā'는 '덩어리'를 의미한다.

58) "달(glau, 왼쪽 코)과 태양(ravi, 오른쪽)이라는 양쪽 코로 [숨을] 마시고 [그 숨을 복부에] 채우고 태양의 통로(mārtaṇḍa-adhvan, 오른쪽 코)로 내쉬는 것을 가다-꿈브하[까]라 했다. [이 기법은] 수행자에게 대단한 활력을 준다."
yatrobhābhyāṃ pūraṇaṃ glauravibhyāṃ
samyaṅmārtaṇḍādhvanā recanaṃ ca |
eṣaḥ proktaḥ śrīgadākumbhanāmā
dehe dhatte śrībalaṃ sādhakasya ‖ HTK. X.29

59) ubhābhyāṃ pūraṇaṃ yatra recanaṃ sūryavartmanā |
gadākumbhaḥ śivenokto yogino balakārakaḥ ‖ KP. 112.

5. 유형 D¹ : 왼쪽 코로 숨을 마시고 규정대로 참은 후 양쪽 코로 숨을 내쉬는 것을 반복

1) 적련-꿈브하까(Kumudakumbhaka)

적련(赤蓮)-꿈브하까는 『꿈브하까 편람』에서만 설명된 기법이다. 이 기법은 왼쪽 코로 숨을 마시고 규정대로 참은 후 양쪽 코로 숨을 내쉬는 것이다.

> 달의 통로(candramārga, 왼쪽 코)로 [숨을] 마시고 [그 숨을] 참은 후(dhārayitvā)
> 양쪽 [코](ubhābhyām)로 내쉬는 것이 꾸무다-꿈브하까로 불렸다.[60]

적련-꿈브하까는 왼쪽 코로 숨을 마시고 규정대로 참은 후 양쪽 코로 내쉬는 기법이다.

6. 유형 D²
(오른쪽 코로 숨을 마시고 양쪽 코로 숨을 내쉬는 것을 반복)

이 유형은 이론상으로만 존재할 뿐이고 실제 문헌에서는 설명되지 않았다.

---

60) pūrayec candramārgeṇa dhārayitvā dhvajāyudhe ।
recayet tam ubhābhyāṃ cet kumudaḥ kumbhakaḥ smṛtaḥ ॥ KP. 190.

III. 연속 들숨 방식

세 번째 유형 역시 위에서 살펴 본 순행 방식의 호흡법이지만 좌우 코로 '숨을 마시는 행위'를 2회 반복하거나 또는 3번 반복한다는 점에서 구별된다. 여기에는 두 가지 방법이 있는 것으로 파악된다.

E^1 들숨(우) → 들숨(좌) → 참은 후 → 날숨(좌)을 반복
E^2 들숨(좌) → 들숨(우) → 참은 후 → 날숨(우)을 반복

F 들숨(좌) → 들숨(우) → 들숨(양쪽) → 참은 후 → 날숨(양쪽)을 반복

1. 유형 E^1 :

오른쪽 코로 숨을 마시고 재차 왼쪽 코로 숨을 마시고 참은 후 왼쪽 코로 숨을 내쉬는 것을 반복

1) 눈-꿈브하까(Netrakumbhaka)

눈-꿈브하까는 『꿈브하까 편람』에서만 설명된 기법이다.

태양(오른쪽 코)으로 한 번 숨을 마시고 그 숨을 유지한 후 달로 숨을 마시고 [그다음에는] 그 숨을 최대한 참은 후 동일한 순서대로 숨을 내쉬는 것이 눈-꿈브하까(netrakumbha)로 말해졌다. [이와 같은] 순서대로 하는 [방법과] 순서를 바꾸어서 하는 방식도 있다.

눈-꿈브하까는 두 종류가 있는 것으로 파악된다. 첫 번째는 오른쪽 코로 숨을 잠깐 마시고 참은 상태에서 다시 왼쪽 코로 숨을 마시고 최대한 참은 후 오른쪽 코로 숨을 조금 내쉰 후 왼쪽 코로 숨을 완전히 내쉬는 것이다.[61]

방법 1

① 오른쪽 코로 숨을 한 번 마시고 참은 상태에서

② 왼쪽 코로 다시 숨을 마시고

③ 규정대로 숨을 참은 후

④ 왼쪽 코로 숨을 내쉬고

⑤ 다시 ①~④의 과정을 반복함

위의 인용문의 '[이와 같은] 순서대로 하는 [방법과] 순서를 바꾸어서 하는 방식도 있다'는 말에서 알 수 있듯이 또 한 가지 방법은 위와 반대로 먼저 왼쪽 코를 먼저 사용하는 것이다.

2. 유형 E²:

왼쪽 코로 숨을 마시고 재차 오른쪽 코로 숨을 마시고 참은 후 오른쪽 코로 숨을 내쉬는 것을 반복

눈-꿈브하까의 두 번째 방법은 다음과 같다.

① 왼쪽 코로 숨을 한 번 마시고 참은 상태에서

② 오른쪽 코로 다시 숨을 마시고

③ 규정대로 숨을 참은 후

④ 오른쪽 코로 숨을 내쉬고

⑤ ①~④의 과정을 반복함

---

61) sakṛc sūryeṇa cāpūrya dhārya candreṇa pūrayet ।
dhārayec ca prayatnena recayet kramatas thatā ।
netrakumbha iti khyātaḥ kramato vyutkramād api ॥ KP. 191.

2. 유형 F : 왼쪽 코로 숨을 마시고 다시 오른쪽 코로 숨을 마시고 다시 양쪽 코로 숨을 마시고 규정대로 참은 후 숨을 내쉼

또 하나의 유형은 숨을 세 번 연속해서 마시는 것인데 이 기법 역시 『꿈브하까 편람』에서만 설명된 기법이다.

1) 세 눈-꿈브하까(Trinetrakumbhaka)

달(왼쪽 코)로 한 번 숨을 마시고 참은 상태에서 태양(오른쪽 코)으로 마시고 참은 후 양쪽 코로 숨을 마시고 규정대로 참는 것이 '세 눈을 가진 자'(=쉬바)가 설명했던 뜨리네뜨라-꿈브하까(trinetrakumbhaka)인데 [이것은] 세 종류의 신통력을 준다.[62]

① 왼쪽 코로 숨을 한번 마시고 참은 상태에서
② 오른쪽 코로 숨을 마시고 참은 후
③ 양쪽 코로 숨을 마시고
④ 규정대로 참은 후(물라, 잘란드하라, 웃디야나 반드하를 실행한 후 최대한 숨을 참음)
⑤ 숨을 내쉼
⑥ 다시 ①~⑤의 과정을 반복함

IV. 혼합 방식

혼합 방식을 대표하는 기법은 풀무-꿈브하까이다. 풀무-꿈브하까는

---

62) sakṛc candreṇa cāpūryā dhārya sūryeṇa pūrayet ǀ
niyamya pūrayen nobhyāṃ dhārayitvā yathāvidhi ǀ
trinetrakumbhakaḥ proktas trinetreṇa trisiddhadaḥ ǁ KP. 192.

『요가의 근본』, 『하타의 등불』, 『하타의 보석 목걸이』, 『육따브하바데바』, 『꿈브하까 편람』 등에서 설명되었는데 크게 네 가지 유형이 있는 것으로 파악된다.

첫 번째는 ① '양쪽 코로 숨을 마시고 내쉬는 것을 반복한 후'(=정뇌정화법) ② 양쪽 코로 숨을 마시고 규정대로 참은 후 ③ 양쪽 코로 숨을 내쉬는 것이다. 이 기법은 『게란다상히따』에서 설명된 것인데 좌우 코를 번갈아가며 숨을 마시고 내쉬는 것이 아니므로 여기서는 논의하지 않았다. 두 번째는 ① '양쪽 코로 숨을 마시고 내쉬는 것을 반복한 후'(=정뇌정화법) ② 오른쪽 코로 숨을 마시고 규정대로 참은 후 ③ 왼쪽 코로 숨을 내쉬는 것이다. 이 기법은 『꿈브하까 편람』, 『하타의 등불』, 『하타의 보석 목걸이』 등 다수의 문헌에서 설명된 기법이다(이 기법은 앞의 A2 항목을 참조). 세 번째는 브라흐마난다의 『월광』(HP-Jt)에서 설명된 것으로 ① 오른쪽 코로 숨을 마시고 내쉬는 것을 반복한 후 오른쪽 코로 숨을 마시고 참은 후 왼쪽 코로 숨을 내쉬고 ② 왼쪽 코로 숨을 마시고 내쉬는 것을 반복한 후 왼쪽 코로 숨을 마시고 오른쪽 코로 숨을 내쉬는 것을 반복하는 것이다. 네 번째 역시 『월광』(HP-Jt)에서 설명된 것으로 ① 오른쪽 코로 숨을 마시고 왼쪽 코로 숨을 내쉬는 것을 반복(100회)한 후 오른쪽 코로 숨을 마시고 왼쪽으로 내쉬고 ② 왼쪽 코로 숨을 마시고 오른쪽 코로 숨을 내쉬는 것을 반복한 후 왼쪽으로 숨을 마시고 오른쪽으로 내쉬는 과정을 반복하는 것이다.[63] 세 번째와 네 번째는 브라흐마난다의 『월광』에서 설명된 것으로 교차 방식과 순행 방식을 혼용하는 형태이다.

1. 유형 G[1] (풀무-꿈브하까)

『월광』은 풀무-꿈브하까를 두 종류로 설명한다. 첫 번째 방식은 다음과 같다.

---

63) 이 중에서 첫 번째는 양쪽 코로 숨을 마시는 것이므로 여기서 다루지 않았고 두 번째는 위의 A2에서 논의하였다.

풀무 꿈브하까의 방법은 다음과 같다. 오른쪽 손의 약지와 새끼손가락으로 왼쪽 콧구멍을 막은 후 마치 풀무질하듯이 오른쪽 콧구멍으로 급격하게 숨을 내쉬고 마셔라. 피로해지면 오른쪽 콧구멍으로 숨을 마신 후 엄지손가락으로 오른쪽 콧구멍을 막고서 참을 수 있을 때까지 숨을 참아야 한다. 그 다음에 이다(왼쪽 코)로 내쉬어야 한다. 다시 엄지로 오른쪽 코를 막은 후 왼쪽 콧구멍으로 마치 풀무질하듯이 신속히 숨을 내쉬고 마시는 것을 반복해야 한다. 피로가 몰려오면 왼쪽 콧구멍으로 숨을 마신 후 약지와 새끼손가락으로 왼쪽 콧구멍을 막고서 참을 수 있을 때까지 참은 후 삥갈라(오른쪽 코)로 숨을 내쉬어야 한다. 이것이 [두 가지 풀무 꿈브하까의 방법 중] 한 가지 방법이다.[64]

위의 기법을 정리하면 다음과 같다.

① 오른쪽 코로 숨을 급격히 마시고 오른쪽 코로 내쉬는 것을 반복하되
② 피로가 몰려오면 오른쪽 코로 숨을 마시고 '규정대로 참은 후'*
③ 왼쪽으로 내쉬고
④ 왼쪽 코로 숨을 마시고 왼쪽 코로 내쉬는 것을 반복하되
⑤ 피로가 몰려오면 왼쪽 코로 숨을 마시고 '규정대로 참은 후'*
⑥ 오른쪽으로 숨을 내쉼
⑦ 다시 ①~⑥의 과정을 반복함

---

64) bhastrākumbhakasyeyaṃ paripāṭī। vāmanāsikāpuṭaṃ dakṣiṇabhujānāmikākaniṣṭhikābhyāṃ nirudhya dakṣiṇanāsikāpuṭena bhastrāvad vegena recakapūrakāḥ kāryāḥ। śrame jāte tenaiva nāsāpuṭena pūrakaṃ kṛtvāṅguṣṭhena dakṣiṇaṃ nāsāpuṭaṃ nirudhya yathāśakti kumbhakaṃ dhārayet। paścād iḍayā recayet। punar dakṣiṇanāsāpuṭam aṅguṣṭhena nirudhya vāmanāsikāpuṭena bhastrāvaj jhaṭiti recakapūrakāḥ kartavyāḥ। śrame jāte tenaiva nāsikāpuṭena pūrakaṃ kṛtvānāmikākaniṣṭhikābhyāṃ vāmanāsikāpuṭaṃ nirudhya yathāśakti kumbhakaṃ kṛtvā piṅgalayā recayed ity ekārītiḥ। HP-Jt. II.65=박영길(2015), 389-389.

2. 유형 G² (풀무–꿈브하까)

『월광』에서 설명된 또 하나의 기법은 다음과 같다.

> [두 번째 방법은 다음과 같다.] 왼쪽 콧구멍을 약지와 새끼손가락으로 막은 후 오른쪽 콧구멍으로 숨을 마신 후 신속하게 엄지로 막고서 왼쪽 콧구멍으로 내쉬어야 한다. 그와 같이 백번(śata)을 행하고서 피로가 몰려오면 오른쪽 콧구멍으로 마셔야 한다. 앞에서처럼 [최대한 그 숨을] 참은 후 이다(왼쪽 코)로 내쉬어야 한다. 다시 오른쪽 콧구멍을 엄지로 막고 왼쪽 콧구멍으로 숨을 마신 후 신속히 왼쪽 콧구멍을 약지와 새끼손가락으로 막은 후 삥갈라(오른쪽 코)로 내쉬어야 한다. 계속해서 이와같이 행함으로써, 다시 말해서 들숨과 날숨을 반복함으로써 피로가 몰려오면 왼쪽 콧구멍으로 숨을 마신 후 약지와 새끼손가락으로 [왼쪽 코를] 막고서 '꿈브하까를 행한 후'(kumbhakaṃkṛtvā) 삥갈라(오른쪽 코)로 내쉬는 것이 두 번째의 방법이다.[65]

위 기법을 정리하면 다음과 같다.

① 오른쪽 코로 숨을 마시고 왼쪽으로 내쉬는 것을 100번 반복한 후

② 오른쪽 코로 마시고 '규정대로 참은 후'*

65) vāmanāsikāpuṭam anāmikākaniṣṭhikābhyāṃ nirudhya dakṣiṇanāsikāpuṭena pūrakaṃ kṛtvā jhaṭity aṅguṣṭhena nirudhya vāmanāsāpuṭena recayet । evaṃ śatadhā kṛtvā śrame jāte tenaiva pūrayet । bandhapūrvakaṃ kṛtveḍayā recayet । punar dakṣiṇanāsāpuṭam aṅguṣṭhena nirudhya vāmānāsāpuṭena pūrakaṃ kṛtvājhaṭiti vāmanāsikāpuṭam anāmikākaniṣṭhikābhyāṃ nirudhya piṅgalayā recayed bhastrāvat । punaḥ punar evaṃ kṛtvā recakapūrakāvṛttiśrame jāte vāmanāsāpuṭena pūrakaṃ kṛtvānāmikākaniṣṭhikābhyāṃ dhṛtvā kumbhakaṃ kṛtvā piṅgalayā recayed iti dvitīyā rītiḥ । HP-Jt. II.65=박영길(2015), 389-389.

③ 왼쪽으로 내쉬고

④ 왼쪽 코로 숨을 마시고 오른쪽으로 내쉬는 것을 100번 반복한 후

⑤ 왼쪽 코로 숨을 마시고 '규정대로 참은 후'*

⑥ 오른쪽으로 내쉼

⑦ 다시 ①~⑥의 과정을 반복함

한편, 『꿈브하까 편람』은 '안따랑가-브하스뜨리까'(antarāṅga-bhastrikā)를 설명하는데 그것은 『월광』에서 설명된 두 종류의 풀무-꿈브하까 중에서 첫 번째의 기법과 유사할 것으로 보인다.

V. 맺음말

하타요가 문헌에서 설명된 54종류의 호흡법 중 혀와 입을 이용하는 기법은 3개이고 나머지는 모두 코로 숨을 마시고 내쉬는 기법이다. 그중에 양쪽 코로 숨을 마시고 내쉬는 기법을 제외하고 한쪽 코를 이용하는 기법은 모두 16종류이다. 16종류의 기법은 크게 다음과 같은 세 가지 유형으로 나누어진다.

첫 번째 유형(I)은 좌우 코를 번갈아 교차하는 호흡법이다. 이 기법은 예를 들면 ① 왼쪽 코로 숨을 마시고 규정대로 참은 후 오른쪽 코로 내쉬고 자세를 바꾸어 ② 오른쪽 코로 숨을 마시고 규정대로 참은 후 왼쪽 코로 내쉬고 다시 ①-②의 과정을 반복하는 것이다. 이 기법을 대표하는 것은 나디정화법(또는 나디정화-꿈브하까)과 사히따-꿈브하까이다. 전자는 왼쪽 코를 먼저 이용하고 후자는 오른쪽 코를 먼저 이용한다.

두 번째 유형(II)은 좌우 코로 숨을 마시고 내쉬되 좌우 코를 교차하며 숨을 마시고 내쉬는 것이 아니라 예를 들면 ① 오른쪽 코로 숨을 마시고 규정대로 참은 후 ② 왼쪽 코로 내쉬고 재차 ①-②의 과정을 반복하는

일방통행적인 방식이다. 이 기법은 세 가지로 세분화되는데 첫 번째는 '오른쪽 코(들숨) → 왼쪽 코(날숨)를 반복하는 것' 그리고 그 반대로 '왼쪽 코(들숨) → 오른쪽 코(날숨)를 반복하는 것'이다. 전자를 대표하는 것은 태양관통-꿈브하까이고 후자를 대표하는 것은 달관통-꿈브하까이다. 두 번째 유형은 '양쪽 코(들숨) → 오른쪽 코(날숨)를 반복하는 것', 그리고 '양쪽 코(들숨) → 왼쪽 코(날숨)를 반복하는 것'인데 전자를 대표하는 것은 가다-꿈브하까이고 후자를 대표하는 것은 승리-꿈브하까이다. 세 번째 유형은 '왼쪽 코(들숨) → 양쪽 코(날숨)를 반복하는 것'과 '오른쪽 코(들숨) → 양쪽 코(날숨)를 반복하는 것'인데 전자는 꾸무다-꿈브하까로 불리는 것이고 후자는 이론적으로만 존재한다. 세 번째 유형(III)은 위에서 언급했던 교차방식의 호흡과 일방통행적 방식을 혼용하는 것인데 『월광』에서 설명된 두 종류의 풀무-꿈브하까가 이에 해당한다.

지금까지의 논의를 정리하면 다음과 같다.

좌우 코를 이용하는 꿈브하까의 유형 I: 교차 방식									
유형	들숨	멈춤	날숨		들숨	멈춤	날숨		대표 기법
A^1	①좌	K→	②우	→	③우	K→	④좌	①~④ 반복	사히따[DyŚ] 나디정화[HP]
A^2	①우	K→	②좌	→	③좌	K→	④우	①~④ 반복	아그니-소마[KP]

좌우 코를 이용하는 꿈브하까의 유형 II: 순행 방식									
유형	들숨	멈춤	날숨		들숨	멈춤	날숨		대표 기법
B^1	①좌	K→	②우	→	③좌	K→	④우	①~④ 반복	달관통[KP]
B^2	①우	K→	②좌	→	③우	K→	④좌	①~④ 반복	태양관통[HP] 풀무2[※HP]
C^1	①양쪽	K→	②좌	→	③양쪽	K→	④좌	①~④ 반복	승리[HP]

C^2	①양쪽	K→	②우	→	③양쪽	K→	④우	①~④ 반복	가다[KP]
D^1	①좌	K→	②양쪽	→	③좌	K→	④양쪽	①~④ 반복	적련[KP]
D^2	①우	K→	②양쪽	→	③우	K→	④양쪽	①~④ 반복	-

좌우 코를 이용하는 꿈브하까의 유형 III: 연속 들숨 방식									
유형	들숨	멈춤	들숨	멈춤	들숨	멈춤	날숨		
E^1	①우	→	②좌	K→	-	-	③좌 ④우	①~④ 반복	네뜨라[KP]
E^2	①좌	→	②우	K→	-	-	③우 ④좌	①~④ 반복	
F	①좌	→	②우	K→	③양쪽	K→	④양쪽	①~④ 반복	뜨리-네뜨라[KP]

좌우 코를 이용하는 꿈브하까의 유형 IV: 혼용 방식								
G^1	피로할 때까지 반복				들숨	멈춤	날숨	풀무3[HP-Jt]
	들숨	날숨	들숨	날숨				
	①우→	우→	우→	우→	②우	K→	③좌	
	④좌→	좌→	좌→	좌→	⑤좌	K→	⑥우	
G^2	100회 반복				들숨	멈춤	날숨	풀무4[HP-Jt]
	들숨	날숨	들숨	날숨				
	①좌→	우→	좌→	우→	②우	K→	③좌	
	④우→	좌→	우→	좌→	⑤좌	K→	⑥우	

※풀무2: 대장장이의 풀무질처럼 들숨과 날숨을 급격히 반복한 후①~④를 실행함

DyŚ『요가의 성전』 HP『하타의 등불』
HP-Jt『월광』 KP『꿈브하까 편람』

나디정화, 태양관통, 풀무 등 하타요가가 중요시하는 호흡법은 공통적으로 좌·우 코를 번갈아가며 숨을 마시고 내쉬는 형식을 취한다. 『하타의 등불』을 비롯해서 『월광』, 『꿈브하까 편람』에 따르면 좌·우 코를 이용하는 기법은 모두 16종류가 있다. 본 고에서는 16 기법의 유형과 형태를 분석했다. 16 기법의 실천적 측면과 효과 그리고 한국적 적용은 차후의 연구 과제이다.

|약호 및 참고문헌|

DyŚ 『요가의 성전』 *Yogaśāstra* of Dattātreya
=박영길 (2019)
GhS. 『게란다상히따』 *Gheraṇḍasaṃhitā*
=박영길 (2022[a])
HP 『하타의 등불』 *Haṭhapradīpikā* of Svātmārāma
=박영길 (2015)
HP-Jt 『월광』 *Jyotsnā* of Brahmānanda
=박영길 (2015)
HR 『하타의 보석 목걸이』 *Haṭharatnāvalī* of Śrīnivāsa Yogīndra
=박영길 (2023[c])
KP 『꿈브하까 편람』 *Kumbhakapaddhati* of Raghuvīra
=박영길 (2023[a])
ŚP 『샤릉가드하라 선집』 *Śārṅgadharapaddhati*
=박영길 (2019)
ŚS 『쉬바상히따』 *Ś*ivasa*ṃ*ht*ā*
=박영길 (2024)
YB 『요가의 근본』 *Yogabīja*
=박영길 (2019)
YD. 『육따브하바데바』 *Yuktabhavadeva* of Bhavadeva Miśra
=박영길 (2019)
YY 『요가야갸발꺄』 Y*ogayājñavalkya*
=박영길 (2019)

박영길
(2015) 『하타의 등불: 브라흐마난다의 『월광』에 의거한 번역과 해설』. 서울: 세창.

(2019) 『하타요가문헌연구: 성립사와 고유한 수행론(희귀 걸작편)』. 서울: 여래.

(2022[a]) 『게란다상히따(*Gheraṇḍasaṃhitā*): 산스끄리뜨 번역과 역주』. 서울: 다르샤나.

(2022[b]) 「레짜까(Recaka), 뿌라까(Pūraka), 꿈브하까(Kumbahka)의 정의- 라그후비라의 『꿈브하까 편람』(*Kumbhakapaddhati*)를 중심으로」, 『요가학연구』 제26호. 익산: 한국요가학회, pp. 9-38.

(2023[a]) 『하타요가의 호흡법 연구: 『꿈브하까 편람』(*Kumbhakapaddhati*)의 국역과 주해』. 서울: 다르샤나.

(2023[b]) 「사히따-꿈브하까(Sahitakumbhaka)와 께발라-꿈브하까(Kevalakumbhaka)의 정의와 기법」, 『요가학연구』 제29호. 울산: 한국요가학회, pp. 9-48.

(2023[c]) 『하타의 보석 목걸이(*Haṭharatnāvalī*): 산스끄리뜨 번역과 역주』. 서울: 다르샤나(2023. 10. 출판 예정)

(2024) 『쉬바상히따』(*Śivasaṃhitā*): 산스끄리뜨 번역과 역주』. 서울: 다르샤나(2024년 출판 예정)

곽미자

(2015) 「프라나와 아파나의 합일을 위한 아사나 수련의 가능성」, 『요가학연구』 제13호. 익산: 한국요가학회, pp. 23-43.

정승석

(2007) 「고전 요가의 호흡법의 원리」, 『인도철학』 제22호. 서울: 인도철학회, pp 97-131.